高校思想政治教育理论与实践

孙晨光 著

吉林大学出版社

·长春·

图书在版编目（CIP）数据

高校思想政治教育理论与实践 / 孙晨光著. -- 长春：吉林大学出版社，2022.9
ISBN 978-7-5768-0856-8

Ⅰ.①高… Ⅱ.①孙… Ⅲ.①高等学校—思想政治教育—研究—中国 Ⅳ.① G641

中国版本图书馆 CIP 数据核字 (2022) 第 192819 号

书　　名	高校思想政治教育理论与实践
	GAOXIAO SIXIANG ZHENGZHI JIAOYU LILUN YU SHIJIAN
作　　者	孙晨光　著
策划编辑	殷丽爽
责任编辑	张宏亮
责任校对	殷丽爽
装帧设计	李文文
出版发行	吉林大学出版社
社　　址	长春市人民大街 4059 号
邮政编码	130021
发行电话	0431-89580028/29/21
网　　址	http://www.jlup.com.cn
电子邮箱	jldxcbs@sina.com
印　　刷	天津和萱印刷有限公司
开　　本	787mm×1092mm　1/16
印　　张	11.5
字　　数	200 千字
版　　次	2023 年 1 月　第 1 版
印　　次	2023 年 1 月　第 1 次
书　　号	ISBN 978-7-5768-0856-8
定　　价	72.00 元

版权所有　翻印必究

作者简介

孙晨光，男，1988年生，辽宁大连人。香港城市大学国际政治博士，现为江南大学马克思主义学院副教授，"思想政治理论综合实践"教研部主任。研究方向：高校思想政治、中国特色大国外交。开设课程：《当代世界经济与政治》《文化传统与大国外交》《形势与政策》。入选江苏省双创（博士）人才、无锡市太湖人才（锡引）计划，市"青马讲师团"成员，在中文核心以上期刊发表论文10余篇，参编著作《形势与政策（2021年春）》《当代社会政策研究（十）：社会治理现代化与社会政策创新》。

前　言

高等院校是党和国家意识形态工作的前沿阵地，肩负着学习、研究、宣传马克思主义，弘扬社会主义核心价值观，培养德智体美劳全面发展的社会主义合格建设者和可靠接班人的任务。

思想政治教育是高等学校对大学生进行系统的以马克思主义世界观、人生观和价值观为核心的思想政治教育的主渠道，担负着培养具有较高政治觉悟和道德情操的合格人才的历史重任。其中思想政治教育实践教学是以直接体验的形式对思想政治理论课的教学内容进行拓展和延伸，让学生可以直接地、直观地接触社会。在实践活动中学生可以提高道德认识和社会责任感、了解国情、认识社会主义的建设和改革实践、培养对人民群众的思想感情、坚定社会主义信仰。本书将围绕高校思想政治教育理论与实践展开讨论。

本书共分为五个章节，第一章从高校思想政治课程简介、高校思想政治教育的内涵与理论指导、高校思想政治教育的特点和新形势下高校思想政治教育面临的挑战这四方面，介绍了高校思想政治教育的内涵与特点；第二章为高校思想政治教育的基础，主要介绍了高校思想政治教育的地位和作用、高校思想政治教育的目的、高校思想政治教育的任务和高校思想政治教育的主体这四方面的内容；第三章从高校思想政治教育实践教学的含义、高校思想政治教育实践教学的意义和原则、高校思想政治教育实践教学的功能和价值，以及高校思想政治教育实践教学体系构建的思路四方面讲述了高校思想政治教育实践教学概论；第四章主要论述高校思想政治教育实践教学现状，从高校思想政治教育实践教学的重要性、高校思想政治教育实践教学的基本形式、高校思想政治教育实践教学存在的问题和解决高校思想政治教育实践教学存在问题的对策四方面进行论述；第五章内容为高校思想政治教育实践考核与评价体系，主要介绍了高校思想政治教育实践评价体系、高校思想政治教育实践考核体系和构建高校思想政治教育实践的长效机制三方面。

在撰写本书的过程中,作者得到了许多专家学者的帮助和指导,参考了大量的学术文献,在此表示真诚的感谢。但由于作者水平有限,书中难免会有疏漏之处,希望广大同行及时指正。

作者
2021 年 9 月

目录

第一章 高校思想政治教育的内涵与特点 ... 1
- 第一节 高校思想政治课程简介 ... 1
- 第二节 高校思想政治教育的内涵与理论指导 ... 3
- 第三节 高校思想政治教育的特点 ... 19
- 第四节 新形势下高校思想政治教育面临的挑战 ... 25

第二章 高校思想政治教育的基础 ... 39
- 第一节 高校思想政治教育的地位和作用 ... 39
- 第二节 高校思想政治教育的目的 ... 56
- 第三节 高校思想政治教育的任务 ... 58
- 第四节 高校思想政治教育的主体 ... 65

第三章 高校思想政治教育实践教学概论 ... 101
- 第一节 高校思想政治教育实践教学的含义 ... 101
- 第二节 高校思想政治教育实践教学的意义和原则 ... 106
- 第三节 高校思想政治教育实践教学的功能和价值 ... 113
- 第四节 高校思想政治教育实践教学体系构建的思路 ... 121

第四章 高校思想政治教育实践教学现状 ... 131
- 第一节 高校思想政治教育实践教学的重要性 ... 131
- 第二节 高校思想政治教育实践教学的基本形式 ... 134
- 第三节 高校思想政治教育实践教学存在的问题 ... 137
- 第四节 解决高校思想政治教育实践教学存在问题的对策 ... 154

第五章 高校思想政治教育实践考核与评价体系 ································ 158
第一节 高校思想政治教育实践评价体系 ···································· 158
第二节 高校思想政治教育实践考核体系 ···································· 170
第三节 构建高校思想政治教育实践的长效机制 ···························· 173

参 考 文 献 ·· 180

第一章　高校思想政治教育的内涵与特点

高校思想政治教育的内涵与特点在新时代有着新的意义。这一章节将从四个方面，即高校思想政治课程简介、高校思想政治教育的内涵与理论指导、高校思想政治教育的特点、新形势下高校思想政治教育面临的挑战，来深入探讨、研究。

第一节　高校思想政治课程简介

从1984年思想政治教育专业成立，到1987年将思想政治教育纳入本科专业，再到1988年开始招收思想政治教育专业的硕士研究生，随着1996年第一个马克思主义理论与思想政治教育博士学位授予点成立，标志着思想政治教育学科得以最终确立。

为促进思想政治教育学科规范化发展，在2005年，我国在"法学"门类下增设马克思主义理论一级学科，并将政治学一级学科下的马克思主义理论与思想政治教育二级学科，分别调整到马克思主义理论一级学科下的马克思主义基本原理二级学科和思想政治教育二级学科[1]。2008年，在马克思主义理论下设的五个二级学科的基础上，又新增了一个二级学科[2]。

至此，思想政治教育学科逐步走上规范化、制度化的发展道路。随着思想政治教育学科体系的不断完善，思想政治教育专业的主要课程内容也越来越全面、更有针对性，引导着思想政治教育专业的学生坚定马克思主义信仰、了解我国历史和基本国情、掌握思想政治教育专业知识等。

教育是驱走蒙昧的一盏灯，它引领人类走上逐渐完善的阶梯，不仅给予人

---

[1] 国务院学位委员会，教育部. 关于调整增设马克思主义理论一级学科及所属二级学科的通知 [EB/OL]. (2005-12-13) [2021-07-25]. http://www.moe.gov.cn/srcsite/A22/moe_833/200512/+20051223_82753.html.

[2] 国务院学位委员会，教育部. 关于增设"中国近现代史基本问题研究"二级学科的通知 [EB/OL]. 2008年4月. (2008-04-02) [2021-07-25]. http://www.moe.gov.cn/srcsite/A22/moe_833/200804/t20080402_82752.html.

们知识的力量，而且给人们带来精神领域的审美享受，从而持续地推动了整个人类文明的前进与发展。教育既包括知识、技能的传授与培训，也包括思想道德的教化。前者可以提高人类的生存能力，从而改善整个社会的物质生活水平；而后者能够在人们的心灵和精神领域播下善的种子，指导人们成为区别于野兽的真正的人。

从世界范围内早期教育的产生和分布情况来看，古今中外的人们对教育的重要性显然有着深刻的认识。随着时代的发展，教育所担负的责任和要求并没有减少，尤其是精神领域的公民素质教育更是被世界各国所重视。就世界范围内，有许多著名的学者和教育家都曾对诸如"公民教育""道德教育""政治教育"等类似思想政治教育的课题进行了大量卓有成效的研究和论述，例如美国的教育家约翰·杜威（John Dewey）著有《道德教育原理》，英国的理查德·彼得斯（Richard Peters）著有《道德发展与道德教育》；许多国家和地区还在高校课程设置中都专门开设有道德素质课程，例如韩国和日本都开设有公民素质课，此二者被认为是传承于中国古代儒家的道德教育。我国在高校设置的思想政治教育课程是一个创举，它不仅担负了传授马克思、列宁主义、毛泽东思想与中国特色社会主义理论等在中国革命和建设过程中产生的优秀思想理论，并且还是培养大学生道德修养、人文情怀的主要阵地，在高等教育体系内有着重要的地位，对在校生的成才起着关键作用。

马克思主义学说是以人的自由而全面发展为核心的，马克思主义理论在中国化的过程中经历了中国革命和建设的认识实践过程，最终形成了划时代的马克思、列宁主义、毛泽东思想与中国特色社会主义理论作为党和国家重要的指导思想。其中，高度重视思想政治教育工作是我党在革命和建设过程中始终坚持的政治优势和优良传统。在高校开展马克思主义思想政治教育，既是对中国传统文化中德育思想的辩证继承，也是我党宣传马克思主义、培养社会主义建设人才的一大创举。简单来说，高校思想政治教育课程的实质是一种将经过长期认识和实践中得到的正确的、积极向上的社会观点、思想道德规范及政治准则传授给高校在校生，以期帮助提高受众的思想道德水平和政治品格的实践活动。高校思想政治教育以促进学生的全面发展为主要目标，在他们学习知识和掌握技能的同时，主要以马克思、列宁主义、毛泽东思想与中国特色社会主义理论来帮助其完善各自的人格、不断提高其修养，最终将其培养成为合格的社会主义建设者和接班人。

首先，高校思想政治教育的意义是广泛而深刻的，其中，最显著的是提高在校生的政治素养和道德情操，并在当前包罗万象而内容良莠不齐的网络信息时代稳定他们的政治心态，使他们逐渐形成成熟而完备的价值观、人生观和世界观，既能看到社会上存在的主流的、成功的一面，又能辨清负面的、阴暗的方面，从而使他们能拥有一个健康、积极的心态，来应对学习生活与社会生活中发生的具体事件和处理身边的人际关系，最终成长为马克思所说的自由而全面发展的人。其次，中国特色社会主义事业的建设和当今世界地区间激烈的竞争对于高素质、高修养的人才有着强烈的需求和呼唤，高校思想政治教育正是担负着这样的重担，在帮助在校生形成成熟的价值取向的同时，强调道德修养和帮助其建立道德评价标准，从他律转向自律。一旦形成了以成为优秀的道德标兵为荣的价值取向，他们会自觉、自愿地融入各种环境中，与他人一起投身于社会主义的物质和精神建设中。在此同时，他们强烈的道德荣誉感也会逐渐感染到周围的人，从而推动整个社会的物质文明与精神文明不断繁荣。最后，基于以上两点，他们的政治参与热情也会提高，当这样一批一批既拥有良好修养和高道德评判标准，也拥有高知识和技术水平的人参与到公共政治生活中去时，我国的政治文明也必然会有更大的繁荣。

第二节　高校思想政治教育的内涵与理论指导

所谓思想政治教育的内涵，从思想政治教育的学科发展历程和专业课程的主要内容来看，可以理解为基于中华优秀传统文化和中国国情，在马克思列宁主义、毛泽东思想和中国特色社会主义理论体系指导下，建设中国特色社会主义的经验总结、宏伟蓝图、方针政策、价值目标的体现。从这一界定可以看出，思想政治教育内涵是理论体系和实践体系的集合，而实践体系又是从理论体系因时、因事、因人转化而来的。马克思列宁主义、毛泽东思想和中国特色社会主义理论体系是基础和源头，是客观存在的，而思想政治教育内涵的具体内容又是因时、因事、因人而变的。思想政治教育内涵作为对"思想政治教育是什么"的回答，具体表现为有明确的"底色"、是国家意识形态的体现、以实现人的全面发展为目标、内容上的规定性等。

一、高校思想政治教育的内涵

广义上的思想政治教育，指一个群体为了巩固自己的统治、维护自身利益及顾全大局发展，而对其群体内全部成员的思想意识施加影响，通过灌输符合自身阶级统治利益的思想政治观点和道德模范等，实现群体成员思想道德符合阶级统治发展要求的思想道德标准。

通俗来讲，高校思想政治教育就是对在校大学生思想意识统一地加以影响，使其形成与社会发展所需的思想道德标准相符的思想观念、道德品质，为国家未来储蓄人才。这是高校一项教育目的明确、教育内容具体的活动。当前我国的高校为了达到其相应的教育成效，将理论灌输法与实践教育法进行了有机融合。

（一）思想政治教育

思想政治教育是自从阶级社会诞生以来就开始存在的，这是一项关于如何指导人们形成合理思维的科学研究，它以人类思想行为的变化规律为基础，实施思想政治教育的规律是它的研究对象。人的思维立场的转变过程及三观的形成对于思想政治教育学科的研究至关重要。对思想政治教育从事者的素养进行研究、探讨思想政治教育怎样渗入各行业领域中，使学校、家庭、社会三方面相互促使形成一股合力，从而完成教育目的；人们思想行为活动的规律也是思想政治教育学的研究对象之一，互相制约的、富有周期性的运动，构成了人类的思想活动。思想政治教育的实施规律也是思想政治教育学科的研究对象，改变导致需要产生的客观外部条件、研究明白人类的需要更改动机、控制行为的做法，是思想政治教育的重点规则之一。不同形式的政治教育在政治方向、政治内容和应用方面存在着差异。从演化过程的角度来看，政治工作、思想工作、思想政治工作、思想政治教育是密切联系在一起的，因为在实际运用中，人们长期将它们当做相同的概念。在党的领导过程中，有相当一段时间内，不同的思想政治教育方法都在被应用，但是在情况不同的时期，教育方法应用的侧重点也是不同的。

而在学术界没有对思想道德教育的标准定义。一部分学者认为，思想政治教育的重点在于政治，其教育的根本目的是实现社会政治化，这部分人的研究对象重点放在政治思想、政治观念和政治行为修正和培育上；还有人指出，道德是其研究的侧重点，如何增进人的道德品质和道德修养、使其形成高尚的人格，才是思想政治教育的重点；另一部分人认为上述两种和心理、道德方面的教育都属于思想政治教育，该观点就属于较宽泛的定义。

（二）高校思想政治教育

2020年9月1日出版的《求是》杂志发表了中共中央总书记、国家主席、中央军委主席习近平的重要文章《思政课是落实立德树人根本任务的关键课程》。这篇文章进一步肯定了思政教育无法替代的位置和其重要地位，也为新环境下思政教育的工作指明了科学的方向。思想政治教育属于教育实践活动，而按照一定要求和需要培育符合标准的社会成员的过程叫作教育。总的来看，思想政治教育分为两类，广义和狭义。狭义方面主要指学校内的教育，是高校为了达到正确且有计划地培养青年的思想政治品德、政治素养、政治水准和心理健康，让他们符合所要达到的社会标准的目的，展开的一系列思想政治教育活动，这是高校思想政治教育的主体。除了教授学生专业知识和应用技能外，高等学校的另一个重要任务就是青年学生的思想政治教育。教育至上的观念原本就一直存在于中华人民共和国的发展理念中，是各大高校、更是中国共产党及国家重要的发展指示。教育拥有针对性和指向性的双重特质，所以高校开展的思想政治教育活动是"润物细无声"般提升青年学生内心道德标准政治标准，并最终影响其实际生活选择的重要手段。

大学教育阶段可以说是一个人在受教育过程中最重要的一部分，是青年由学校走向社会、从学生变为社会人的重要准备阶段，是学生社会化的关键期。一个学生从童年入学到进入大学这个过程中，家庭对个人的影响功能明显逐渐减弱，而社会对其的作用逐渐显著，但是青年学生还没有真正进入社会，所以此时能对青年思想、人格塑造产生最大作用的就是大学教育，影响青年学生社会发展的关键基地就是高等学校，在高等学校里受到的教育质量如何将体现在大学生个体社会化的健康发展上。如何培养好社会主义事业的未来建设者和党的优秀接班人、培养德智体美全面发展的优秀青年是高等学校教育的根本任务，大学生的科学文化、政治思想、道德素质直接关系着国家的命运和党的命运，也关系到中国特色社会主义建设事业的未来，关系到中华民族伟大复兴目标的实现。因此，狠抓高校思想政治教育迫在眉睫，一定要坚持、坚定地把如何教育出政治思想良好的学生放在教学工作的要列。

高等学校对青年的思想政治教育往往体现在"德"上。高等学校德育的任务是用马克思、列宁主义、毛泽东思想、邓小平理论、"三个代表"重要思想科学发展观、习近平新时代中国特色社会主义思想和中国梦重要思想作为为理论基础，教导青年沿着社会主义方向建立起科学的世界观和良好的人生观；培养优良的思想道德人格，将马克思主义的"三观"作为思想支持，使学生具备成熟的认识世界、改造世界的能力，督促所有青年成为具有崇高理想、高尚品德、优良文化、纪律鲜明的社会主义建设后备力量。

在中国，高校思想政治教育有近30年的历史，已经是比较完善的教育工作体系了，注重的就是在道德修养层次对学生的培养，这也是为什么很长一段时间以来,思想政治教育都被称为"道德教育"。因为处于大学的青年人是最有活力的一个群体,其思维尚未定型,具有很强的可塑性,且受教育的程度很高,所以将大学生本身的特点和大学生集体的规律充分利用起来,才是思想政治教育得到良好效果的重要保障。"育人为本、德育为先"是教育思想的基石,坚持该思想的同时,我们可以将思想政治教育分为"内化"和"外化"。对于内化教育的理解比较抽象,比如在接受道德准则相关教育的时候,学生在课堂上听完,在生活中主动将接收到的道德规范当作自己行为的指导准则,潜移默化,最终能够做到将学到的东西变成自己性格和行为、行事准则的一部分,这样的内化教育就是成功的。而外化教育则显得更加具体了,即将人抽象的意识具体化、具象化、对象化、客观化,比如高校中举办的演说、组织、社团等生活活动,这些也可以很大程度上对学生产生影响。

新形势下,要把培养学生全面发展和综合实力的提高作为培养目标,核心是德育教育。在教学活动中,要分析、研究学生的群体特点,小课堂与大课堂、学校与社会、解决思想问题与解决实际问题、他律与自律、灌输与渗透都要做到两手抓,要有创新精神,因材施教,从而达到最佳的教育目的。随着时代的变革,大学生思想政治教育工作已经融入高校师生们的日常,其所涵盖的内容也在不断增加厚度。培养"四有"新人是高校思想教育的根本任务。

高等学校思想政治教育的核心内容可以说已形成一个比较完善的体系,政治教育是拥有最高地位且任务最艰巨的,在整个体系中占有主导地位;思想教育具有普遍性、认知性、经常性特点;道德教育、心理教育、法纪教育则是最基础、最底层的思想教育。总的来说,高校思想政治教育的最终目的就是使大学生从总体观上认识和学习思想政治教育的根本理论,了解其实践的规律和方法,能够基本运用马克思主义的观点和内容进行思考,并分析现实社会中遇到的问题。对于大学生的思想政治教育,除了注重知识的传授和理论的讲授,还应注意的一点是前沿知识和理论的研究和探索。

培养什么的学生、如何培养学生是关系到高校思想教育事业发展的核心所在。在现代形势下,落实当前在校大学生思想政治教育的实效性和紧迫性的关键在于抓好以信念理想教育为核心,并以其为入手点进行深刻的正确的三观引导教育。

(三)三观引导教育

1. 世界观、人生观、价值观

高等教育的主要群体就是大学生,他们在意识形态上常常会受到各方面因素的影响。例如经常在网络上阅览信息、通过新媒体进行交流、更愿意接受新鲜事物等，具有复杂性。大学生作为青年群体，思想上正处于不够成熟稳定的发展阶段，因此，如何解决好大学生在思想意识形态方面遇到的问题至关重要。高校思政教育内容的系统性就对这一问题进行了回答，包括用什么来培养新时代的大学生，把什么内容教给大学生，体系中教育内容这一要素怎样配合高校思政教育工作中的其他要素，以确保各要素协调一致、同向同行，确保思政教育建设的有效性。可以看出在体系建设中教育内容这一要素起到了支撑作用。

高校思政教育的内容包括大学生普遍认可的"三观"的内容，也包括政治观和道德观，还要纳入社会主义核心价值观的内容才算完整。思政教育内容在思政教育建设中具有决定性的意义，它是思政教育系统的第一要素。关于"三观"的教育正是思政教育中的基础理论教育，其目标是培养拥护党的方针政策、政治觉悟高、思想先进的大学生。对高校学生开展"三观"教育，坚持马克思主义理论教育，是引导大学生树立正确"三观"的根本路径，是塑造青年学生思想灵魂的基础。

马克思主义科学世界观是辩证唯物主义和历史唯物主义，是人们对整个世界的总的看法和根本观点，马克思主义世界观揭示了自然和社会的发展规律，它贯穿于当代的中国特色社会主义思想体系中，是科学思想体系的精髓所在。世界观决定着我们如何处理问题和分析问题，是认识世界和改造世界的根本方法，它影响着我们在人生道路上所做的重要决定，引领我们的理想信念，在工作中支配着我们的职业操守和道德行为、决定着我们的思想高度；世界观教育是大学生进行思政教育的总开关，正确的世界观能够在未来前进发展的道路上影响其一生，是高校思政教育中的重要组成部分。世界观从根本上影响了人的思维方式，马克思主义科学思想体系告诉我们，世界观的塑造影响着人生观和价值观。

人生观是世界观的重要组成部分，简单地说，人生观是一个人对生活的态度，在生活中所形成的个人目标、生活意义都属于人生观的范畴。人生观具体表现为荣辱观、善恶观、是非观、义利观等。每个人所处的成长环境不同，拥有不同的生活经历。受所处环境影响，在日常生活中实践经历的不同造就了不同的人生观。树立正确的人生观对大学生至关重要。树立正确的人生观需要高校用马克思主义理论来教育和引领大学生。正确的人生观的根本表现在集体主义，集体主义的意义在于对社会的奉献。因此，要培养大学生为社会奉献的人生观，培养大学生自强不息、吃苦耐劳、勇于奉献的精神作风和高尚品格。

价值观是一个人的人生观与世界观的直接反映，价值观指的是人们对客观事物有无价值及价值大小的根本观点和评价标准。人与社会的关系可以通过价值观进行直接反映。人的价值主要可以分为两类，分别是个人价值与社会价值，个人价值要寓于社会价值中并符合社会的整体发展需要，两者是辩证统一的，只有个人价值与社会价值同向发展，社会价值才会为个人价值的需要创造良好的发展条件。个人价值是通过满足社会需要来实现的，一个人自身的价值越高，说明对社会的奉献越多。新时代大学生要树立马克思主义价值观，抵挡拜金主义、享乐主义等腐朽思想的侵蚀，积极奉献社会、回报社会。高校思政教育工作应以"三观"教育为主线来开展高校思政教育。大学这一阶段是大学生的"拔节孕穗期"，也是"三观"的关键形成期。

习近平强调，要用新时代中国特色社会主义思想铸魂育人，贯彻党的教育方针落实立德树人根本任务。[1] 新时代大学生是推进历史进程的中坚力量，是未来服务社会、建设国家的栋梁和人才，是国家未来的主人，高校要通过"三观"教育来培养大学生，使大学生的政治觉悟和道德水准能担负起未来国家主人翁的责任与使命。

2. 政治观

政治观教育是"三观"教育的一个延伸，政治观是在接受思政教育后形成的政治立场、政治观点。政治观是建立在世界观、人生观、价值观的基础之上的，是人们所生活在的阶级社会所决定的，是对社会制度、政治派别所表现出的态度。马克思主义政治观是为共产主义事业奋斗终身，全心全意为人民服务。当今时代，高校思政教育工作应指导新时代的大学生树立起热爱祖国、拥护共产党，愿意为社会主义建设事业奋斗终身的政治观。大学生始终要面临毕业，面临走向社会工作这一环节，要想解决高校思政教育工作内在逻辑关系所蕴含的这个问题，就要牢牢把握住大学生政治观的确立，为社会主义培养热爱祖国、有高度政治信仰的大学生，为社会主义培养拥有奉献精神和全面发展的社会主义接班人。对大学生进行政治观教育，增强政治意识在高校思政教育中是不容忽视的。现代大学生的文化水平高，思维模式新颖，在领悟新知识、新观点、新事物方面的能力更高，富有主见，但面对复杂多变的社会形式，大学生的政治观还不成熟、不完善。因此，对大学生进行政治观教育首先要帮助大学生树立正确的政治信仰，教育大学生关心时事政治、理解政治形势，鼓励引导大学生积极向党靠拢、一心向党。加强大学生政治观教育，是实现伟大的中国梦的信念和动力的需要，也是为社会主

---

[1] 习近平：用新时代中国特色社会主义思想铸魂育人贯彻党的教育方针落实立德树人根本任务［N］．人民日报，2019–03–19（01）．

义事业提供人才资源的思想策略。

3. 道德观

道德观体现了一个人的道德意识和水平,马克思主义道德观主要表现为一个人在处理个人与社会集体关系、个人与他人之间的关系所遵守的准则。人的道德观核心是个人行为在个人利益中所占比重的大小。个人所处的环境不同、社会阶级不同则会形成不同的道德观。高校思政教育工作中的思想道德修养教育也应围绕新时代道德观展开。新时代道德观建设要求坚定全心全意为人民服务的基本立场,始终辩证、唯物地看待问题,同时新时代道德观在马克思主义道德观上进行了丰富和发展,又蕴含了中国优秀传统文化的思想。新时代道德教育观要求大学生树立讲文明、讲诚信、知行合一的道德观,艰苦奋斗、无私奉献、为人民服务的道德观。高校思政教育的根本宗旨是立德树人,把道德观教育贯穿于思政教育的全过程中。对大学生进行道德观教育在高校思政教育工作中占有举足轻重的分量,接受道德观教育需要高校、社会、家庭的多方面努力,引导大学生自觉抵制个人主义、享乐主义、拜金主义,修身立德、成长成才。

4. 社会主义核心价值观

社会主义核心价值观从公民层面、国家层面、社会层面,对个人应遵循的价值准则和行为标准提出了要求。主要表现为"三个倡导",即倡导富强、民主、文明、和谐,倡导自由、平等、公正、法治,倡导爱国、敬业、诚信、友善。社会主义核心价值观是意识形态教育的内在组成部分,它能引导大学生拥有正确的价值取向和人生追求。高校思政课程是传播社会主义核心价值观的主要阵地,把"三个倡导"的理念运用到教育教学中,运用到社会实践中,运用到校园活动中,能科学引导学生树立理想信念,正确树立"三观",培养大学生的社会责任感和对国家制度的认同感,在提高教育实效性的同时也能引导大学生树立服务社会、奉献社会的观念,从而引领大学生把实现中华民族伟大复兴、建设中国特色社会主义视为己任,以培育能担当民族复兴大任的时代新人。社会主义核心价值观是高校思想政治工作的重要指导,在教育过程中,把"三个倡导"的内容运用到实践中、运用到教书育人中、运用到高校思政教育体系建设中,促进学生综合素质的提高,做到知行合一,追求更有境界、更有高度的人生。

二、高校思想政治教育的理论指导

实践是理论的基础,科学的理论能够指导实践,二者的辩证关系是不可分割的。任何实践研究必须与理论相结合才行，只有在科学理论的指导下，才能改造客观世界。

（一）马克思主义教育思想

马克思主义教育思想是无产阶级的教育观和方法论，是社会主义教育事业的指导思想。当前，我国所取得的辉煌的教育事业成就及今后的教育事业发展，都是在马克思主义及其教育思想指导下前行的。

马克思认为教育一般来说取决于生活条件，而不是教育决定社会，这深刻揭示了教育同社会关系的客观规律。可见，教育与社会关系是密不可分、相互影响的，教育的开展必须基于社会实际状况出发。在新时代的今天，信息高速化加快了社会思潮的传播，对于新时代青年行为和思想的影响愈加深刻，为了应对新时代社会的客观挑战，对高校思想政治教育工作提出了更高的要求。因此，课程育人是社会发展的必然要求，高校思想政治教育需要发挥每位教师的育人作用，与思政课教师共同承担培养全面发展的时代新人的重任。

人的全面发展是人发展的最高境界，是马克思的毕生追求。实现人的全面发展不仅是人类生存的本质要求，也是课程育人理念的要求。马克思、恩格斯把个人全面发展和教育联系起来，创立了全面教育思想。如何通过教育使个人全面发展，就是马克思主义的全面教育思想。

马克思和恩格斯非常看重教育在个人全面发展中的重要作用，认为全面教育是个人全面发展的重要条件。全面教育的目的是培养全面发展的人，是造就"全面发展的一代生产者"。这样不仅能大力发展生产力，也能给每个人提供全面发展体力和智力的机会，使其更进一步获得全面发展。但教育"不仅是提高社会生产的一种方法，而且是造就全面发展的人的唯一方法"。教育培养人的能力、创新意识和主体意识，使个性得到充分发展。培养全面发展的人需要通过教育来实现，这是培养时代新人的根本要求，也是课程育人的重要理论依据。

我们党历来都非常重视教育，马克思主义的教育思想为课程育人的提出提供了理论依据。通过马克思主义思想的动员，使全校人员投入思想政治教育工作中，保证学生的专业知识和价值认识都得到充分的发展，使其实现个性解放和全面发展。

（二）习近平总书记关于高校思想政治教育重要论述

高校是开展思想政治教育工作的重要阵地，是培养社会主义后备人才的重要场所。随着网络全球化、价值多元化及高校学生群体的不断扩大，高校思想政治教育工作的难度也有所增加。因此，党的十八大以来，习近平总书记高度重视高校思想政治教育工作，围绕高校思想政治教育工作，发表了一系列重要讲话，提出了一系列新思想、新观点，形成了习近平新时代高校思想政治教育重要论述。习近平新时代高校思想政治教育重要论述的关键就是立德树人。

"高校立身之本在于立德树人"[1]，但立德树人不仅是思想政治理论课的重任，也是各类课程的根本任务，需要所有课程以实现这一根本任务为目的，开展教学工作。因此，思想政治理论课，作为价值引领、行为养成的主阵地，必须不断进行思政课改革，提高思想性和亲和性，成为学生们喜爱的思政课；其他类课程教师要主动挖掘课程中的思想政治教育元素，利用好课堂教学这一主渠道对学生进行爱国、爱党、爱社会主义及社会核心价值观等教育。

2016年在哲学社会科学工作座谈会上，习近平总书记指出："我国广大哲学社会科学工作者要自觉坚持以马克思主义为指导，自觉把中国特色社会主义理论体系贯穿研究和教学全过程，转化为清醒的理论自觉、坚定的政治信念、科学的思维方法。"

我国哲学社会科学与其他哲学社会科学的根本区别，就在于旗帜鲜明地以马克思主义为指导。我国高校的哲学社会科学工作者要主动研究中国特色社会主义理论体系，将其内涵潜移默化地融入课程中，用其真理的力量引导学生树立正确的价值观念。

2018年，在北京大学师生座谈会上，习近平总书记提道："马克思主义是我们立党立国的根本指导思想，也是我国大学最鲜亮的底色。"

我国高校是以马克思主义指导思想为指导的高校，这就决定了我国高校的性质是党领导的中国特色社会主义高校。我国高校教师在教学过程中要牢牢抓住马克思主义理论教育，引导学生运用马克思主义立场观点方法去分析问题、解决问题，让学生感悟马克思主义真理的力量，做坚定的马克思主义者。

2019年，习近平总书记在思想政治理论课教师座谈会上强调："办好思想政治理论课关键在教师，关键在发挥教师的积极性、主动性、创造性。"

教师是课程的实施者和创造者，思想政治理论课作为高校思想政治教育工作的主渠道，承担着传授知识和铸魂育人的重任。但这一重任不仅是思政课教师的任务，还是所有的教师都应承担起的立德树人的重任，实现全员、全过程、全方

---

[1] 习近平：把思想政治工作贯穿教育教学全过程　开创我国高等教育事业发展新局面[N].人民日报，2016—12—09(01).

位育人。可见，每门课程都有其育人作用，各教师要充分挖掘课程中蕴含的育人资源，发挥思政课和其他课程协同育人的作用，形成"三全育人"。

习近平总书记关于高校思想政治教育的重要论述，充分体现了党中央对高校思想政治教育工作的重视。

（三）中国传统文化中的兼容并蓄思想

1."兼容并蓄"的哲学传统

中华民族具有悠久的历史，在上下五千年的历史长河中，创造了辉煌灿烂、博大精深、源远流长的精神文化。中华优秀文化沉淀着中国人民自强不息的精神追求，代表着中华民族独特的精神风貌，为社会的生生不息、民族的伟大复兴、国家的繁荣富强提供了丰厚的滋养，直到今天依然是我们推进改革开放和社会主义现代化建设的强大精神力量。"兼容并蓄"是中华优秀传统文化的优秀传统，具有开放包容、平等共处、协调发展的文化基因与价值优势。

自春秋战国时期以来，百花齐放、百家争鸣，各种思想不断涌现、彼此激荡。以孔子为代表的儒家思想家提出了"克己复礼"（《论语·颜渊》）、"泛爱众，而亲仁"（《论语·学而篇》）的思想，主张建立以"仁"为中心的"过犹不及"（《论语·先进》）、"和而不同"（《论语·子路》）的"和""合"社会，强调"君子和而不同，小人同而不和"（《论语·子路》）的人际关系。秦汉以后，天下殊途同归，中国进入了封建"大一统"时期。秦人招兵买马、广纳贤才，曾"西取由余于戎，东得百里奚于宛，迎蹇叔于宋，来丕豹、公孙支于晋"（《谏逐客书》），终得富国强兵。王朝建立之后，"一法度衡石丈尺。车同轨。书同文字"（《史记·十二本纪·秦始皇本记》）。汉代倡导礼法，德行并重。后历经三足鼎立，天下久分必合。魏晋南北朝时期，玄学风行、个性张扬，是一个思想解放、兼容并包的时代。此时，佛教开始在中国大面积传播，出现了儒、释、道三教合一的趋势。进入隋唐时期，社会开明、经济发达，在文化领域形成了一种多元文化格局。唐文化的兼容并包不仅仅表现在对待诸多外来文化，诸如京城长安的景教、羌笛、琵琶、胡舞等外来文化元素上，而且兼容并包是唐代文化发展繁荣的一个重要特征。自宋明理学开始，中国哲学思想逐步走向了保守与衰落。程朱理学吸收了历代儒学的思想精华，强调"理一分殊"，使中国儒家思想形成了更加严密的"形上学"概念体系。1644年清军入关，开始了清王朝268年的统治，满汉文化交流融合、交互共生。自鸦片战争之后，西风东渐，国难当头。诸多仁人志士提出了"中学为体，西学为用"（《对学篇》）思想，魏源在《海国图志》中提出"师夷长技以制夷"。民国时期，蔡元培先生担任北京大学校长时，他倡导"思想自由、兼容并包"的办学方针，对北京大学的发展影响深远。

综上所述，中国传统文化中的兼容并蓄思想经久不息、历久弥新，充分说明中华民族是一个不断学习进步、不断转化创新的海纳百川的民族。

2."有容乃大"的君子人格

"为人处世"之学是中国传统文化研究的重点。《易传》中讲，"天行健，君子以自强不息，地势坤，君子以厚德载物"。自强不息、厚德载物的思想，孕育着中华民族的宝贵精神品格，培育着中国人民的崇高价值追求，支撑着中华民族生生不息、薪火相传，使中华文明源远流长、绵延不绝。同时，"君子人格"是儒家思想所追求的为人处世的理想境界。"君子"一词在《论语》中属于高频词汇，一共出现了107次，君子人格伴随《论语》的流传而走入国人的心中。世界各个民族对个人优秀品格的追求如出一辙，英国人塑造了风度翩翩的"绅士"形象，中国儒家传统思想文化对君子人格的设定内容丰富而广泛，包括了容貌、德行、学问、才思、情趣等。其中"有容乃大"是"谦谦君子"的优秀品格，就是指君子的为人处世要胸襟博大、宽厚仁慈、谦虚谨慎、和而不同、兼容并蓄、博采众长。子曰："君子坦荡荡，小人长戚戚。"（论语·述而篇》）就是说做人要像君子一样心胸宽广、视野开阔，从大处着眼，小处着手，而不能像小人一样，心胸狭窄、鼠目寸光、斤斤计较。子曰："君子成人之美，不成人之恶。"（《论语·颜渊篇》）意思是作为君子，要帮助好人广做好事，不助纣为虐帮助坏人做坏事。"小人乐闻君子之过，君子耻闻小人之恶"（《格言联璧·接物类》）。子曰："君子泰而不骄，小人骄而不泰。"（《论语·子路》）是指君子为人处世，态度端正安详、面容舒展而泰然处之，即使是位高权重也不骄傲自满；相反小人往往会志得意满、骄矜傲慢、盛气凌人，很难做到平和、坦荡。这些至今依然出现在中国人口头的君子格言，已经不同程度地成为中华儿女为人处世的生活信条，成为人们做人做事的价值判断和行为准则。它以习用而不察，日用而不觉的形式影响着我们认识问题的视野、思考问题的角度，规范着我们处理问题的方式，调整着我们与人相处的态度、作风和格调。如同血脉一样流淌在每一个中华儿女的身上。

3."兼济天下"的家国情怀

儒家的"君子人格"重视自我的修身养性，但修身养性的目的是要正确处理个人与他人、个人与社会、个人与国家、个人与天下的关系。因此，君子必须具备"兼济天下"的家国情怀，做到"穷则独善其身，达则兼济天下"（《孟子·尽心章句上·第九节》）。这种思想为历代文人学者所推崇。孔子曰："君子喻于义，小人喻于利。"(《论语·里仁》)可见君子乐得其道,小人乐得其欲。在《孟子·梁惠王章句上》中提到"老吾老,以及人之老,幼吾幼,以及人之幼",意思是要孝老爱亲、尊老爱幼,要推己及人,己所不欲,勿施于人。楚国诗人屈原在《离骚》中讲:"长太息以掩涕兮,哀民生之多艰。"倾诉了诗人对人民生活的关切,终因报国无门,秦军入楚,山河破碎,抱憾投江。唐代现实主义大诗人杜甫在《茅屋为秋风所破歌》中说道,"安得广厦千万间,大庇天下寒士俱欢颜"。在秋风起、茅屋破,何以安生难以成歌的境遇下,诗人触景生情、推己及人,憧憬广厦万间寒士欢颜,表达了希望变革"朱门酒肉臭,路有冻死骨"(《自京赴奉先县咏怀五百字》)的黑暗现实之崇高理想,这是诗圣忧国忧民爱国情感的自然流露。宋代范仲淹在《岳阳楼记》中讲"先天下之忧而忧,后天下之乐而乐"。他将国家民族利益置于个人利益之上,将为国担忧、为民分愁放在个人安乐之前,表现出诗人远大的政治抱负和广阔的世界情怀。国家兴衰、民族存亡与每一个人的生计息息相关,面对"国破山河在,城春草木深"(《春望》)的凄凉境况,顾炎武在《日知录·正始》发出了"天下兴亡,匹夫有责"的慨叹。孙中山先生则提出"大道之行也,天下为公"(《礼记·礼运》),希望以资产阶级的民主共和替代封建皇帝以国为家、家国一体的专制统治。凡此等等都是"兼济天下"的家国情怀的具体体现。

(四)思想政治教育接受规律论

接受通常被人们理解为认可、接纳的意思,有自发性接受、指导下接受和自觉性接受三种形态。思想政治教育接受的内涵是在接受的内涵的基础上发展而来的,最早是由邱柏生等提出的,[1]将思想政治教育活动理解为内化过程,忽略受教育者的外化。学者王勤将思想政治教育接受定义为:是接受者出于自身的内在需要,在接受环境特别是教育的影响下,对教育所传递的思想文化信息进行反映与择取、整合与内化、外化与践行的连续的、完整的、能动的活动过程。[2]

这一定义将内化和外化结合起来,更深刻地反映了思想政治教育接受的内涵。思想政治教育规律是思想政治教育接受过程中的诸要素之间的本质关系,它是建立在接受过程的矛盾之中。对于思想政治教育接受规律的研究,学界从不同的角度出发有不同的观点。基于本书研究,笔者更偏向学者徐永赞对该规律内容的阐释,即接受主体与教育主体的双向互动规律、接受主体定向期待与创新期待辩证

---

[1] 邱柏生. 思想教育接受学 [M]. 太原:山西人民出版社,1992.08.
[2] 王勤著. 思想政治教育学新论 [M]. 杭州:浙江大学出版社,2004.01.

统一规律、接受主体的能动性与受制约性辩证统一规律、思想政治教育施教过程与接受过程相互制约规律。[1]

首先，教育者与受教育者构成一对矛盾，他们是双向互动的。教育者根据社会的要求有目的、有计划地对受教育者进行思想政治教育活动，但是在传授的过程中，受教育者不是处在被动吸收的过程，而是具有能动性。尤其是在教学进行到一定的程度时，学生对于教育内容的选择性和能动性更强，同时他们能否将教育内容外化于实践，也是受教育者能动性的主导。因此，在教学过程中，教育者和受教育者都处于主体地位，教育者是实施教学的主体，受教育者是接受教育的主体。利用这一双向互动规律育人，能够使教育者有效把握受教育者的主体地位，改变单一传授知识、忽略学生主体地位的教学方式。

其次，教育者与受教育者之间存在定向期待与创新期待的辩证统一关系。在教学过程中，受教育者对教育者所传授内容对自己有益的期待是定向期待，而教育者对受教育者发挥能动性的期待是创新期待。在教学过程中，每个教师要主动了解所教学生的需求和期待，提高自身能力和修养，满足受教育者的期待。同时，教育者要善于发现和引导教育者的创新期待，促进其实现，从而调动受教育者的积极性和能动性，取得思想政治教育的实效性。

再次，教育者要根据受教育者的需求进行知识传授，但是不能一味地满足他们，而是要以改善和提高受教育者的主体性为目的，让他们自主地接受、内化及外化。在思想政治教育过程中，接受主体能够对教育者的传授内容进行自主选择和整合，同时其能动性也会受到社会环境和其他诸多方面的影响。因此，教师在开展教学工作时，要将学生的需求和社会的价值辩证地统一起来。

最后，教育者的施教过程与受教育者的接受过程相互制约。教育者的施教过程制约着受教育者的接受方向和水平，教育者在社会价值目标的指引下，引导学生朝着这一价值目标进行发展，这就意味着各类教师在课堂教学中，不仅能够引导学生学习各门课程的专业知识，同时也能够引导学生的思想道德发展方向。当然，受教育者的接受过程也制约着教育者的施教过程，例如施教内容的难易程度、有趣性、实用性等问题都与受教者的接受相关。因此，思政理论课教师在授课时要从受教者的实际情况出发，关注受教者之间的差异、适应受教育者的心理特点；其他各类教师在教学过程中，要合理、正确地挖掘课程内容中所蕴含的思想政治教育元素，采取适当的教学方法，将二者有机结合起来，达到课程育人的目的。

---

[1] 徐永赞.思想政治教育接受过程研究[D].长春：吉林大学，2006.

(五)认知主义学习理论

认知主义学习理论源自于格式塔学派的认知主义学习理论,20世纪50年代中期,认知主义学习理论发展到鼎盛时期。认知主义理论推动了教育心理学的发展,主要有以下几点理论贡献:第一,强调学生在学习中的主体性;第二,强调学生的认知、理解和独立思考等意识活动的重要性;第三,强调学生在学习活动中已有的知识和认知水平;第四,强调内在动力与学习活动本身带来的内在强化作用;第五,强调人的学习具有创造性。因此,学生在学习过程中不是被动、消极的,而是主动、积极的。教师在教学过程中要调动学生的主动性和积极性、激发学生的学习动机、培养学生的创新和探索精神,从而使知识内化为学习者内部的认知结构。

思想政治教育不仅存在于思想政治课上,在其他课程上也包含思想政治教育。在日常教学中,要对学生的思想、政治、道德及价值观等方面进行潜移默化的影响,这就要求教师在进行教学实践的过程中,对教育对象有全面的了解,据此来确定所采用的教学手段和教学方式。同时,在教学过程中不是让学生被动接受知识,而是激发学生学习兴趣,让其主动地探究和内化。

(六)有效教学理论

有效教学理论是通过研究教学中的现象问题,揭示出教学一般规律后,将规律运用于解决教学实际问题的理论方法,其关键在于研究"如何教"这一问题。有效教学理论的主要代表人物是美国的本杰明·布鲁姆(Benjamin Bloom),其中,布鲁姆的"教育目标分类学""教学评价理论"和"掌握学习"教学策略是他有效教学理论的主要内容。有效教学理论不仅强调教学效果,更强调以最少的时间和精力,实现教学目标和学生的全面发展。随着我国高等教育的不断改革,有效教学理论更是对教育理念起着积极的推动作用,它既满足教师以实现学生全面发展为目标,又适应时代的变化,有利于教师教学效率的提高及学生综合素养的提升。

思想政治教育中,教师的"教"起着至关重要的作用。思想政治教师在教学过程中,要遵循有效学习理论规律。

第一,鼓励学生有效学习。学生有效学习是有效教学的内在动力,而有效教学目标就是让学生能够获得有效学习。因此,有效教学不仅有利于提高教师教学的效率,同时也有助于学生各方面的学习。

第二,以学生为最终目标。有效教学理论注重"以学生为中心",在教学过程中主要是从学生的实际需求出发来进行教学活动的设计，并在教学过程中激发学生学习兴趣，而不是让学生被动地接受。

第三，关注"人"的发展。高校在重视学生理论知识学习、能力培养的同时，更加注重人文精神的培养，这也是当下每个教师在育人过程中应该重视的。因此，高校教师将各类课程与思想政治教育内容相结合时，坚持有效教学理论的运用，能够提高学生学习的有效性及教师教学的工作效率。

（七）教育学中的整体性教育理论

整体教育理论的倡导者在"整体教育国际会议"上发表了《整体教育构想宣言》，提出了对未来教育整体性发展的"十大原则"，这十条原则内容涉猎广泛，是为战胜20世纪90年代及21世纪教育面临的诸多困难的一次有益尝试，是整体教育理论的倡导者为变革传统教育进行的不懈努力。他们所做的工作和提出的一系列理念，如独立完整人格的养成、道德意识和社会责任感的培养、个人创造潜能的激发等等，对思想政治教育具有重要的借鉴意义。

根据整体教育国际会议发表的《整体教育构想宣言》[1]，可以看出整体教育的主要内容包括了以下几个方面。

（1）《整体教育构想宣言》的宗旨

《整体教育构想宣言》开宗明义地提出，对人类未来及这个地球一切生灵的命运都应该抱有切实的关注，应该反思工业文明带来的深刻危机使教育体制蒙受的阴影。产业社会的价值观，使我们耽于竞争却忘却合作，醉心奢侈浪费，却任凭资源枯竭；依赖精细化管理却忽略了相互的沟通接触，病态的教育与病态的生态如出一辙、病根同在。因此，现代社会应追求一种"质的变革"，使人民能自由地发展自己的需求；建立一种新的技术，重新把握艺术与科学、科学和伦理学的统一；自由地发挥想象力，给科学套上缰绳，使之用于人类的解放。所以，整体性教育的宗旨是克服现代产业带来的弊端，以人为本，关注人类的未来，实现教育、人文、科学、创新及现代产业的和谐发展。

（2）整体教育的十大原则

《整体教育构想宣言》提出的整体教育的十大原则如下。

一是人性关怀，是指教育最重要、最根本的目的是激发人的潜能，学校应当是促进人的全面发展的场所。正如杜威等教育家倡导的一样，学习应该被看作是

---

[1] 钟启泉，高文，赵中建. 多维视角下的教育理论与思潮[M]. 北京：教育科学出版社，2004.11.

与家人、邻居、同事、朋友及世界各国人民交流的过程，是一种人与人、人与社会、人与自然互动交流的实践活动。近代公共教育最大的缺陷是没有把最大限度地促进人的全面发展作为教育的第一目的。事实上人的全面发展指标比经济增长的指标更重要。因此，必须在更高层次上协调经济体制的需求与人类的理想。

二是尊重每一个人，是指要看到每一个受教育者的独特价值所在，正是因为每朵花儿的不同，才有色彩斑斓的春天。每个人在身体、情感、智力、精神志向方面都有无限的可能和无穷无尽的潜力，所以要注重个性发展，拒绝先入为主的区别对待。要尊重每一个人，杜绝用整齐划一的模式要求和约束孩子们的成长。

三是要重视体验性学习，是指要注重体验式教学。书本知识是经验性存在，受教育者不必去验证每一条理论，但是要有切身的感受和理解。学习是一种传承，只有受教育者对世界所蕴含的丰富内涵有鲜活的体验，才能通过自我提高促进健全、自然的成长。所以，教育者不能直接把书本知识机械地塞给学生，让其生吞活剥地接受。

四是要向整体教育转型，是指必须重视教育制度、教育政策和教育过程的"整体性"。人是一种鲜活的生命存在，是拥有复杂多样性的丰富整体。整体主义教育在尊重学校教育的基础上推崇开放状态的教育。教育不仅要注重知识、技能培训，还应当重视受教育者的身体发展及社会、道德、审美等方面的创造。整体教育不仅注重显性的经验性现实基础上的教育，还注重生命教育和宇宙教育。

五是要重新认识教师的作用。教师职业是一种科学精神与艺术气质并存的工作，是一种心灵的召唤。但是由于受到制度条框的约束，只能陷入忙于应付那些与学生学习、成长无关的日常琐事。事实上，教师应当促进学生的人格成长，让学生形成良好的学习生活习惯。教师应该成长为具有创造性精神的新型教师。学校要去官僚化，成为一个易于平等沟通、人际关系协调、和谐的场所。

六是选择的自由。教育只有在自由的氛围中才能进行，学习过程中的自由选择的机会包括了质疑的自由、表达的自由及人格成长的自由等，均不可或缺。公共教育体制中，必须有多样化的教育模式供学生和家长选择，以替代各种限制。

七是创造真正的民主型社会。真正的民主型社会，才能使所有市民实现真正意义上的政治参与。市民不仅可以选择领导者，还具备参与解决社会问题的能力。可以超越"少数服从多数"的模式，诚心诚意地关怀他人和社会。教育就是要培养人们具备这种市民精神，所以教育要关注人类的普遍需求，教给人们尊重、正义和批判的勇气。这就是苏格拉底早就思考过的理想，也是教育的精髓。

八是全球教育。地球正成为一个地球村，而大家都应该知道，人类活动具有丰富的多样性。全球教育的目标就是使每一个人在整个地球的生态中，发挥自己应当发挥的作用。全球教育就是要实现"精神解放"，超越文化差异，寻求更为普遍的人性教育。

九是求得共生的生态型教育，就是要心存敬畏，恢复人类与自然之间的天然纽带，把自然视为人与之共生的伙伴。地球是一个与生存于其上的一切生命相互支撑的"整体"。个人的幸福与整个地球密不可分。要向青少年做好人与地球的共生教育。

十是灵性与教育。人具有天生的"灵性"，教育不能用刻板的评分扼杀人的灵性，整体教育就是要培养学生形成对自己、对他人、对社会乃至对地球的责任感。

整体教育理论是生态后现代主义教育思想，它对工业时代的学校教育做了一次深刻的检讨，指出了工业时代的教育是一种"病态的教育"，必须要加以整体性改造。因此，整体教育理论的倡导者所列举的，诸如教育忽视学生精神成长、教育缺乏联动性等一系列问题，都是思想政治教育要思考和研究的范畴。

就方法论而言，整体教育理论注重从整体出发进行课程的整体性设计，分别从教师作用的整体发挥、教育过程的整体安排、教育目标的全面性、教育生态的全球性等方面阐述了对有关教育活动的整体性思考。虽然整体教育理论不乏一些对教育整体性极具价值的研究成果，但他们的研究在一定程度上同样没有摆脱现实条件的羁绊，缺乏推行的基础。再加上理论本身缺乏系统性和整体性，所以没能真正解决实际问题。但其对工业时代教育所做的深刻检讨与批判，对于推进人们对当前教育的认识及思想政治教育建设极具参考价值。

第三节　高校思想政治教育的特点

一、客观性与主观性统一

思想政治教育教学是客观内容与主观形式的辩证统一，它是对思想政治教育教学实践活中的各种现象之间的关系，以及教学的特性、教学方面等本质的一般概念的概括和反映。思想政治理论课教学的客观性与主观性的统一体现在两个方面：一方面是其内容的来源是客观的，一点也不能离开客观实在性；另一方面是从形式上来说是主观的，它是内容这一客观存在的反映形式，人们通过自身的主观能动性，对教学实践的具体内容进行能动的思考，对其进行能动的反映和改造。假使没有通过意识和思维对教学实践的客观内容进行主观创造，就不能客观性和主观性统一在特定的思想政治教育教学实践活动中。

思想政治教育教学的客观性是指其教学内容来自这门课程所研究的特殊领域的教学实践，包括具体的课堂教学和实践教学，且其所固有的本质和规律性是不以教育者的主观意志为转移的客观实在，思想、知识、行为，教师与学生，理论教学、实践教学、管理教学，理论灌输与情感共鸣等都是这一方面的内容。它们都从属于意识层面，但都不是由主观意念自主产生的，其范畴体系的构建都是从实践中产生的，是教学实践的结果，是对实践的科学分析和抽象，所以它不同于不以人们意志为转移的，独立于人们意识之外的客观实在性的物质的客观性。思想政治教育教学是对教学实践活动的本质和规律的反映。因此，从其范畴内容的来源和它建构的过程、趋势等来看，它都具有客观性。

研究理论问题时，我们需要充分调动人的主观能动性。人们的主观性将思想政治理论课教学的研究领域中产生的具有客观实在性的原材料进行加工制作，从而形成了这一表现形式，这种加工制作就是通过人脑对客观实在进行理论思维的创造活动，使其在表现形式上具有主观性。就如我们在讨论教学问题时，不能把教学的内容和反映形式割裂开来，只承认教学的主观性或者只承认客观性，都是片面的、都是错误的，高校思想政治教育教学是主观性和客观性的统一。

二、整体性与层次性统一

思想政治教育教学是维护好、发展好党的意识形态工作的重要组成部分，也是提高人民思想道德素质的重要手段和工具，同时也具有导向指引性。思想政治教育教学理论是本学科理论体系中的基础，而理论作为人们在实践基础上的，对事物的认识由感性上升到理性而形成的具有前瞻性的内容，其本身对教学实践活动就具有导向指引作用，进而由于思想政治教育自身具有的阶级性特征，即必然有一个价值指向。导向指引性主要是针对两方面而言。

一是对大学生的个人发展和如何在社会实践中发挥自身作用起到导向指引作用，包括引导学生的思想观念、精神境界朝着全面发展的方向提升，增强学生的精神力量，在实际的教学中促进社会主义核心价值观同学生自身的思想观念和政治观点相融合，积极引导和帮助学生自觉接受并且树立社会主义核心价值观，引导学生为实现伟大复兴的中国梦而努力等。

二是为教学实践活动提供一个客观的标准,对思想政治教育教学的改革发展方向起到指引作用,促进教学理论的创新与发展。思想政治教育教学是在马克思主义的指导下教师对学生的价值选择和社会价值的取向产生导向指引作用,使其形成社会发展所需要的道德规范和思想素质。思想政治教育教学的导向指引是实现教学目标的关键,其既是促进社会和个人的全面发展的要求,也是马克思主义理论与时俱进和教育多样化发展的需要。

整体性在思想政治教育教学中,首先体现在教学中的每一阶段和环节中;其次还体现在教学内容的整体性。思想政治教育是向学生传授马克思主义理论知识,这一理论具有完备的逻辑体系和框架,其发展历程也具有整体性。思想政治教育教学的导向指引下的整体性主要表现在以思想政治教育为教育教学内容,并引领教学的正确方向,而这门课程本身就具有完整性,在教学过程中首要的是让学生认知和了解这门课程和教学内容及其思想的整体性,而不是对某一部分具体的知识点进行深挖。因此,正确的构建应坚持完整性这一特征。在教学过程中,不应把认识某一具体知识作为教学的第一要务,否则学生将无法掌握这一教学内容的思想,更无从谈起对知识、思想的转化。

思想政治教育是一门兼具系统性、完整性的课程,可将各种类型的教育教学因素整合到教学过程中,并能引导学生把感性认识或零星观点转化成一个整体的思想政治素质。其教学最重要的一点就是要使学生对马克思主义理论的价值立场、观点等思想的认识转化为信念。因此,在教学过程中一定要重视对整体性的把握,而对思想政治教育教学的构建理应体现整体性这一特征。思想政治教育教学从根本上来说,也是思想政治教育范畴体系的重要组成部分。其与思想政治教育范畴体系一样,在德育教育教学,培育大学生树立正确的人生观、世界观、价值观的过程中发挥着指引导向功能,并以整体的形态存在和运行着。这一范畴系统是一种思维形成的存在,是由不同的要素、层次构成的一个整体结构,其变化发展集中地体现了辩证逻辑整体的运动过程,在过程中不同的要素、层次之间,整体与层次、要素之间,整体与外部事物之间都有着各种联系。

思想政治教育教学作为一个学科体系的重要组成部分,必然要求通过思维形式来系统反映其所包含的内容,使教育者和受教育者从中获益。思想政治教育教学体系是从本质上揭示了各个范畴之间的运动轨迹和规律。因此,我们不能孤立地研究其具体内容,要从系统到要素和层次,从整体到局部,从全体到单一。

思想政治教育教学的层次性表现在,这一教学既然是一个教育教学的整体系统,其间必然具有教育教学的局部层次。思想政治教育教学体系的划分是依据逻辑思维的组织、推演及运行规律展开的，进而形成了由起点、中心、中项、成效和终点等范畴构成的具有逻辑性和科学性且合理有序的范畴体系。高校思想政治教育教学是围绕中心范畴，然后从起点范畴开始，经过中项范畴、成效范畴最后到达终点范畴的动态运动和发展变化的过程。这个过程动态简洁地揭示了高校思想政治教育教学体系中不同要素和层次之间的内在联系及运动变化的本质规律。思想政治教育教学的整体属性决定了其只有体系完整、各要素层次分明、合理有序地联系在一起，才能科学地反映思想政治教育教学的本质规律。正是由于高校思想政治教育教学的整体性特征，其结构与层次之间才彼此关联、相互作用。一是指系统与要素环节具有稳定的关联性，即其范畴体系中的各个具体范畴均有固定的位置和作用等；二是指层次与层次之间具有关联性，即指这一教学内的每一逻辑层次之间都是彼此相连的，具有逻辑规律的关系。正是由于这种系统与要素、层次与层次之间的关联性，使得这一教学体系的结构成形，并具有稳定性。关系是结构得以存在的前提，也是构成系统的基础，而只有系统内要素间得以稳定才能形成彼此之间稳定的关系，任何事物的整体性质都是由每一部分之间相互依存又相互制约的关系来体现的。

在思想政治教育教学体系中整体与任一层次、层次与层次之间都有着相互制约与依存的关系。思想政治教育教学不仅具有导向指引下的整体性特征，而且还具有教育教学过程中的层次性特征，从而能够把这一系列的动态联结为合理有序、层次结构分明的有机统一整体，从而构成体系。综上，思想政治教育教学具有导向指引下的整体性和教育教学的层次性的特征。

三、科学性与利益性统一

思想政治教育教学的科学性在于所概括和反映的内容即思想政治教育教学的科学性，思想政治教育教学通过教学实践活动使学生形成社会所需要的思想政治道德，培养学生全面发展的综合能力。马克思指出，无产阶级社会中，就是要让社会成员的能力得到充分的发挥。而思想政治教育就是遵循着这一观念展开其教学活动的，以期通过教学将学生的观念最大化地提升。社会的发展及其实践活动都需要理论的指导，理论是发展的动力，缺乏理论指导的实践都是无意识、盲目的，都是无法前进发展的，社会的发展改革只有在科学的理论指导下才能得以实现。马克思主义理论是被实践反复检验过的科学的、正确的理论，是人们认识世界、改造世界的重要武器，思想政治教育教学实践活动以马克思主义理论为基础，向学生传授其价值体系、立场、观点等，其教学就是在马克思主义理论的指导下建构的，它遵循思想政治教育教学的发展规律。这一教学的科学性还体现在其自身具有的客观实在性和规律性，即其反映的是思想政治理论课教学特殊研究领域——思想政治理论课教学实践活动的特殊矛盾运动及其本质规律。在任何历史时期和政治体制下，普遍性是思想政治教育教学实践活动的特殊矛盾运动及其本质规律的一个基本特征。所以，客观性和科学性就构成了思想政治教育教学内容的基本特点。任何历史时期和任一体制下的意识形态教育，基本都客观地反映了其内在的本质和固有的规律。它的科学性是绝对的，这一教学实践在一定的具体条件下具有相对不变性，保持其相对稳定性。列宁认为，辩证唯物主义强调的是要承认真理的客观性和绝对性，且真理是正确揭露客观物质的本质和规律的。因此，承认这一教学的客观性就是承认了它具有绝对性。而思想政治教育的利益性指的是根源于其本身具有的阶级性和意识形态性。其具体达成目标和服务的对象是由统治阶级的阶级性质和立场决定的。

马克思历史唯物主义观认为，全心全意实现最广大人民群众的根本利益就是马克思主义政党鲜明的政治立场。毋庸置疑的是，为无产阶级政党和广大人民群众服务是社会主义国家的思想教育宗旨。

一是思想政治教育教学在这门课程教学实践的基础上，既包括对原有教学内容的修正，也包括在现有的基础上更新内容。任何事物的产生都摆脱不了现实的因素，范畴也不例外。这一理论体系的构建会被当时的实践所影响，其结构体系是在对当前教学实践的总结、归纳和抽象，它的构建被许多条件限制，不能对未来的教学实践进行完全准确的判断。故当前的范畴反映的内容是相对的，并不是绝对的。

二是马克思主义认为，范畴是运动、变化和发展的。思想政治教育会不断地进行改革发展，其教学内容会不断扩大，教学方法也会增加变化，人的认识能力和水平也在随着对事物的不断认识而不断提高，进而会有新的观点出现。

三是正如辩证唯物主义观点强调的那样，事物在实践中是矛盾的状态，是不断变化发展的，会呈现相互对立、相互依存的状态，并能够辩证转化的，此时对立、彼时统一，这也是事物的一个过渡性和相对性的特征。而思想政治教育教学的相对性就是对其教学实践中的基本矛盾运动及转化的反映。因此，思想政治理论课教学之间是能够辩证转化的，具有相对性。

由此可见，思想政治教育教学是绝对性和相对性的统一。高校思想政治教育教学所具有的绝对的科学性不是完全独立存在的，而是通过相对的利益性转变现出来的。根据列宁的观点来看，如果我们只承认高校思想政治教育教学的绝对性，而否定高校思想政治教育教学的相对性，后果就是会致使我们的思想僵化；相反地，如果只承认高校思想政治教育教学的相对性，而否定高校思想政治教育教学的绝对性，那么就会导致诡辩论的出现。由此可见，高校思想政治教育教学是绝对的科学性与相对的利益性的内在统一。

四、实践性与认识性统一

通过实践和认识的不断反复运动，人们在对从教学实践过程中得到的原材料运用头脑主观理论思维形成最初认识，在最初认识的基础上进行反复推敲、分析研究，总结归纳教学实践内在的、本质的特征和现象，进而对这些现象的普遍联系进行分析研究，得到各种现象的内在联系和共同本质，从而形成思想政治教育教学的。其实践性表现在两个方面：首先，源于思想政治理论课教学实践并服务于思想政治理论课教学实践；其次，对培养大学生正确的马克思主义价值立场、方法、观点等具体的、现实的教学实践活动具有指导作用，是影响教学目的和教学效果达成的重要因素。

高校思想政治教育教学在本质上是教师与学生之间不断实践、不断提高认识，再用认识指导实践并得出新的认识。老师的"教"与学生的"学"就是构成这一特殊教学实践的统一结合体，从而作为反映教学基本概念的范畴具有实践与认识的统一性。思想政治教育教学作为党的指导思想重要宣传阵地，其始终反映中国特色社会主义的建设发展这一实践活动，对这一实践活动中出现的种种问题展开理论研究，其价值指向是引导学生掌握科学理论，坚定理想信念和提升思想素质。综上，教学的根本属性就是实践，其从实践中得出，也反作用于实践，为实践做指导。基于思想政治理论课教学实践活动而展开分析研究构建，得到思想政治教育教学也是实践和认识的统一体，具有实践和认识的统一性特征。

思想政治教育教学对体现中国特色社会主义思想政治教育教学追求最重要的价值体现在，其能对培养大学生的马克思主义理想信念的教学实践产生指导作用，表明其与培育高校大学生的思想政治修养和德育教育教学的现实的教育实践是紧密结合的。具体体现在通过范畴对教学实践的指导，有助于学生对教学实践活动产生正向的思想认识。因这一理论的形成与发展都源于其实践，思想政治教育教学中的研究人员可以在实践中检验理论的正确性，促进对理论的认识发展，降低建构中的盲目性。

思想政治教育教学是实践和认识的支点，不仅仅因为它是教学实践活动的产物，更是教学实践与理性认识活动的产物。思想政治教育教学的实践活动形式越多样、内容越丰富、层次越深入，揭示其各种现象的内部的、本质的联系就更深入，从而形成更深刻、更精确、更科学的体系。

第四节　新形势下高校思想政治教育面临的挑战

思想政治教育是教育不可或缺的重要组成部分，近几年来高校的思想政治教育一直是人们关注的话题，高校思想政治教育对政治、经济、文化等领域有着重大影响。但近几年来经济的快速发展在很大程度上影响着大学生的成长环境、生存环境，经济的发展冲击着人类的思想，这显然成了还未真正步入社会的大学生所要面临的严峻挑战。

一、思想政治教育内部现状

（一）高校思想政治教育教学滞后

教育改革、教育创新一直是教育工作者的职责和使命。在我国经济发展新常态、中国特色社会主义进入新时代的今天，思想政治教学中的很多问题也逐渐显现。不只是时代与外部发展变革给思想政治教学带来了新的挑战，思想政治教学自身也存在一些矛盾。只有矛盾凸显，问题暴露，在问题的解决中我们才能实现新的完善和进步。

1. 教育模式面临退化

习近平总书记关于意识形态工作的重要论述是在不断总结我国历届领导集体关于意识形态重要论述的基础上，结合我国实际国情与时代背景的新时代思想产物，充分体现了极具时代特色的创新性和与时俱进的特征。这样的时代性特征于高校而言应体现在教育模式的与时俱进。一方面，习近平总书记关于意识形态工作的重要论述的网络论述表明，网络已经成为意识形态斗争的重要战场。大学生作为时代先锋产品的追随者，必然会受到网络信息的干扰和迷惑。在这样的现实背景下，已有不少高校响映时代的要求，建立起网络思想政治教育平台。但仍然有部分高校疏于网络思想政治教育平台的建设和发展，甚至有部分高校并未感悟到网络教育的重要意义、没能触及该领域，依旧保持传统的课堂讲授教学模式，教育模式呈现老化，无法吸引学生注意力、激发出学生对思想政治相关内容的学习兴趣。对此，高校应及时响映时代要求，进化其教学模式。另一方面，目前高校思想政治教育课程内容相对独立，大思政教育模式还未健全，未能全方位将思想政治教育的相关理论渗透进高校教育教学过程当中。

2. 思想政治教学主体的变化

我国思想政治教学的主体现今正处于一个变革的过程之中。尊师重道是我国教育的传统形式，从我国古代延续至今的传统观念决定了教师地位与学生地位的不平等性特点。在新时代的教育和社会新的要求促使下，我国逐步由教师主体向学生主体转变。教师如何开展教学，如何认识学生、对待学生，这都要体现学生的主体性原则。学生不仅应该是学习的受体，更应该作为发挥主观能动性的主体。在思想政治教学积极倡导以学生为主体的大背景下，各学校积极开发新的教学模式以改革取代旧的教师主导的教学模式。翻转课堂、微课教学、慕课教学等都得到了积极地运用。这其中就存在一个"度"的问题。思想政治教学内容的特性，教学科目的特点，学生年龄特点、学习能力等决定了应该使其有针对性地进行改进式发展，而不应该盲目、仓促地开展新的教学模式。

3. 教育对象思想杂化

高校思想政治教育的顺利开展并达到期望成效，需要多方协同发力，其中最重要的就是教育者和受教育者双方的共同配合，在双向互动中完成教学任务并达到教学目标，因而大学生自身的思想状态也是高校思想政治教育难收成效的重要原因之一。当前高校大学生的思想意识和政治态度有一定的问题存在。

首先，部分大学生缺乏对思想政治科学理论的真实信仰。根据调查结果显示，大部分学生表示自己对高校思想政治课持积极主动的态度，但由于我国高校的教育体制及国家选拔类考试大多倾向于应试教育，因而呈现出重智轻德的现象。学生所表现出来的对思想政治教育积极的学习态度，绝大多数是应付考试或修学分，并非发自内心地接受思想政治教育知识，也并非真正信仰马克思主义等思想政治相关科学理论。由于教学模式和教学方法单一枯燥、与实际联系不紧密，造成了学生对思想政治教育相关科学理论产生"不实用"的心理暗示。加之信仰对象多样及家庭环境的影响，部分大学生甚至出现伪科学等封建迷信的思想行为。

其次，部分大学生缺失高层次的理想信念。随着改革开放的不断深入，社会的利益格局出现了深刻变革，人们对于自身利益的追求更为迫切。这是特定历史条件下社会发展的必然结果。值得注意的是，部分高校大学生由于思辨能力和知识储备的限制，受社会环境的驱使，更多地将自身利益局限于个人的物质利益，将自身的发展游离于国家和民族利益之外，抛弃了对高尚理想信念的追求。部分大学生实现职业理想的目的是追求更好的自身利益和自身发展，这仅是低层次的自我理想，而并非为社会主义事业的建设贡献力量的伟大追求。

最后，部分大学生价值观存在偏差。当前，大学生产生的享乐主义、个人主义等负面思想，以及在社会主义市场经济影响下而产生的功利主义、利己主义等思想，与我国所推崇的优良传统精神形成对立，并展开了对大学生思想激烈的争夺战。部分大学生受多元化价值观和思想的影响，出现了奢侈浪费、攀比心理等价值观问题，导致校园借贷时有发生；也有部分学生作为学生干部官僚气息过重、思想腐化、为学生服务意识较弱。

4. 教育内容呈现老化

习近平总书记关于意识形态工作的重要论述彰显了时代化的特质。对于高校而言，时代化是思想政治教育的内在要求。高校面向学生讲授包括马克思主义理论及马克思主义中国化的内容，这些内容是马克思主义理论在中国时代背景下的产物，彰显了强烈的时代特性。然而，从教育实践来看，高校思想政治教育在内容上并未充分反映和回应时代要求。

尽管当前大多数的高校能够及时传达重大会议精神并及时更新思想政治教材内容，但仍然有部分高校忽视这一工作，导致思想政治教育内容依然是陈旧的理论，没有体现出时代化的特点，学生缺乏对国家新政策及会议精神的正确认识；高校思想政治教育教师应具有较强的政治敏锐性和觉悟性，巧妙地将时事政治的内容穿插到思想政治教育堂中，引起学生学习兴趣与共鸣的同时，思想政治教育的成效也能达到事半功倍的效果。

5. 思想政治教学形式"以活动促动机"

教学内容的落实、教学任务的完成总需要一定形式的课堂或者其他教学方法来实现。近年来学校教育开始注重以学生为主体，课堂形式的重心开始向以学生交流谈论为主偏移。为激发学生的学习动机，学校开始用一些奖品、积分等激发出学生积极的状态，期望以此来激励学生认真学习知识、提高能力。其中活动式教学法作为一个比较新的教学方式得到了很多学校的推崇。但是对于活动式教学也需要注意"度"的问题。活动是激发学生兴趣、引发学生独立动手实践完成任务的好方式，可是如果在课堂中滥用活动往往本末倒置，引起负面效果。比如在政治课程中，新教材中插入了大部分法治方面的内容，对于这一教学内容，课堂开展活动往往采取一些新形式的情景剧与图片等，这显然不适应于普及严肃理性的法治知识、引发法治意识和观念发展。而且在高中阶段升学压力及课程内容较为繁重的阶段，也不适合学生开展长时间、高频率的活动式教学。因此，对于教学形式的转变中对于教学内容、教学阶段的针对性问题，还需进一步完善。关于用活动等新颖形式激发学生学习动机的问题也需要进一步探讨。

（二）高校思想政治教育观念有待创新

观念作为行动的先导，在不同的时代背景下所体现出来的内容不尽相同。新时代背景下，高校教育工作者在教育过程中所表现出来的传统的教育观念，相较于当代热衷于追求新颖事物的年轻一代，显得格格不入。

首先，大部分教师对于教学过程中的模式和方法依旧是保留着传统教育的老套观念，对于运用新媒体、网络教育等学生所热衷的时代化产物接受度相对较差，将其运用到教学过程中的成效微乎其微，无法物尽其用、充分发挥出教育的影响力。习近平总书记关于意识形态工作的重要论述所体现的科学观点和方法，是时代化背景下全党集体智慧的结晶，是在面对我国意识形态领域出现的新情况而做出的实事求是的正确思量和果断决策。正是因为内容充分体现了时代化元素，才能更具针对性地处理和应对我国意识形态的各种问题和挑战。同时，其关于人民性的论述也表明高校应注重创新以人为本的教育理念。当前高校思想政治理论课大多以"百人大课"的形式开展，教师无法关注到学生的个体思想需求，降低了高校思政教育的实效。因此，高校思政教育者应多从时代化教育及新受众的思想行为特点入手，因材施教、实事求是地进行教学模式的创新思考。

其次，部分教师依然保持传统师生关系的旧观念，未能随时代的发展建立起新型的平等师生关系，在教学过程中以严肃的形象和话语威慑学生保持良好的课堂学习状态，导致学生有疑惑而不敢言，无法形成教育的良性互动。高校思想政治理论课内容本身就枯燥，加之师生间互动交流太少，思想政治教育的亲和力和说服力得不到彰显，加深了学生对于思想政治教育枯燥、刻板的印象。这也是影响思想政治教育成效的另一重要因素。

最后，在思想政治教育的落实过程中，大部分高校存在形式主义的问题，教师在教育过程中未能将思政知识内容有机地融入专业课程中，存在思想政治教育与其他专业课仍然是两个独立部分的窘况。

（三）高校思想政治教育机制有待完善

健全且良好的机制是高校思想政治教育工作达到最佳成效的有效保障，可见健全的机制对于高校思政工作的重要意义。

1. 高校思想政治教育课程机制不完善

目前，绝大多数大学生通过高校思想政治教育课堂接受思政知识，由此可见，高校思政理论课发挥了极大的教育影响。但根据调查结果显示，部分高校对于教材的更新和最新政策、最新会议精神的传达不是很及时，这就造成了思想政治教育内容及会议精神内容传达的延时。作为思想政治教育的"主渠道"，高校思政理论课务必及时将马克思主义中国化的最新理论成果加入教材、贯穿课堂并扎根于学生心中。

2. 高校思政队伍考核机制不健全

高校思政教师是对大学生进行思想政治教育的主力军，因此务必要完善对思政教师工作内容和教育成效的考核机制，才能敦促其更好地开展教学和提升自身水平。目前，高校对于思想政治教师的考核重点依然是科研项目及论文的发表数量等学术方面的内容，而真正作为思政教师核心工作内容的育人成效考核，以及自身思想素质、知识理论水平的考核却没有明确的制度规定。其次，高校协同育人机制不完善。当前高校思政教育队伍的主要力量来自思政教师及辅导员老师队伍，并未做到全员育人，协同育人机制流于形式而未能确切落实，高校教育教学与思政教育的衔接度和配合度不高，无法凸显出高校思想政治教育在高校育人工作中的重要地位。

3. 思想政治教育网络化机制不健全

作为时代背景下的新产物，网络以其便捷、迅速和高效的教育特点，成为思想政治教育的重要载体，不仅能够延长教学过程，同时增强了教学影响。但在运用和监管过程中缺乏相关机制。一方面，从调查结果来看，一半的大学生对于学校是否开设网络思想政治教育平台并不明确，可见高校思政教育对于网络的运用机制及管理机制并没有深入到学生心中，网络思政教育平台形同虚设，对其的运用和管理流于形式而非充分发挥其促进教育成效的作用，学生的认可度和接受度相对较弱；另一方面，习近平总书记关于意识形态工作的重要论述中的网络论述强调了网络对意识形态工作和建设的重要性，对于高校思想政治教育而言，更应该关注到网络的正负影响，在利用好网络的同时，也要注重完善高校网络防御机制和舆情预警机制。目前高校对于校园网络的监管也没有形成成套、合理且科学的监管机制，对于校园网络疏于管理。在2020年新冠肺炎疫情防控期间，各类高校大规模地运用起网络教学平台进行线上教育，但不免看出各级各类高校在面对疫情出现时将网络运用于教学的仓促和生疏，可见高校在日常当中并未建立健全网络化教学体制机制。

（四）教育与技术融合程度不够

大数据越来越成为社会各界研究和应用的热点，对于高校教育而言，也提供了一个全新的机遇。而对于思想政治教育这个人文关怀浓厚的学科来说，与数字化结合无疑是个很大的挑战。这种非理性向理性的转变，很容易陷入"唯数据"的错误理念当中，换句话说，也就是在思想政治教育当中，盲目的、完全的依靠数据会丧失思政学科本身的亲和力，不利于思想政治教育创新。

在思想政治教育与大数据结合的初期必然会存在很多的问题，盲目地利用数据对大学生进行教育，不利于教育效果的实现。大数据的容量巨大，海量信息中包罗万象，真假信息极难分辨，在庞大的数据中价值密度低，如果教育数据技术不过关，很难选取到有价值的信息，这对教育者的数据甄别能力有所要求，选取何种信息关系教育的实效。其中会有部分学生产生虚假信息，比如一些不愿意袒露心声的学生，会在网上留下一些虚假信息来掩盖自己的真实信息，还有一些个性较为张扬的学生会为了寻求关注，会发表一些不符合自己实际的虚假信息。甚至是学生的某一阶段的思想变化也会使信息数据发生异常变化，例如大数据会根据大学生的消费情况来了解学生的日常生活实际，某学生由于减肥而不吃晚饭，大数据可能会对学生造成错误预判，认为学生生活出现困难需要师生帮助。在这种情况下，教育者无法对信息数据进行甄别以充分挖掘数据背后的价值，导致无法根据数据做出正确的判断。

大数据的应用让我们可以全方位地了解学生，对学生的行为进行预判，根据预测数据得出教育方案，提升思想政治教育效果。但如果管理者过分注重数据，利用数据的表象来了解学生，则会陷入误区，丢失传统思想政治教育的亲和度，使教育与数据结合过于生硬，出现二者融合程度不够的现象。

1. 教育信息采集和处理滞后

将大数据技术引入思想政治教育当中，对教育教学及学生的数据收集是基础性工作，只有及时收集较多的有效数据，并且进行处理才能够实现数据的价值，更好地辅助教育。一旦数据的即时性不能保证，信息收集和处理就都存在滞后，数据则毫无价值，直接影响到思政教学效果，主要原因如下。

（1）高校学科教育缺乏系统性

专业的不断细化，使学科之间交叉模糊，各个学科与思想政治理论课结合较少，缺少一些数据收集相关的课程，出现分裂化现象。我国高等教育模式与大数据集中整合分析技术中间差距较大，这种分块化的教学模式影响了对学生数据的集中收集，也影响着思想政治教育的效果。将各个学科数据进行收集会耗费大量时间，程序相对复杂，再把收集到的数据统一处理分析，往往会因时间的延误导致数据失去价值。

（2）基础数据收集和授权困难

首先，我国高等院校学生对于定量化分析思维不够，除专业学生以外，大部分学生对数据分析相关学科的学习停留在理论层面，学生在实践方面涉及不多，基础数据的收集比较困难，影响着对学生学习数据的获取和收集。其次，在收集数据过程中存在授权问题，目前我国对于数据库的使用也有较大争议，一些重要的数据库都需要权限，且费用较高，学生独立获取权限很难，使得大数据与思想政治教育联合困难，需要国家的政策干预。

（3）大数据技术没有完全引入高校

大数据技术不够成熟，学生信息较为零散，数据信息收集起来相对困难，缺乏系统化的管理。由于团队建设不够完善，学生的数据收集呈现碎片化状态，将零散的数据进行整合需要很长时间，从中提炼出有用的价值信息应用到教育教学当中常常会出现滞后状态，影响思想政治教育效果。

2. 教育对象隐私保护不严密

大数据时代的到来将我们带入网络信息世界，数据将我们包围，我们的基本信息也都可以以量化数字的形式出现，以更加直观的形式出现在网络之中，公布给大众。大数据时代思想政治教育想要创新，离不开大数据技术的使用，而在使用的过程中需要收集学生的大量数据，其中包括个人基本信息、个人喜好等，但是一旦管理不严格出现问题就会造成数据的泄漏，而这会为学生带来严重的身心伤害，损失不可预估。近些年来大学生信息泄露事件频发，2018年9月，位于江苏靖江的常州大学怀德学院发生大规模学生信息泄漏事件，是被企业用于偷逃税款，被不法企业非法盗用信息的学生人数超过2600名。而江苏宏鑫公司自证没有通过黑客手段攻击学校网络获取学院内部信息，拒绝回答数据的具体来源。就此事件不难看出如果个人的基本信息泄漏，被有意图的人利用，则会影响个人日后发展。

类似这种事件还有很多，随着网络科技的不断进步，利用网络非法攻击和非法获取已经成为我们必须要面对的新问题。校园中学生日常用得最多的就是校园卡，其中记载着学生的基本信息、出入校园记录、图书馆借阅记录、日常饮食消费记录等，便于教师全面了解学生，及时发现学生问题，并且帮助学生解决问题。但如果对数据管控不严，导致学生隐私被窃取，将会产生严重的后果。其中出现信息泄漏的原因包括对大数据技术的不熟练，以及针对大数据运用过程的管控不严格，还有可能是学校对学生数据的不重视甚至是教师素养不过关，这些都会导致学生信息泄漏，出现隐私泄漏问题，会引起学生恐慌。学生可以产生大量虚假信息，避免被人窥探，但这样一来在海量信息中为本就难以筛选的工作上又增添了不小的工作量，甚至会使教育者根据错误信息对学生做出误判，错误地引导教师的教育教学工作。

3. 教育者教育信息化动力不足

在这个信息化的时代，网络也越来越成为教学当中必不可少的工具，为教育教学改革创新提供了机遇，有利于增添课程吸引力、提升教学质量。大数据时代各行各业都争先恐后地应用、研究大数据技术，致力于提升自己的核心竞争力。与此同时高校的思想政治教育也在逐渐引入大数据技术，提升思想政治教育的实效性。快速变化的教学环境，对于教育者的要求比较高，需要教育者对于大数据技术有一定程度的掌握，能够甄别真假数据信息，处理学生数据。教育者要通过对数据的分析了解学生，针对学生思想行为状况提出有针对性的教学方案，并且教育者也要学习智能化设备。高校学生思想比较活跃，接受事物速度快，但缺乏系统性，需要教育者利用学生碎片化时间进行稳定教育，让学生在网络中潜移默化地接受教育，例如利用微信群组推荐学习信息和重大新闻事件，建立公众号实时推送学习资讯，形成线上线下相结合的教育模式。

目前来说，大数据在思想政治教育当中的运用状况并不乐观，我国大多数的高校思想政治教育工作者还没有意识到将信息化引入教育当中的重要性。思想政治教育是一种人文关怀较为浓郁的学科，研究方法很多都是源自对学生的调查，然而现在还是采取较为传统的调查方法，比如调查问卷、访谈法、观察法等针对学生心理、思想和行为进行了解。但这些传统方法具有一定的局限性，对部分样本的调查不如利用数据展示全部学生的信息，更能便于研究者从整体的角度出发，全面地了解学生，不仅提升了思政工作者的研究效率，将研究成果更好地应用于实践，还能利用生动形象的数字图表辅助枯燥的理论知识，帮助学生提高学习兴趣，减轻思政工作者的负担。因此，实现思想政治教育现代化发展需要教育者转变教育观念向信息化迈进，努力提升自己的信息化能力和水平，为思政教育增添教育资源，提升思想政治教育实效。

4. 教育内容与大数据资源整合不到位

高校思想政治教育工作存在的最大问题就是实效性不强的问题，在感染力和教学效果上来讲需要提高，应该在思想政治教育整体的内容上出发，将所有教育资源都进行整合，再加入现代信息技术，实现对传统教育瓶颈的突破。

将教育内容切实与大数据资源整合起来，首先，要做到学校教育资源和家庭教育资源整合，让家长通过手机客户端等共享家庭教育信息。教育者利用课余零散时间与家长进行定时沟通，但这无疑是增添了家长和教育者的工作量，也会存在许多重复无效的数据，导致资源整合的实用性不强，也会浪费大量的人力物力。其次，院系内部的资源整合，想要收集学生的数据信息就需要将学生各个学科的学习信息都收集在一起，许多高校内部师资配比不统一、教师资源不一致，很多专业设置比例不协调，这都会影响院系的教育资源整合。学生在上除专业课以外的其他课程时缺失数据统计，与大数据技术融合不够，使得大数据在思想政治教育中无的放矢。除此之外，我国"校校通"已经进入实施阶段，但实际中还不够完善，只是在中小学中实施教学的资源共享，其目标就是让学校以较低的成本获得优秀的教学资源和教学课程，实现校与校之间的资源共享。现在大学间的合作还并没有完全实现，无法实现资源共享，原因是一些学校之间教学资源差异较大、硬件设备不统一，平台对接存在困难，加之各校学生需求不同，对于数据挖掘的目标也不一致，合作起来确实存在较大困难，院校之间差距较大，存在标准和研究方向不一致的现象。层次较高的院校不愿将教育和学生资源进行共享，水平相对较低的院校则会出现无资源可用的现象，二者相结合是思想政治教育资源整合的困境。

二、思想政治教育面临的外部形式

我国正处于社会转型时期，社会分化是当代中国社会发展的客观现象。在社会分层的背景下，高校大学生群体发生了新的变化，给高校思想政治教育工作带来了挑战。

（一）社会环境

1. 价值多样的渲染

由于社会分化，价值观也更加多元化。价值的多元化导致一部分学生只吸收了价值多元的消极方面，过于注重个人得失，丧失了对国家和社会的责任感和使命感，不具备奉献精神。另外，由于价值多元化的冲击，社会上一些人为了追求个人利益，利用不法手段实现目的。这些行为严重地破坏了社会秩序，同时给处在思想塑造期的大学生造成了很大的负面影响。

（1）社会分化与价值多样化

社会分化与价值多样化存在着内在的必然联系，它们是相互作用的、相互制约的关系。

首先，社会分化必然带来社会观念形式的多样化，价值观念的多样化是社会分化的重要特征。社会分化形势下社会价值观的多样化要实现的是社会观念和社会关系的重新调整及其稳固，新的社会力量已冲破了原有的社会观念的束缚，原来的社会结构系统已经不能适应新的社会生产发展的要求，在新生的社会观念成长到能够影响社会主流价值观时社会分化的影响便随之而来。社会观念及其关系随着社会分化的展开进行调整，这个调整过程既是矛盾的过程也是矛盾的结果。人们在原有体系下形成的价值观念，已经不能适应新发展的需要，这就必然要突破旧思维的束缚，不管这种突破是主动的还是被动的，都无法动摇人们向新的价值观念转变的意志。但是，在社会分化中，各种社会利益的存在导致人们的价值观是矛盾的。因此，价值观念在新、旧社会形态中的更替势在必行，更替的过程较为激烈也在所难免。

其次，从一定的角度来看，社会价值观念的多样化是社会分化的发起力量，社会价值观念的变化和冲突对社会分化起了一定的推动作用。新型社会形态或其因素在确立的过程中必然会引起争执，反映在社会价值观上就是促使其多样化和冲突，新的社会力量推动社会向前发展，人们在适应的过程中对新事物的争执是人们对新事物认知的副产物。所以，在社会价值观念的多样状态下，其矛盾越是尖锐，越能更大地、更快地、更深刻地促进社会分化。意识的相对独立性就清楚地说明了人们思想观念的变革会影响社会的变化和发展。社会生产及其关系对社会变革提出的新要求首先是对新体系的要求，是对社会变革提出的新主张。所以，从认识层次初始分析，价值观念的多样化和冲突是社会分化的发起力量。

总之，社会分化与价值多样化是密不可分的关系，它们相互影响又相互制约，没有社会分化就没有价值观念的多样化。同时，价值观念的多样化又会成为社会分化前进的重要精神力量。

（2）价值多样化的表现

社会结构系统与社会关系是密切相连的，社会结构影响社会关系的形成和发展，同时社会关系也制约社会结构。因此，由我国社会分化衍生的现象可想而知。我国社会分化及其引起的价值的多样化主要表现在以下几个方面。

①社会异质性程度提高和错误价值观的影响

"异质性"是相对于"同质性"的概念来说的。在我国现阶段的社会分化形势下，无论是社会结构还是社会生活方面，都逐渐改变了原来的同质、单一、简单的模式，转向异质、多样、丰富的形态，社会各阶层也处于不断地分化与重组的过程之中。社会分化中社会权利和社会资源的转移和重新分配，使原来社会中处于相对稳定的社会意识形态发生了变化，使得社会诉求不再是统一、同向的。在部分大学生群体中，由于在各种繁杂的思潮和信息传媒的影响下，他们迷失了自我，以致他们在价值取向上误入歧途。

②社会多种思潮的渗透和信仰危机

一般来讲，在常态的社会运行过程中，社会的价值信仰体系是保持着社会同一性、增强社会凝聚力、保持社会稳定的基本的整合力量。在我国进入社会分化期后，社会的结构系统不断地被分解为新的社会要素，传统的价值体系无法把这种新的价值观念、思想体系纳入自己原有的体系之中。因此，根基于社会主义和谐社会的一系列观点和信仰在这样的状况下处在崩溃的边缘。社会分化形式下，人们的思想呈现出多样、复杂的状态，有时甚至是矛盾的，有传统的价值观念，也有新的思想风潮，其中还受到外来文化的冲击。各种观念矛盾日益尖锐的根源是社会结构的变化。由于社会各阶层、各种利益结构等各方面的变化，原来主流的价值观念也不可避免地受到冲击和挑战。

③社会成员内心的价值冲突

社会分化不仅体现在复杂的社会结构上，而且表现在利益的转换和调整上。所以，在社会分化之时，人们心中形成的非主流价值观念与主流价值观念对抗并冲突，这种冲突不仅存在于不同的群体之间，也可能在个体观念中产生。社会分化中的价值多元化表现为传统的价值取向与现实价值观的矛盾运动、力量消长的一个变化过程，这种矛盾也存在于人们的内心之中。具体表现为对社会权威价值主张的肯定或否定难以取舍，并且在对待传统价值观上多数人表现得不能轻易割舍。

2. 国内形势变化

在改革开放四十多年的时间里，中国日新月异，面临着巨大的机会和挑战，在一心一意谋发展的过程中，需要有一种价值体系或者思想主流的支持来推动伟大的中国人民继续努力、艰苦奋斗。

（1）市场经济体制带来的挑战

大学生的思想政治教育工作在一定程度上来说，是与某些经济基础相匹配的意识形态的工作。近年来，我国经济水平不断提升，社会经济体制发生了较大转变，意识也发生了很大的变化。这样的价值观念的冲击，对大学生起到了较大的影响，学生对品德教育的重视程度普遍低于对知识技能的认识程度，学生在学习中很难提升学习的积极性，这成为高校思想政治教育中的一个挑战。

（2）科技发展变化带来的挑战

随着社会经济的不断提升，信息技术飞速发展，为人们的生活提供了较多的便利。随之而来的是大量的信息传递，网络的发展让信息传递更加迅速和面积更加广泛。在这样的背景下，大学生的政治思想教育得到了更好的技术支持，知识的获得变得更加快捷。但与此同时，庞大的信息量也容易使辨别是非能力较低的学生误入歧途。因此，提高学生素养势在必行。

（3）国家教育方针带来的挑战

我国的国家教育方针开始转向了学生们的素质教育方式，对大学生的政治思想教育带来了两方面的影响。一方面，其为我们的教育提供了更多的空间和综合素质教育，促进了我们的教学水平的提升；而另一方面，其带来的是更加多元化的背景，各类教育目标罗列在我们的面前，我们需要不断地提升自己的教学素养，并且需要正确地区分轻重缓急来进行学生的教育实施，这对我们的教育来说增加了一定的难度，提出了较大的挑战。

（4）教育工作体系问题带来的挑战

在高校思想政治教育的实施过程中，教育工作体系对提升教育效果提出了一定的挑战。思想政治教育要面对的是学校及教师等的教学思想认识和素养等方面的问题，这些也是当前我国高校教育中的弱势所在，对我国的教育起到了一定的阻碍作用。在日常的教育中要重视这样的教育挑战，将挑战转变为机遇，将弱势的教育问题进行有的放矢，积极扭转困境，从而对学生的学习效果提升起到促进的作用。

3. 社会对教师情绪的冲击

在社会分化的背景下，高校对教师队伍的建设还不够完善，尤其在教师自身建设方面比较欠缺。教书育人是教师的职责所在，教授课本知识只是教育的一个方面，对学生人格的培养也是非常重要的一个方面。教师本身的行为和修养，都会成为学生的参考对象。目前有小部分教师存在只注重自身的业绩，不注重学生的品德培养，只看重自身利益的现象。这些情况，都无形中对学生产生了误导，使学生的人生观和价值观产生偏差。

（1）教师心理问题

在社会分化的冲击下，教育界也受到了一定影响，教师的内心很容易发生波动或倾斜，由此加剧了内心的冲突。社会分化所引发的问题如不能很好地解决，就会影响教师的心理健康，也势必影响教育这份长久的、伟大的事业。虽然教师心理问题表现的程度不同，但试问受教育者在这样的环境中如何能健康地成长？

（2）教师职业倦怠

社会分化带来的负面影响使得小部分教师不再单纯地为教育事业"俯首甘为孺子牛"，而是以工资或者教学环境为目标向往更好的地方。追求更好的生活没有错，但是部分低收入的教师会认为工资与付出不成正比，因此出现了教学松懈的现象；或者认为教学条件不好产生厌倦学校的情绪。教师的该种职业倦怠其实是教师在长期压力下所产生的情绪、态度和行为的衰竭状态。虽然职业倦怠是一种必然存在的心理上和精神上的消极现象，但是对于这样的现象的发生不能任其发展，教师要学会自我调节和控制，不能因此而忽视对学生的教育和管理。

（二）学校环境

学校教育是思想政治教育的主要舞台，面临许多不确定因素的困扰。诸如一些学校偏重物质环境建设、轻视精神环境建设；不注重制度环境建设，习惯于自上而下的刚性制度，缺乏人性化的柔性管理机制，制约了民主和参与创造精神；文化活动不够丰富，教育资源开发不足，内在资源未有效开发，内引外联结合不够；保障机制不健全，实践基地无法满足需要，经费投入不足，激励与保障乏力。思想政治工作，无论从队伍素质的整体状况，还是从教育形式、内容与载体看均存在不足，与学生的诉求差距甚远。

从思想政治教育自身的整体环境看，现状不容乐观，具体表现如下。

一是思想政治教育主导权威下降。当前我国思想政治教育在总体规划和阶段性层级建构不足，德育设置存在一定的水平性重复，容易引起受教育者的情绪弱化甚至逆反心理。

二是僵化的传统思想政治教育思维影响甚深。思想政治教育是人们的一种社会实践活动，是人们积极主动地创造的活动。在传统思想政治教育的思维框架下，教师视学生为被动的"产品"，注重教师权威。按照这种思维确立的教育模式，偏重上传下达，工具理性无限扩大、价值理性极度萎缩。学生和教师地位严重不对称。教师的主体和主导作用极强。

三是教育方式偏重单向强制理论灌输，缺乏民主平等的主体互动；教育方法较为单一、视角单一，缺乏多种方法和多学科视野；教育手段陈旧，现代化教育手段运用不够；等等。

(三)家庭环境

从家庭方面来看,一方面,部分学生的家庭成员的错误的政治站位和思想意识会直接冲击到学生的思想,对高校思政教育工作的顺利推进提出考验。这对高校思政教育而言无疑是巨大的挑战。另一方面,部分学生家庭成员的一些非科学的行为也会对大学生的思想产生影响。如家庭成员定期参加或举办一些封建迷信的非科学活动,让学生产生思政学习内容和生活现实及其矛盾的心理,极大地冲击着学生的思想,这对高校思政教育而言无疑是巨大的挑战。

如今,"00后"的学生往往具备较强的自主学习意识与能力,而相比之下,高校在思想政治教育开展和实施方面的主动性就大大降低了。在这样的背景下,奋斗在教学第一线的教育工作者能够清楚地认识到"00后"的大学生群体比"90后"群体的自主学习意识更强。在高度发达的信息技术的支持下,"00后"的学生拥有了更加合适的自主学习平台,并且这样的技术在现实生活中也得到了高度的认可和应用,他们在生活中可以借助网络平台来完成吃饭、购物、娱乐、学习等各类活动。可以说,"00后"的学生在更新知识和学习方面的需求完全可以借助网络的力量得到满足,从某种意义上讲,教师在知识传授方面的角色已经可以由网络充当或是代替了。在这种情况下,学生对教师的依赖、服从和信任程度自然会有所下降。

对于高校思想政治教育而言,其最主要的渠道就是思政课,但是随着"00后"自主学习的意识与能力增强、教师教学的替代性与权威性下降,高校开展思想政治教育的主动性无疑被削弱了,这就构成了横亘在广大教师面前的一个全新挑战。

第二章 高校思想政治教育的基础

本章主要从高校思想政治教育的地位和作用、高校思想政治教育的目的、高校思想政治教育的任务和高校思想政治教育的主体等方面，来论述高校思想政治教育的基础。

第一节 高校思想政治教育的地位和作用

一、高校思想政治教育的地位

（一）思想政治教育是高校教育的重要组成部分

高校是为国家和社会输送高科技和专业人才的摇篮，随着时代的变迁和社会的发展，提高人的素质成为高校教育的重中之重。高校要全面贯彻党的教育政策、方针和路线，加强大学生德育方面的教育，努力把大学生培养成为德、智、体、美全面发展的高素质高层次人才，使其能够为我国现代化建设作出贡献。素质教育涉及许多方面，是一个庞大的系统工程，它的教育内容包括科学文化素质教育、思想政治品德素质教育、身体素质教育、心理素质教育、创新精神和实践能力教育。在素质教育中，思想政治素质居于首要地位，是最重要的素质，是一切教育的灵魂。思想政治教育则在这个庞大的系统工程中担负着培养大学生的思想政治品德素质的历史重任，如果不重视思想政治教育，就会阻碍人的全面发展，影响所培养出的人才的综合素质。所以，高校要把思想政治教育放在整个教育计划的首位，使素质教育这个系统工程能够顺利进行。

（二）思想政治教育是引导大学生全面发展的基础

人的全面发展，就是指人的各个方面素质的综合发展，它既包括人的智力和体力的同步发展，也包括人的兴趣、能力和道德品质的多方面发展。新时代新形势下，人才是各国较量的核心力量，我们需要的人才不仅要掌握专业知识，还要有良好的思想道德素质、过硬的心理素质等，是各方面共同发展的人才。思想政治教育是人全面发展的基础，离开思想政治教育，也就无所谓真正的人才。思想政治教育根据社会的发展和大学生的特点，引导大学生树立正确的人生观、世界观和价值观，完善大学生的人格，提高大学生的创新能力和实践能力，教育大学生要具有坚定的政治信仰、远大的理想，从各个方面促进大学生的全面发展，使之真正成为国家的栋梁之材。

（三）思想政治教育是帮助大学生自觉发展的思想保证

不论在哪个时代，哪种社会历史条件下，人的发展总是呈现出自发状态和自觉状态两种发展状态。人的自发状态指人的发展局限在一个狭小的范围内，只顾眼前利益，缺乏对社会全局和客观事物本质和规律的认识；人的自觉发展指人能够主动把握社会的发展方向，考虑周全，主动寻求发展，为自身确立长远的发展目标。大学生的发展也同样表现出自发状态和自觉状态。当前，经济全球化快速发展，市场经济强调的利益观念使一些大学生只顾自身的发展和个人的眼前利益，没有确立自身长远发展的目标，造成精神动力不足，不能把握全局发展方向，自我局限性明显，出现了狭隘、功利性的发展倾向，不利于今后的自身发展，这些都是自发发展的具体表现。造成大学生在自发发展过程中出现种种问题的原因是缺乏正确的思想指导和相关的理论知识，大学生要想从自发发展转向自觉发展，就需要思想政治教育这个桥梁。大学生要想实现自觉发展，就要把自身发展和社会发展紧密联系在一起，不断调整自己以适应当代社会的发展状况，克服阻碍发展的传统观念和行为方式，积极应对社会的多变性、复杂性、开放性和竞争性；还要对自身的发展有自主意识、自觉意识，能够进行独立的思考与判断，克服对社会和他人的依赖状态。为此，要通过思想政治教育提供思想上的帮助和保证。

（四）思想政治教育是建设创新型国家的精神保证

国家要进步，社会要发展，就必须增强本国的自主创新能力，创新能力是衡量一个国家综合国力的核心，是一切发展变革的源泉。2006年我国提出自主创新、建设创新型国家战略，培养大批的创新型人才就成为当前最重要的任务之一，它关系到我国在创新型国家的建设过程中能否顺利进行。创新型人才要求人才要具备创新精神，能够进行创造性实践活动。大学生是创新型人才培养的后备力量，因此，培养大学生的创新精神十分必要，而培养大学生的创新精神正是高校思想政治教育的重要目标。创新是一项艰巨的任务，在创新的道路上必然有各种艰难险阻，这就需要大学生具备丰富的专业科学知识，以及不怕困难、执着追求、乐于奉献的创新精神，只有这样才能保证大学生顺利地进行创新性实践活动。所以说，思想政治教育为建设创新型国家提供了精神保证。

二、高校思想政治教育的作用

（一）思想政治教育在国家建设中的作用

历任国家领导人都十分重视思想政治教育在社会各方面的重要作用，形象地将思想政治教育比喻为开展一切工作的"生命线"。在当前国家治理现代化进程中，思想政治教育作为其重要手段，承担着彰显理论的真理力、提升制度的公信力、增强价值的引领力，以及打造主体的建设力等方面的重任，这也决定了思想政治教育在国家治理现代化中能够发挥重要作用。应将思想政治教育贯穿到国家治理现代化的全过程、各领域，以积极回应国家发展战略新要求。

1. **宣扬马克思主义科学理论，彰显理论的真理力**

马克思主义科学理论的真理力在于其所倡导的道路方向、价值立场、理想追求能够被人民群众自觉认同并积极遵循与实践。国家治理现代化要在我国的社会主义道路上稳定坚强、毫不动摇地向前推进，就必须彰显科学理论的真理力量。本质上而言，思想政治教育是一项思想工作，其基本职责和作用表现之一就是宣扬马克思主义科学理论，彰显理论认识世界与改造世界的真理作用，从而激发理论的创造力和活力，展示理论的魅力和吸引力。

（1）以马克思主义指导地位定向

马克思主义理论诞生于一个半多世纪以前，其科学性与真理性早已被历史与实践双双证实，在人类历史的长河中依然保有强大生机活力。我们党从成立之初，就坚定地将马克思主义作为指导思想，重视将马克思主义与中国具体实际相结合，重视用马克思主义武装人民头脑。中国共产党在科学理论的引领下，以及与各族人民的通力合作中，化解了发展中的诸多难题，取得了辉煌的历史性成就。当前，党和国家站在顶层设计的高度，不断总结与汲取治国理政的经验教训，提出了国家治理现代化这一重大国家发展战略。我国发展历程赋予了马克思主义坚定不移的指导地位，前进中的国家治理现代化也必须坚持这一思想指导。

具体而言，马克思主义指导国家治理现代化要厘清三个方向性问题。其一，坚持马克思主义指导地位，就意味着选择社会主义的道路方向，这是由马克思主义的意识形态性质决定的。国家治理现代化理应将马克思主义作为指引其前进的思想，也理应毫不动摇地踏在社会主义道路之上，在其中进行谋篇布局，不能偏离这一正确航向。其二，坚持马克思主义指导地位，就意味着选择服务广大人民群众的价值导向，这是由马克思主义的阶级立场决定的。既然国家治理现代化将马克思主义作为指导思想，那么它的一切活动都应当始终围绕人民群众来开展。既要承认人民群众历史创造者与建设者的身份，重视人民群众的主体能动性及群体影响力，推动国家治理现代化持续发展；又要在治理中探索如何实现人民群众美好追求，使人民群众享受到治理成果。其三，坚持马克思主义的指导地位，就意味着选择共产主义的目标走向，这是对马克思主义人类社会发展规律的正确理解与践行。马克思主义指导下的国家治理现代化也应当以实现共产主义为发展走向，积极服从、服务于这一伟大征程。

思想政治教育作为能够深刻影响人的一项教育实践活动，当前的一个重要任务就是推动马克思主义中国化最新理论成果深入人心，明确国家治理的方向道路问题、价值导向问题及目标走向问题。要帮助人们厘清这三个基本问题，使广大人民群众在推进国家治理现代化的进程中始终保持头脑清醒，不犯原则性错误。

（2）以马克思主义能动作用蓄力

马克思主义作为科学真理，既能能动地认识世界，又能能动地改造世界。以马克思主义作为指导思想的国家治理现代化具有三个向度，这是马克思主义能动认识国家治理现代化的表现。然而，理论的作用不能仅仅局限于解释世界，更重要的还在于改造世界，而改造世界的关键就是将理论转化为实际行动，也就是我们常说的，要坚持理论联系实际，从实践中来、到实践中去。马克思主义能够以其强劲的能动改造作用为国家治理现代化蓄力，使其更好地转化为实际推动力量。

这表现在两个方面。一方面，国家治理现代化秉持服务广大人民群众的价值导向，也可以说是价值立场，这一立场表明实现国家治理现代化是为了人民，同时也要依靠人民。这说明，国家治理现代化是国家和民族的事业，更是每一个公民自己的事业，人民群众将从该项事业的蓬勃发展中受益良多。因此，人民群众理应积极为国家治理现代化事业发展贡献智慧与力量，从而达到为国家治理现代化积蓄民智民力的效果。另一方面，国家治理现代化坚持将实现共产主义远大理想作为目标走向，也可以说是价值理想。丰满的理想总是与骨干的现实相伴相生，理想的实现总会遇到许多挫折与障碍。坚定的理想信念能够塑造群众信仰，激发人民群众的热情与活力，引导群众自觉投身于国家民族发展大业，乘风破浪、迎难而上、不畏苦难挫折，为实现国家治理现代化积蓄不竭精神动力。

思想政治教育的一大重要使命就是宣扬好马克思主义科学真理，关注人的精神世界的发展状态，做好人的工作，将国家治理现代化所蕴含的价值立场与价值理想传递给广大人民群众，帮助人民群众明了国家治理到底为谁发展、如何发展及向哪发展的问题，通过宣传、指引、认同，使人们主动践行这一伟大事业，从而汇聚起磅礴的民智民力及不竭的精神动力。

2. 阐释中国特色社会主义制度，提升制度的公信力

"公信力"一词中"信"是核心，是由自身的诚信和他人的信任建立而成的。"力"为关系，用于衡量两种事物之间的相互作用的程度。"力"可以从能力、力量、效能三个角度解释，不同的角度，对公信力的理解也有所不同。将"力"解释为一种力量，力量的衡量单位是大小，公信力即公众信任的力量大小；将"力"解释为一种效能，效能的衡量单位是高低，公信力即公众信任产生的效能高低；将"力"解释为一种能力，能力的衡量单位是强弱，公信力即获取公众信任的能力强弱。

中共十九届四中全会中指出，我国国家制度和国家治理体系具有显著优势。制度公信力是指公众因制度所蕴含的科学性和影响力，而对其产生信任的能力和程度。思想政治教育作为国家治理现代化的重要途径，可以有效阐释中国特色社会主义制度，发掘其正义性、展现其道德性，并将之传递给社会成员，使全社会都信任并遵循这一制度体系，从而提升其公信力，使得依照这一制度体系运行的国家治理现代化能够顺民意、得民心、聚民力。

中国特色社会主义制度是通过持续不断地深入探索而生成并壮大的科学制度体系，具有根本性、稳定性、持久性的特征，是国家治理的重要载体与实现形式。我们说"水能载舟，亦能覆舟"（《荀子·哀公》），要想保障国家治理现代化的长远运行，中国特色社会主义制度应当放在首位进行衡量的是其自身是否公平正义，是否能使广大人民群众发自内心地认同并支持。对照之下，我们可以发现，中国特色社会主义制度富含公平正义。其一，从权利公平正义角度看，中国特色社会主义制度环境下，人们拥有相同的主体资格，在生存发展、社会参与方面享有对等的权利。例如，在我国，人民是主人。但我国幅员辽阔，难以实现每个人直接参与国家事务，因而实行以人民代表大会制度为核心的多种制度和体制机制，以制度规范的形式保障人民民主权利为广大人民群众所真实享有。其二，从机会公平正义角度看，中国特色社会主义制度环境下，人的发展机会都大致相同，我们每个人都可以在自己的人生中足够出彩。例如在竞争性的市场经济中，国家的政

策制定与执行总是在极力地避免人们因家庭出身、社会背景、民族身份、姓名性别等附加条件而受到差别对待，甚至是歧视，以期为人们创造平等发展的机会与条件。其三，从规则公平正义角度看，中国特色社会主义制度环境下，人们平等地适用与遵守共同制定的政策制度、法律法规等。例如党的十八大以来，我们持之以恒地开展反腐败斗争，用切实的行动为群众展示出法律面前人人平等并不是空话，这对于遏制腐败之风、消除特权现象具有深远意义。

制度是社会成员共同做出的行为规范与准则，为了便于管理，需要发挥制度具有的强制性保障功能。然而，制度的生机活力不在于一味地强制，要想更好地发挥作用，还需其本身所蕴含的道德原则、道德精神、价值追求是良善的，是能够被普遍接受与认同的。

我们可以从与资本主义制度的对比中很好地发现中国特色社会主义制度的道德性。其一，资本主义社会中，民主、平等的口号下隐藏着剥削与压迫，其本质是维护资产阶级利益，而我们的社会主义提倡集体主义原则，维护全体社会成员的共同利益。这也决定了我国的制度设计是以人的本质和需求为出发点的，以满足人民美好生活期待、促进人民自由全面发展为落脚点的。其二，中国特色社会主义制度具有显著的优越性。它能够迅速汇集各类社会资源，集中人力、物力、财力，形成"全国一盘棋"的制度优势。这对于防范和化解重大安全风险、满足人民美好生活需求、促进社会和谐统一等意义重大。从这次新冠肺炎疫情防控的国际对比中，我们也不难看出，我国充分发挥制度优势，使得国内形势不断好转，不仅保卫了国民生命安全，稳定了国内形势，也为各国抗击疫情提供了中国经验与中国智慧。这两点集中体现了中国特色社会主义制度的道德性与良善性。

思想政治教育是沟通国家与社会的重要纽带，要借助其嗅觉灵敏性、理论辨别性、思想先进性的内核为展示中国特色社会主义制度的道德良善性增光添彩，从而提高其公信力。既能够使人们树立起制度自觉与自信，主动以制度规约为准则，形成能够满足社会发展要求的行为方式、道德观念；也能够调动社会成员参与伟大事业的积极性，以此化解诸如政治冷漠、共识缺失等集体行动困境，助力国家治理现代化在全国上下同心协力的参与推动下早日实现。

3. 传播国家治理现代化核心价值立场，增强价值的引领力

引领力是指带动事物向某一方向运动、发展的能力。人民群众是推动国家治理走向现代化的基础性力量，要注重激发人民群众的积极性与主动性，这需要思想价值的引导与维系。作为精神层面的实践活动，思想政治教育始终以科学思想理论作为指导，做到积极传播国家治理现代化"以民为主"的核心价值立场。这能够在"认同价值—凝聚共识—调动力量"的过程中增强国家治理现代化核心价值的引领力,使国家治理现代化的推进具有良好的群众基础。

(1)增强公民价值认同

思想政治教育伴随着阶级与国家的产生而产生,以不同的性质与形式存在、发展于不同的社会形态中,它是统治阶级意志的体现。此外,思想政治教育在一定条件下可以转化为物质力量,对于人的发展和社会的进步具有重要的意义。价值认同是在需要的基础上产生的,与需要满足与否、满足的程度成正比。可以说,思想政治教育越能满足大学生的需要,大学生对它的价值认同感自然也就越强烈。

国家治理现代化不可避免地要在现代化强国建设目标这一伟大征程中发生、发展,也必然要为实现这一美好愿景服务,这体现的是国家治理现代化的价值理想。另外,各项社会主义事业的开展,都必须要依靠人民群众,并且要为了人民群众,推进国家治理现代化,这体现的是国家治理现代化"以民为主"的核心价值原则与立场。

思想政治教育作为国家与社会进行有效沟通的桥梁纽带,担负着积极阐释与传播国家治理现代化的价值理想与立场,并通过理论宣传、实践锻炼、榜样树立等方式,增强人民群众的价值认同,为国家治理现代化发展提供强大的思想价值支撑的重任。可以说,对价值理想、价值立场的认同是进行有效引领的前提,只有全社会的价值认同一致,才能最大限度地满足治理需要,发挥价值的引领作用,确保国家治理现代化的发展与演变始终走在正确的轨道上。

(2)凝聚社会思想共识

共识是指共同的认识。国家治理现代化的实现有赖于各方一起出力。具体而言,不仅需要物质、制度、文化等多方面支撑,也需要达成思想政治共识。社会主义市场经济的实行,为国家治理现代化提供了坚实的物质基础;党的有力领导,为国家治理现代化提供了良好的政治基础;社会主义制度的发展完善,为国家治理现代化提供了强大的制度基础。目前需要重点解决的是精神文化方面的思想认识问题。国家治理现代化背后的精神文化基础就在于促成社会成员形成价值认同,进而凝聚思想政治共识,使全社会齐心协力共同推进国家治理现代化。思想政治共识的塑造归根结底要靠国家治理现代化的内蕴价值来维系。

然而,就当前社会现状而言,仍然存在着许多不利于凝聚思想政治共识的因素。比如我国实行社会主义市场经济体制,在社会生产力迅速提高的同时也在无形中形成了贫富差距悬殊的社会现实,导致"仇富""仇官"等不良心理增多;一些人对国家大环境下实现人生理想抱有高期待,而自身因能力等原因始终无法成真，强烈的反差引发其心理失衡；开放的社会环境带来多样思想观念的交流碰撞，人们在极大地解放思想的同时也容易感到困惑和无措，产生非理性心理；等等。因此，推进国家治理现代化必须做到以下三个方面：一要站在思想的高度上重视其内蕴价值的引领作用；二要在现实的各种对立关系中寻找平衡点，正确处理政府与市场、个人与集体、效率与公平等多对关系；三要避免不同治理主体在思想认识上出现严重分歧。思想政治教育通过向下传递国家治理现代化核心价值理念，向上反馈各方政治诉求，充分贯彻"以民为主"的价值立场，将国家、社会、人民紧密连在一起，从而广泛凝聚思想政治共识，有效提升国家治理效能。

（3）激发调动群众力量

毛泽东曾经指出："人民，只有人民，才是创造世界历史的动力。"[1]正如毛泽东所说，人民是推动社会发展、历史变革的基本动力，党和国家在未来的成就与走向同人民密不可分。在推进国家治理现代化的道路上，必须承认人民群众的历史创作者与剧中人的身份，坚持人民主体地位、激发人民治理活力、依靠人民实现治理目标，将治理成果惠及全体人民。这些都不是凭空产生的，需要借助思想政治教育进行具体阐释，使国家治理现代化"以民为主"的价值立场为人民所了解掌握、真心认同。

我国国家治理必须重视激发、调动群众力量。首先，在我国，人民拥有主人翁的地位，由此国家治理主体也应该是人民，人民在治理国家中既是播种者也是收获者。这种"以民为主"的治理理念无论是在理论上还是实践中都有生动体现，理论层面主要体现在马克思主义中国化的党的先进思想理论成果中，实践层面主要体现在党的各项具体方针政策的落实中，比如精准扶贫的伟大创举、抗击疫情的伟大实践等。思想政治教育可以用马克思主义中国化最新理论成果作为指导，明确国家治理的基本理念是"以民为主"，搞清楚靠谁来治、为谁而治的问题，确保国家治理现代化前进的正确方向及所需要的人民力量。其次，价值理想、先进理论不能仅仅停留于头脑中，还需要转化为实际行动。思想政治教育在推进国家治理现代化进程中的重要使命之一就是要使理论牢牢掌握群众，变为群众的具体行动，焕发出强大的物质力量。换句话说，就是要向群众展示先进理论与美好蓝图，塑造群众信仰，充分调动群众的意识能动性，引导群众结合自身需求的满足与社会发展进步的要求，为国家治理现代化的前进而以勤为径、同心勠力。

---

[1] 毛泽东. 毛泽东作七大政治报告——《论联合政府》[EB/OL].(2008-06-03)[2021-07-28]. http://www.gov.cn/test/2008-06/03/content_1003570.htm.

4. 培育国家治理现代化主体，打造主体的建设力

国家治理现代化语境下的建设力是指建设国家治理现代化事业的智慧与能力。国家治理现代化事业的主要建设者为多元治理主体，其是否具有相应的能力和品质必须加以考量。人是思想政治教育活动作用与服务的对象，打造能够担当建设国家治理现代化大任的多元治理主体是思想政治教育义不容辞的责任。

（1）建设坚强有力的政党

在社会主义现代化建设事业中，党始终是中流砥柱，承担着总揽全局和协调各方的核心领导责任。国家治理现代化倡导多元主体协同共治，而党在这一主体结构中居于主导地位。一方面，中国共产党作为领导者、统筹者，必须从顶层设计的高度谋划国家治理现代化事业，指导多元治理主体有序、有效参与治理活动；另一方面，中国共产党作为执行者、守护者，必须站在维护国家、人民利益的立场上，为多元治理主体参与国家治理提供优质服务，保障国家治理现代化的稳步推进与顺畅运行。由此看来，国家治理现代化目标能否实现与党的领导有着密不可分的联系，必须建设一个坚强有力的执政党来领导这一宏伟大业。这就要求执政党不断提高自身的先进性与纯洁性，不断强化自身的服务精神与全局意识。

邓小平指出："改善党的领导，其中最主要的，就是加强思想政治工作。"[1] 回顾中国共产党治国理政的历史长河，思想政治教育不仅是永葆党的先进性和纯洁性的溯因，更是全面提升党的执政水平的催化剂。进入新时代，党的领导面临更为复杂的环境，应当一以贯之地坚持思想政治教育，充分发挥其在加强党风建设、提升思想引领方面的重要作用，进一步推进学习型、创新型、服务型政党建设。另外，思想政治教育通过进行马克思主义科学理论教育、社会主义理想信念教育等，能够提升党思考问题、化解矛盾、凝聚各方的能力；通过进行党规党纪教育、反腐倡廉教育、权利义务教育等，能够提升党自净自律、服务大众、协调各方的能力，使党真正成为既具有先进性与纯洁性，又具有服务精神与全局意识的坚强有力的执政党。只有这样，党才能肩负起主导国家多元治理主体的重任，增强国家治理现代化的主体力量与发展动力。

（2）打造廉洁高效的政府

人民政府始终保持廉洁自律形象、采取稳定且高效的行动是国家每一次大发展的必要条件。确保人民利益、国家利益的最终实现，国家和社会的和谐稳定发展是国家治理现代化的旨归。作为国家治理现代化的具体执行者与职责承担者，

---

[1] 邓小平. 贯彻调整方针，保证安定团结 [M]// 邓小平. 邓小平文选：第二卷. 北京：人民出版社，1994：365.

政府是否廉洁高效直接决定着治理成效。我国历代领导人极为重视廉洁高效的政府建设，并将其作为极其重要的一项政府工作。

思想政治教育工作可以有效地调动公务员自身约束的意识，可以提高公务员的自身防范意识，可以提高公务员自我警觉性，推动他们在思想政治教育工作中不断完善自我。这个教育工作的过程需要持续推进，需要融入公务员的业务工作和实践行动中，时刻提醒和监督每个公务员自身的政治思想。

当前，社会矛盾发生重大转变，经济转向高质量发展，当代政府的工作重心也随之转变，民生建设成为政府的着力点。因此，政府必须把握时代脉搏，探索出一条国家治理现代化新途径，开拓创新、深化简政放权，做到有限有为，提高治理的灵活性与有效性；政府及其工作人员要主动抵制各种陈旧落后的思想，和腐朽的行为划清界限，切实查摆"四风"问题，竭力在全社会形成廉洁风气，塑造廉洁高效的政府形象。思想政治教育通过教育引导的方式，开展政治伦理、理想信念、传统道德等教育活动，增强政府工作人员的职业认同感、历史使命感，促使其积极行动、高效作为；通过道德规范的方式，将责任、奉献、廉洁自律等观念传递给政府工作人员，促使其保持清正廉洁，自觉服务于人民大众，服务于国家建设，以此提升政府的能力品质与思想素质，打造推动国家治理现代化的合格主体。

（3）塑造自主协作的组织

社会组织是指具有一定规模的社会群体，该群体有着共同、明确的目标，通过职能分工、权责等级进行种种有计划的协作性活动。目前，各类社会组织日益发展壮大，其活动也日益渗入政府行动中。一方面，"在现代治理模式中，各种财政、信息、劳动力、知识、合法权威和专业技能等国家治理资源越来越弥散化地分布于公共机构和各种社会、市场组织之中。[1]"资源分布决定了行业分布，社会组织分布在各行各业中，遍及政治、经济、文化各领域。团结社会组织有利于将分散的社会资源整合起来，使国家治理的人力、物力、财力更有保障。另一方面，政府权力与市场调节并不是万能的，在一些空白领域中，社会组织可以发挥自身优势，有效弥补不足，这有利于协调矛盾冲突、维护社会和谐、增强社会发展活力、优化国家治理体系、提升国家治理效率。可以说，社会组织已成为国家治理现代化的主要参与者与推动者，已成为当代国家治理的新兴主体力量，其在国家治理现代化中的作用不可忽视。

---

[1] 李放. 现代国家制度建设：中国国家治理能力现代化的战略选择[J]. 新疆师范大学学报（哲学社会科学版），2014，35（4）：29-35.

然而，我国社会组织还存在着诸多问题，比如积极主动性不够，不会从自身与实际需求出发自主管理社会事务，总是被动地接受政府的管理与安排；整体素质不高，缺乏承担政府职能外移职责的能力；等等。对此，有必要发挥思想政治教育的思想引领、政治引导、行为调节等作用，使广大社会组织在社会主义意识形态的指导下，提升自身自主意识与能力素质，从而在对话、交流、协商、合作的治理氛围中积极参与社会事务的管理与发展，为推进国家治理现代化分担一份压力、增添更多活力。

（4）培育素养过硬的公民

改革开放以来，我国社会体制机制不断完善，社会生产生活不断更新，在经济、政治、文化、生态等方面都取得了不错的成绩。在社会呈现出一派欣欣向荣的景象的同时，我们更应该好好思考如何有效维持社会稳步并推进社会发展，参与其中的主体，也就是公民群体的力量不容小觑。在推进国家治理现代化的进程中，如果公民缺乏相应的能力与品格，那么就算拥有再完美的体制机制与治理模式，国家治理现代化的实现都将成为一句空话，导致失败的悲惨结局。造就现代公民的关键在于提升公民的思想政治素养，使现代社会中公民的思想政治素养与现代社会的生产生活方式步调一致，实现思想意识从传统向现代的转变。现代化的思想政治素养所涉及的内容十分广泛，主要包括：健康意识、道德观念、纪律意识、奉献精神、理性思维、仁爱之心等。

站在推进国家治理现代化的十字路口，我们需要思想政治教育培育和塑造能力过关、素养过硬的国家治理现代化建设者和接班人。思想政治教育在马克思主义科学理论的指导下，以社会主义核心价值观为坚实支撑，能够做到关注人的心理需求、引领社会价值导向、塑造个人思想与行为、发展个人能力与品质；能够在复杂的社会文化环境中对各种思想文化加以理性地分析与批判，改造落后的、剔除消极的、摒弃错误的，引导人们与时俱进、开拓创新，积极参与社会实践，不断积累知识经验，有效提升个人修养；能够在日新月异的社会环境中，适应时代潮流，重视人的精神世界的急剧变化，以个体实现自由而全面的发展为根本目标，实现人的本质及主体性，造就人的全面、持续、长远的发展。总之，思想政治教育可以有力地塑造公民，使公民的思想政治素养的培育朝着时代要求的方向发展，而这种符合时代要求的、现代化的思想政治素养正是推进国家治理现代化的先决条件。

（二）思想政治教育在高校人才培养中的作用

思想政治教育是我国意识形态中的重要组成部分，它是提高人们思想觉悟和道德修养的强大武器。在高校人才培养中，思想政治教育对大学生德育方面的塑造和提高有着不可替代的重要作用，因此，高校要充分认识到思想政治教育在高校人才培养中的作用与地位，才能更好地发挥思想政治教育的作用，重视思想政治教育的地位，以保证高校人才培养的顺利进行。

1. 思想政治教育在高校人才培养中具有导向作用

第一，思想政治教育帮助高校人才确立正确的政治方向。政治方向是指人自身所具有的政治立场、政治信念、政治理想和政治态度。思想政治教育最重要的任务，就是及时、准确地向广大人民群众宣传党和国家各个时期的相关政策、方针和路线，使人们的政治觉悟不断提高，具备坚定的政治信念和政治立场。我国思想政治教育的无产阶级党性，使得思想政治教育能从根本上规定社会主义教育的性质，能从根本上保证我国的教育事业具有鲜明的政治方向和政治目的性。因此，在高校人才的培养过程中，应该永远把坚定、正确的政治方向放在一切教学管理的首位。政治方向是高校人才培养的灵魂，高校人才只有具备了坚定、正确的政治方向才能为国家和社会的发展作出贡献。现阶段，为了树立正确的政治方向，高校人才应具备坚定的共产主义信念，坚持建设有中国特色的社会主义的共同理想，坚持四项基本原则，坚定地走建设中国特色社会主义道路。随着改革开放政策的实施，一些西方的政治观念传入我国，对我国人民的思想意识进行西化，大力宣传资本主义社会的优越性。由于大学生的政治鉴别力和坚定性还很薄弱，容易受到西方政治观念的分化，就会对社会主义产生了疑问，不相信社会主义最终会代替资本主义。当前，一些高校大学生对党和国家实施的一些政策举措不认同，对社会上的不公平现象、腐败现象产生强烈的不满，入党动机也不纯洁，对我国走社会主义道路产生了深深的不信任和疑虑，甚至开始向往西方资本主义社会的生活。因此，对高校大学生进行政治方向的教育已经迫在眉睫了，高校必须要认清意识形态领域斗争的严峻形势，通过对大学生进行全面、细致的思想政治教育，使大学生形成正确的政治立场和政治信念。首先，思想政治教育要以马克思列宁主义、毛泽东思想和中国特色社会主义理论体系武装大学生的头脑，加强大学生对这些科学理论的理解和学习，使大学生不断增强政治意识，树立正确的政治立场和政治理想，做一个政治立场坚定，有崇高信仰的新时代大学生，这也就从根本上解决了大学生政治方向的问题。其次，高校要经常进行思想政治宣传，通过具体的实践活动对大学生进行思想政治教育，及时向大学生宣传党的最新政策、路线和方针，以帮助大学生提高思想觉悟和政治意识，从而避免大学生在成长的道路上受到外来不良思想的腐蚀，保持正确的人生航向。

第二，思想政治教育帮助高校人才树立正确的世界观、人生观和价值观。马克思主义世界观是科学的世界观，是无产阶级认识世界和改造世界的精神武器，人只有具有了科学、正确的世界观，才能正确地看待问题和处理问题。人生观由世界观决定，指人对人生的价值、意义和生存目的看法，在日常生活中通常有生死观、苦乐观、荣辱观等人生观。马克思主义人生观是指导人们树立正确的人生目的、人生价值取向和积极乐观的人生态度的科学认识根据，它以实现共产主义作为人生目的，以集体主义为人生价值取向，以个人对国家和社会的贡献为人生价值标准，以乐观主义为人生态度。在高校人才培养过程中，大学生要树立正确的人生观，才能把握自己的人生发展方向，克服生活中的各种艰难险阻，最终获得人生的幸福和事业的成功。价值观是指人对事物的判断、取舍和价值追求的定位和看法。另一方面表现为在利益取舍时表现出来的价值判断，一方面表现为对价值的追求和价值取向。大学时期是大学生世界观、人生观、价值观形成的关键时期，当代大学生成长在一个经济、知识、科学技术都快速发展的时代，极易受到市场经济消极方面的影响，大学生群体中出现了享乐人生观、个人利益至上、资本主义优于社会主义等思想问题，严重影响大学生"三观"的科学确立。所以当下，解决好大学生的思想问题成为思想政治教育的关键。思想政治教育始终以马克思列宁主义、毛泽东思想和中国特色社会主义理论体系为指导，对大学生进行人生观和价值观的科学教育，促进大学生树立积极的人生观和正确的价值观。

第三，思想政治教育帮助高校人才确立科学的成才目标。高校思想政治教育作为学生成长发展的规划者，在教育体系中发挥着重要的作用。一方面，要加大理想信念的顶层引领作用，重视在学生成长和成人过程中进行理想信念教育，帮助大学生树立坚定的理想和明确的发展目标，以个人价值与国家发展的统一实现成功的引领，不断引导大学生追求卓越和发展。另一方面，高校思想政治教育体系中的职业规划教育对于学生的发展非常重要，能够帮助大学生更好地了解和研判社会形势，对个人能力及发展方向形成明确的规划，对职业发展生涯形成良好的指导和统领作用。可以说，思想政治教育这一角色定位既能够坚持学生成长的发展内涵，也能够完善学生成人的发展需求，从而不断落实和完善教育工作机制，形成系统化、阶梯形的全方位教育格局。

针对大学生的就业问题，高校要高度重视、正确引导，使大学生的就业选择即能满足国家和社会的发展需求,又能满足大学生自身理想、追求、爱好、兴趣的实现。当前,在大学生中普遍存在脱离自身实际情况,跟风选择专业的不良现象,造成社会上一些岗位供大于需;而一些岗位难觅人才,这就造成了人才的浪费,使得大批高校人才处于失业的状态;而一些大学生虽然就业成功,但由于所学专业并不是自己真正喜欢的,也就不能抱着极大的热情去工作,无形之中对社会的发展起了消极作用。这时就需要思想政治教育对大学生进行就业指导,帮助大学生正确看待社会、市场的需求和估计自己的实力,树立正确的就业观,让每个大学生都能够人尽其才,把学到的知识真正用到实际工作中去,带动大学生自身的发展和社会的发展。

第四,思想政治教育帮助高校人才培养现代思想意识。现代思想意识与传统思想意识相对应,它是指人具有的能够促进自身发展和社会进步的新思想、新意识和新观念。人参加社会实践活动的过程中,要能够紧跟时代和社会的发展步伐,及时更新自己的思想观念,才能不断发展。我国社会要进步,要实现现代化,就必须要有现代化人才,拥有现代化人才的关键是树立富有时代精神的现代思想意识。现代思想意识既是社会现代化和精神文明进步的必然产物,又是推进现代化进程和精神文明进步的重要精神条件。所以,高校人才必须具有适应社会发展的现代思想意识。由于我国经历了几千年的封建社会,一些封建思想和传统观念根深蒂固,造成我国当前社会运行中依旧存在大量的旧思想、旧观念、旧意识,给人的现代化过程带来各种思想障碍。高校思想政治教育要根据社会发展状况,不断对其内容进行更新、完善和丰富,运用各种先进教育方式和对策,培养大学生树立有利于推进改革开放和现代化建设的新思想、新观念、新意识,用最先进的思想武装大学生的头脑,提高大学生的现代化素质,使其更好地为现代化建设做贡献。

第五,思想政治教育帮助高校人才形成科学的思维方法。人们认识和改造客观事物的一切活动都离不开科学的思维方式。思维能力是人工作学习的核心,它与人的智能素质、心理素质和思想道德素质的发展都有着密切的联系。高校思想政治教育通过对大学生进行马克思列宁主义,以及马克思主义中国化的科学理论教育,培养大学生运用辩证唯物主义和历史唯物主义的观点去分析问题和解决问题,从而形成科学的思维方法。在学习、生活和今后的工作中,大学生会遇到各种各样的问题和任务,而解决问题和完成任务的关键在于方法,有了科学的思维方法,就有了解决各种问题和任务的强有力的武器。所以说,在高校人才培养中,坚持正确的思维方法、方式,就会少走弯路、多出成果,甚至达到事半功倍的效果。

2. 思想政治教育在高校人才培养中具有动力作用

第一，思想政治教育能够调动高校人才的积极性，激励高校人才立志成才。所谓激励，就是激发、鼓励人的具体行为动机，以促使人积极主动地完成行为目标。思想政治教育根据大学生的思想观念、心理状况和行为特点，按照国家和社会的发展要求，为大学生建立正确的成才目标，并通过一定的激励方式与手段，充分调动大学生的积极性和主动性，激发大学生形成积极动机和强大的内在动力，使他们确立良好的行为方式，并朝着成才目标努力奋斗。在思想政治教育实践过程中，激励可以分为物质激励和精神激励。物质激励主要包括奖励大学生一些物质奖励，如奖学金、奖品等；而精神激励则包括口头表扬、授予荣誉证书、颁发奖状等。物质激励注重的是大学生的物质需求，而精神激励则更注重大学生渴望被肯定、被赞扬的心理，其收到的效果也更加明显，它能影响大学生的人生观和价值观，帮助大学生拥有健全的人格、崇高的追求和高尚的品德，使其立志成才，朝着有利于自身发展的方向努力。因此，精神激励成为高校思想政治教育工作的主要激励手段，对大学生进行正面积极的教育是思想政治教育工作激励的主要途径。但也要正视那些反面影响，及时指出那些错误的、消极的思想，及时警示，制止错误行为，使大学生清楚地分辨对与错、美与丑、善与恶，促使大学生健康成才。

第二，思想政治教育能够发掘高校人才的潜能，激发大学生的创造力。纵观世界历史，每一场重大的社会变革、每一次巨大的社会进步，无一不是观念创新和实践创新的结果。创新是民族的灵魂，是国家和社会进步发展的不竭动力源泉。人类的进步，世界各个国家的发展无一不是创新带来的结果，没有创新，就没有发展，社会就会停滞不前，甚至倒退。新时期新形势下，高校在人才培养方面，要把创造力作为衡量人才是否成功的一个重要标准。潜能是指潜藏在人体内的能力，需要通过教育和引导来挖掘人的潜能。每个大学生都有潜能，如何开发好这些潜能，是思想政治教育的重要任务。大学生要想发挥自身的创造力，除了要有远大的目标，还要有坚强的意志、坚韧的拼搏精神，更要有克服重重困难和阻力的决心，以及不怕失败的牺牲精神去面对创造的风险。当前大学生大多刚刚成年，生活经验和社会阅历还比较浅，不具备稳定的思想政治素养和过硬的心理素质，容易屈服于人生中的各种困难，没有迎难而上的进取心，不能发挥出自身的创造力，而通过思想政治教育，大学生可以加强自身的思想政治素养、心理素质，磨炼自己的意志，以更好地发挥自身的创造力。

3.思想政治教育在高校人才培养中具有塑造、育人作用

第一,思想政治教育可以促进高校人才文化素质的形成。文化素质不仅包含科学文化水平,还包含人文素养和科学素养。人文素养是指人在一定人文氛围的熏陶下形成的思维方式、价值观念、审美情趣、人格模式、学识才华等;科学素养是指人在处理生活和工作中所具备的科学概念和科学方法,并在此基础上形成的稳定的心理品质。人文素养和科学素养是人获得科学文化知识的基础,科学文化水平的提高也会促进人的人文素养和科学素养的提高,只有同时具备科学文化知识、人文素养和科学素养的人,才可以称为人才。我国高校教育历来强调科学文化知识的学习,而忽略了对大学生人文素养和科学素养的养成,一些大学生学历很高,但素质不高,成为只会学习的工具。思想政治教育通过实践,加强对大学生人文素养的陶冶,站在人文精神的制高点上拓宽大学生的视野,洞悉社会、体察人生,提供人文精神的支持,帮助大学生树立崇高的社会理想,增强学习动力,促进大学生文化素质的提高。

第二,思想政治教育可以促进高校人才良好道德素质的形成。道德是以善恶为评判标准,通过传统习俗、社会舆论和内心信念来评价人的行为,调整人与人之间,以及个人与社会之间相互关系的行动规范的总和。当代大学生不仅要有过硬的专业文化知识,还要具备高尚的道德品质。高尚的道德品质是促进大学生健康成长的关键因素,也是国家和社会对大学生的基本要求。道德不是与生俱来的,它是在人们进入社会生活以后,在各种各样的社会道德实践过程中处理围绕着他本人发生的种种道德关系的过程中逐渐形成的。提升大学生的思想道德品质是高校思想政治教育的任务之一,它通过课堂、具体的实践活动对大学生进行道德思想、道德观念、道德规范的教育,使大学生具备良好的社会公德、职业道德、家庭美德和个人品德。在日常学习生活中,思想政治教育通过道德规范来约束大学生的思想和行为,加强对大学生社会主义荣辱观的教育,引导大学生自觉养成遵纪守法、诚实守信、团结互助、自立自强、敬业奉献的基本道德规范,促进大学生良好道德品质的形成。

第三,思想政治教育可以促进高校人才健康心理素质的形成。心理指人的大脑对客观世界的主观反应,人在参加社会实践活动时,通过大脑进行思考,最终通过感觉、表象、思维和情感等多种形式表现出来。市场经济制度下,人们生活节奏加快,物质压力、就业压力、竞争压力的增大会压得大学生喘不过气,而当代大学生大多都没有吃过苦,还有相当一部分独生子女被父母过分溺爱,心理素质较差,经不起一点困难,导致他们形成了不同程度的心理问题。在学习上,艰

苦奋斗、努力拼搏意识淡化；在生活上，金钱意识强化、奉献思想淡化；在与舍友、同学的人际关系相处中经常出现不愉快，造成人际关系恶化。一些大学生在就业困难时，经常会出现情绪低落、否定自己能力的自卑心理；在人际交往不顺利时，会产生困惑、冷漠、逃避、焦虑等心理，甚至心理扭曲，严重影响了大学生的心理健康。党的十七大报告指出，要进一步加强思想政治教育在人文关怀、心理疏导、人际关系处理方面的作用。思想政治教育在化解矛盾、缓解压力、人际协调、理顺情绪中优势突出，可以通过说服教育、相互沟通的方式，对大学生进行情绪调控、心理调适。思想政治教育可以及时调整大学生的心理状态，使大学生能够对外部世界的刺激做出良好的主观反应，使其适应社会的发展现状。思想政治教育能够化解大学生之间的矛盾，协调大学生的人际关系，营造和谐、团结的氛围。最后，思想政治教育可以帮助大学生认识社会发展前景，用发展的眼光来规划自己的人生，教育他们要有一个不怕吃苦、积极面对各种挑战的人生态度，在成长中不断充实和发展自己，形成健康的心理素质，从而更有利于自身健康、全面地发展。

4. 思想政治教育在高校人才培养中具有开发作用

第一，思想政治教育有利于高校人才个体性的开发。当今的世界是一个多元化的时代，是一个呼唤个性的时代，是每一个个体要求充分发挥自己能力、展示自己才能的时代。不同的人有不同的性格、爱好、才能和需求，就是同一个人，在不同的成长时期和不同的场合，也会有不同的个人需求。思想政治教育要充分认识到每个大学生都有自己独特的个性，按照大学生的个性发展特点，因材施教，使每个大学生都能够充分发挥自己的特点和特长，增强他们的创造性和独立性，以更好地促进他们各方面才能的发展，从而实现其人生价值。

第二，思想政治教育有利于高校人才社会性的开发。思想政治教育的目标是促进人的全面发展，是个人价值和社会价值的双重体现，人参与社会实践活动的过程就是实现人的全面发展的过程。高校人才社会性开发是指大学生通过学习和实践活动，逐步把自己培养成一个适应社会发展需求、独立成熟、全面发展的社会人的过程。促进大学生的社会化，使其尽快融入社会是思想政治教育的重要任务，高校要努力提高大学生的人际交往能力、集体协作能力、组织能力和实际工作能力，鼓励大学生积极主动地参与各种社会活动，把书本知识运用到实际生活中，增强大学生的自立性和实践性，实现对大学生健康心理、良好性格和精神状态的塑造，使大学生的思想和心灵得到升华，从而完成对大学生社会化开发的任务。

第三，思想政治教育有利于高校校园文化的建设，为高校人才的培养提供了良好的环境氛围。校园文化是一种隐形的教育力量，发挥着不可替代的教育影响，它是促进大学生快速成长成才的催化剂，具有很大的价值。在人才培养的过程中，高校需要营造良好的校园环境和学术气氛，外部环境的刺激可以激发大学生不可估量的内在潜能，发挥大学生的超常能力。首先，思想政治教育可以在高校中营造一种热爱祖国、有社会责任感、有远大理想、崇尚科学和真理的校园文化，可以利用校园广播、学院报刊、校园网络等大众传媒宣传崇尚科学、崇尚真理的精神，介绍最新学术前沿和科学技术成果，激发大学生的学习和研究动力，鼓励大学生积极投身科学研究的队伍中。其次，高校思想政治教育可以营造一种尊重知识、尊重人才、尊重学生的校园文化，使大学生意识到学习专业知识对自身发展的重要性，要积极成才，尽快地为国家和社会的发展作出自己的贡献。最后，高校思想政治教育可以营造一种团结互助、共同进步的和谐的校园文化。同学之间真诚相待、团结友爱、相处融洽，有助于大学生尽快融入集体、身心健康、人格健全，激发他们的生机、活力和热情，为大学生的成才提供非智力支持。

第二节　高校思想政治教育的目的

思想政治教育的目的指向的是思想政治教育活动最终实现的理想结果，使教育对象通过思想政治教育活动，在思想和行为上达到社会期望的预期。思想政治教育目的以育人为主线，但其内涵随着社会和时代的发展而鲜活。思想政治教育的科学性和实践性决定了可从多个层面对思想政治教育目的进行研究，即育人维度下的思想政治教育目的、学科维度下的思想政治教育目的和人学维度下的思想政治教育目的。

一、育人维度下的思想政治教育目的

思想政治教育的服务对象是社会和个人，既要为社会发展服务，也要为个人的自我完善服务。在思想政治教育的目的中包含了社会层面、育人层面和学科自身发展层面。其中，育人层面的思想政治教育目的是实现思想政治教育促进社会发展与学科自身发展的基础。因为社会由人组成，如果人得到良好的教育实现自身的发展，那么社会的发展也就实现了。作为一门学科的思想政治教育，既实现了育人又实现了促进社会发展，那么它自身也就得到了优化。思想政治教育根植

于客观现实社会，它由客观现实所决定。当今时代是人才的时代，思想政治教育是社会意识的一种反应形式，因此思想政治教育应响应时代的呼声，提高对人的关注。思想政治教育目的由思想政治教育所决定，所以在育人维度下研究思想政治教育目的是促进社会发展的必要之举。而处于当今中国的社会发展阶段，对人才的要求日益提高，更需要德智体美劳全面发展的建设者和接班人，思想政治教育要为实现人的个性化、人思想的社会化、能力的社会化而努力，并在此基础上达成社会对人的需求，完成社会对人的宗旨规定，体现人自身的价值。因此，育人维度下的思想政治教育可以这样被理解：在一定的社会历史条件下，思想政治教育者根据社会发展需要，引导教育对象重视精神需要的实现、塑造良好人格和健康心理状态，促进教育对象自我实现的同时为社会发展作出贡献，提升人的主体化与社会化。

早期的思想政治教育与历史上的社会条件相对应，较多体现社会价值，并在其过程中逐步完成学科的自我发展和成熟。虽然思想政治教育取得的成绩显著，但人学空场情况下的思想政治教育，其社会价值的实现也没有达到最大化，思想政治教育的学科发展也缺少活力。随着社会的发展，思想政治教育在完成较为成熟的自我发展后，必然要反思和回归，重新审视自身的育人本质。尊重人的权利、自由和现代精神的弘扬，把培养人的主体性作为现实目的，把人的全面而自由的发展作为思想政治教育的价值宗旨。思想政治教育只有在把育人作为前提条件后，才能真正实现促进社会发展与学科自身觉醒。

二、学科维度下的思想政治教育目的

思想政治教育在为个人服务、为社会发展服务的同时，其学科自身也需要不断更新。学科维度下的思想政治教育目的可以这样被理解：在一定的社会历史条件下，思想政治教育在促进人与社会自我实现的同时，对思想政治教育学科本身自我成长的规定，力图成为更有活力、更具有创造性的学科。学科维度下的思想政治教育目的不是一成不变的，它来源于客观世界，根据党和国家的要求与个人、社会发展的现实状况不断调整自己。

思想政治的学科发展方向是提高对人的关注、对人的需求的重视，促进人的自我价值的实现。人的自我实现、社会的自我实现与思想政治教育学科的自我实现三者是相互联系不可分割的。对思想政治教育学科自我实现的衡量尺度，除了要考量其理论体系、研究方法等，更应该考量思想政治教育这一学科所培养出的人的自我发展程度。培养出的人的自我发展程度越高，就说明思想政治教育学科育人程度越高、学科活力越强。学科维度下的思想政治教育目的才能真正实现。

三、人学维度下的思想政治教育目的

人学维度下的思想政治教育关注个体的需要，同时关注群体，即社会的需要。思想政治教育蕴含着丰富的马克思主义人学内涵。关注个人的需要的思想政治教育，尊重人的需求、促进人的需求从基础需求转向发展性需求，更生成超越自我的、实现自我的需求，引领个体全面发展，致力于提升人的存在；关注社会需求的思想政治教育审视并遵从社会的需求，与国家的现实目标和未来方向一致，我国正奔赴在实现人民美好生活，伟大复兴中国梦的征程中，所以思想政治教育的目的就应发挥出它作为精神生产与精神交往实践的重要作用，提供出丰富的人文成果。

思想政治教育在满足个体需求方面是逐层递进发挥作用的。思想政治教育目的从满足人需要的角度上讲，可以被分为三部分：第一，实现"好好活着"，调节个体基本需求，完善其生存状态；第二，实现"美好生活"，促使人树立正确的政治观、实现道德自律、塑造良好人格，促进人的自由全面发展；第三，实现精神上的"自由王国"，实现潜能开发，自我实现，体验巅峰时刻，实现人与人、人与社会的和谐与融合。总之，其着重激发人精神动力等非智力因素，促使人在实践过程中发挥出最佳技术水平，从而更好地实现自我和发展自身，同时为社会发展献力。

思想政治教育满足社会需求表现在对政治、经济、文化、生态等方面。政治上，思想政治教育目的是为社会培养出合格的接班人，促进社会政治的和谐发展；经济上，思想政治教育目的是调动人们对社会主义市场经济的积极性，提高推动社会经济发展的精神动力；文化上，思想政治教育目的是为社会培养出具有创新思维的人才，同时向社会传播符合需求的观点和规范。生态上，使低碳、节约、绿色环保的发展与生活观念深入人心，为打造美丽中国作出努力。

第三节 高校思想政治教育的任务

我国的国家性质决定了我们的高校是党领导下的社会主义高校，务必在党和国家发展全局的层面开展大学生思想政治教育，提高大学生对于科学理论的认知

感和认同感,培养大学生对国家的自信和责任意识,提升其政治素养,为社会主义现代化建设和中华民族伟大复兴的中国梦的实现提供坚实的力量。"立德树人"能够作为教育的根本任务,高度强调了高校德育的重要地位。改革开放以来,我国高校的发展非常迅速,科研成果不计其数,为社会、为国家创造了可观的经济利益和强大的物质支持。但同时,我们通过很多案例着实感受到了高智商犯罪给社会带来的危害性不可小觑。

当今高校,学生人数着实庞大,对于学生的思想管理,存在一定的漏洞和误差,加之高校教育者更加倾向于科研成果,因此对学生的思想状态很难全面了解。如此,高校思想政治教育与培养人的目标相悖。高校教育者明确"立德"是"树人"的基础,坚持"育人为本,德育为先",让学生清楚地明白"要做事,先做人"的道理。

一、任务的内涵

通常意义上理解的任务就是指应该担负的责任,以及需要完成的交派的工作。它一般发生在能动的双方之间,其中一方作为规划者、领导者或者师长之类的角色,把某一项工作交派给另一方,承担工作的一方就是执行任务者。根据任务承担者、任务性质、任务大小、轻重、缓急、任务的层次、任务的内容、阶段等不同的角度审视,任务的划分种类非常复杂。如长期任务和短期任务,特殊任务和普通任务,战略任务和战术任务,工作量大的任务和工作量小的任务,针对人的任务和针对事的任务,推动自然科学技术进步的任务和推动哲学社会科学进步的任务,追求民族解放的任务和追求国家富裕的任务,阶段性的任务和持续性的任务等。总体来看,任务是人类社会进步的标志和推动力量,任务质量完成的好坏高低,决定了事物发展前进的程度。就思想政治教育任务而言,显然是针对人的培养问题的任务,是长期的、艰巨的,为了国家和民族进步需要不断提出新的要求的战略任务。

二、任务的功能作用

人类社会发展进步的实践证明,布置愈加明确、清晰的任务,完成质量越好,越能推动事物在短期内实现质的飞跃。究其原因,是因为任务本身具有的功能作用能够推动事物发展进步。具体而言,任务的功能作用大致可以分为以下几个方面。

第一,任务具有指向性作用。指向性的功能作用确定了任务完成的质量、数量,完成任务的前景,完成任务需要采取的路径。同时,也指向了任务的性质,从而确保完成人不犯方向性错误。

第二,任务具有规定性的功能作用。规定性的功能作用明确了完成指标及标准,明确了完成任务的技术路线,必须解决的重点、难点,评价考核标准等。

第三,任务具有前瞻性的功能作用。前瞻性的功能作用是由任务本身决定的,因为无论何种性质的任务,其完成度的高低好坏直接决定事物下一步的进程。如果完成得好,就会在完成得好的基础上再发展、再进步;如果完成得不好,则需要在此情况下启用备案或者停止任务,尽量将损失降到最低。

三、教育的根本任务

(一)立德树人的根本任务

2012年,党的十八大报告首次正式提出了"把立德树人作为教育的根本任务"的论述。2017年,党的十九大报告进一步明确指出,要进一步"落实立德树人根本任务"。就此之后,立德树人的根本任务在党的全国代表大会的政治报告中得以明确,从另一个侧面证明了党的教育方针对这一形势的变化发展不断进行着深化发展。

(二)立德树人的科学内涵

一方面,德育为先,树人为要,将立德树人作为教育的根本任务,把握住了人的发展成长与社会发展进步之间的内在逻辑关系。社会的发展进步离不开社会人的贡献和推动,如果社会人均是无德之人,那么就会对社会的发展进步起到反作用,因为道德作为一个系统,它是人类社会几千年来在不断总结经验教训基础上提炼出来的,有利于社会发展进步的价值体系。遵循这种价值体系,就会顺应社会发展趋势,推动社会发展进步;违背这种价值体系,就是逆潮流而动的表现,最终损害社会发展进步。作为社会主义国家,当今时代,我们提倡社会主义核心价值体系和社会主义核心价值观,以集体主义和爱国主义作为社会主义道德的原则与核心,这是经过实践发展检验了的必然真理。所以,教育作为培养人的核心活动,必须服务于社会主义的发展进步,必须将社会主义核心价值体系和社会主义核心价值观的推广确立,将其建基于人民群众内心的道德法则作为教育的根本任务。

另一方面，德育为先，树人为要，将立德树人作为教育的根本任务，是中华民族几千年来追求大同社会必须的前提。作为个体来说，中国文人期待的"立德、立功、立言"之"三不朽"追求影响深远，首当其冲者就是"立德"。对于社会、国家而言，即使是传统儒家"王天下"的社会理想，前提条件也是将君王的品德放置于首位。《大学》开篇即说，"大学之道，在明明德，在亲民，在止于至善。"假如任何一个人德不彰显，于家、于国、于己都是具有明显缺失的存在。回顾历史可以发现，中国传统儒家主张的教化思想和实践，其中对教化的主体提出了明确的道德要求，如果教化主体不具备高尚的道德水平，就没有资格开展教化实践。这样的一种观念和坚持，对儒家教化思想在中国政治、经济、社会、文化、生态等各方面的文明建设中起到了至关重要的推动作用，也是中华文明接续传承的重要原因之一。为此，展望未来，将立德树人作为教育的根本任务，是中华民族站在民族复兴的历史关头所做出的正确的选择。

四、高校思想政治教育的任务

高校思想政治教育的任务是复杂而艰巨的，概括起来就是围绕立德树人的核心任务，在习近平新时代中国特色社会主义思想的指导下铸魂育人，通过有机统一、集成创新的思想政治工作体系，将铸魂育人落实、落细在日常的工作之中，立德树人，培养出合格的社会主义建设者和接班人。从任务完成者的角色视角出发，铸魂育人的工作任务主要体现在思想政治理论课和思想政治教育者的教育教学实践中。

（一）思想政治理论课的任务

高校思想政治理论课是高校思想政治教育工作中处于一线的核心单元，对高校思想政治理论工作的成败得失具有根本性的影响。因此，明确高校思想政治理论课的任务，是确保高校思想政治教育任务能否高质量完成的前提。具体来说，当前阶段，高校思想政治理论课的任务主要有以下几个方面。

第一，宣传引领和教育青年大学生坚定推动中国之治的任务。中国之治是中国道路、中国制度、中国智慧、中国文化、中国精神等合力开辟的人类史上空前的社会治理与人的发展模式。新时代条件下，我国正处在走向世界舞台中央的变动进程中，此一阶段只有勇猛精进，没有退路可言。所以，对于高校思想政治理论课而言，学习践行社会主义核心价值观、培养"四有"新人也好，讲解"四个选择"的逻辑也罢，还是将马克思主义的认识论、方法论与中国革命和建设事业有机结合，开辟马克思主义中国化新道路、建构中国化马克思主义新境界，都是为中国之治逻辑的成立服务的，也是为坚定中国之治的中国自信奠基的。

第二，宣传引领和教育青年大学生将个人价值与社会价值辩证统一，主动投身"两个一百年"伟大建设事业。以马克思主义理论主干公共必修课为例，"思想道德与法治"课旨在端正和塑造正确的"三观"、坚定理想信念、厚植家国情怀，将个人价值与社会价值辩证统一起来，为共产主义奋斗终身。该门课程的意图非常鲜明，就是给初入校门的大学生一个高远的目标，至于如何实现人生价值并没有立即给出答案。这个答案在后续开设的几门公共必修课中逐渐得到了明确的回答。"中国近现代史纲要"课程通过回顾历史，让学生明白过往的风云人物，与时代大势同向同行者成就了大业，背离或者逆向而行者只能留下历史的喟叹。通过对这门课程的学习，给了学生大量、生动的事实教育。但理论似乎并没有说透。说透这个理论的任务放置在了"马克思主义基本原理"课程中。因为，在马克思主义指导下，中国人民在中国共产党领导下取得了独立解放的胜利，取得了繁荣富强的成绩。当然，只是通过历史的教育并不能证明当下和未来。为此，"毛泽东思想和中国特色社会主义理论体系概论"就担当了宣传教育和引领青年大学生的任务，让他们相信中国共产党不但过去，也在当代更在未来必将继续取得前无古人的成就。作为中国新时代的建设者，唯有将个人价值和社会价值统一起来，才能顺应大势，走向有价值的人生。

第三，宣传引领和教育青年大学生将习近平新时代中国特色社会主义思想作为成长进步的指南。作为一个集大成的思想体系，习近平新时代中国特色社会主义思想是党在新时代的鲜活实践和斗争的基础上形成的，对于中国特色社会主义建设而言，具有灵魂的地位与作用。因此，按照"进教材、进课堂、进头脑"的要求，新时代高校思想政治理论课的核心任务之一就是用习近平新时代中国特色社会主义思想铸魂育人，教育引导青年大学生学深、悟透、做实，让其原原本本学、结合实际学、认认真真学，在教育教学中，有机融入，将青年大学生培养成为合格的社会主义建设者和接班人。

（二）思想政治教育者的任务

高校思想政治教育者主要包括思政课教师、思想政治教育工作队伍（辅导员队伍、班主任队伍、相关职能部门领导和工作人员）两大类。围绕立德树人根本任务对青年大学生开展思想政治教育。

第一，领导和组织思想政治教育活动的任务。高校思想政治教育工作的组织、规划、设计等均需要相关职能部门，特别是主体责任人牵线组织，无论是学校整体思想政治教育工作规划，还是分部门思想政治教育工作设计规划，均需要发挥好领导者和组织者的作用。作为领导者和组织则需要具备一些基本素质，比如说政治意识、立场意识、组织意识或者说创新意识，缺乏这些基本的意识，落实中央文件和精神的行动力、敏锐性、工作效率等就会打折扣，自然就会对工作的力度、质量、效果产生负面影响。高校的各级主体责任人在领导和组织思想政治教育活动方面，显然要比一线教育教学工作人员担当的责任更为重大、使命更为艰巨。

第二，执行和解决思想政治教育任务的任务。执行和解决思想政治教育任务主要是一线教育教学工作人员。就各自担负的责任来说，思想政治理论课教师主要负责课堂主渠道的教学，做好理论讲授和实践引领相结合的工作。辅导员、班主任则是带领学生开辟思想政治教育第二课堂的主要负责人，开辟讲授课堂之外的主阵地。辅导员、班主任不能忽视日常生活中的思想政治教育，要强化学生的理论认知，推动学生做到知行合一。各职能部门的工作人员则要做好上下左右衔接工作，上传下达、左右联动，在大环境上确保高校思想政治教育工作有序推进。无论是领导者、规划者，或者执行者、实施者，抑或衔接者、联动者，都是高校思想政治教育工作中的教育者，分工不同、角色不同，但目标指向完全一致。如果思想政治教育者在工作中做不到优化、协调和有机地统一运转，高校思想政治教育工作整体就会遭受损失，严重迟滞立德树人、铸魂育人工作的进度。为此，针对各自承担的任务分工，细化、明确高校思想政治教育任务体系就显得格外必要。

五、任务体系的细化、明确

思想政治教育作为一项综合性的工作，围绕立德树人、铸魂育人的根本任务，在培养社会主义建设者和接班人方面，任务繁杂多样，非常具有挑战性。且由于完成思想政治教育根本任务需要多方参与和完成，因此，各个方面的因素汇成了一个庞大的思想政治教育任务体系。为了增强新时代思想政治教育任务的完成效果，提高完成质量，需要细化、明确任务体系，为实现集成创新奠定基础。

（一）任务体系的上下衔接

由于思想政治教育工作的复杂性和全局性，所以，相关联的任务也就复杂多样。面对此种现实，唯有将任务放置在体系视野下，以上下衔接、纵横有度的原则建构技术路线图，设计阶段进展规划，才能高质量完成好以立德树人为核心的思想政治教育任务。所谓任务体系的上下衔接，就是指战略规划层面和战术执行层面均需要各司其职、各守其责，做好任务的传导消化工作，做好任务在战略和战术层面的分配工作，既不能让小任务、细任务、非核心的任务扰乱了战略规划层面的全局统筹，也不能让宏观任务、大任务、统筹性任务强加给不具备执行能力的战术层面的单位或个体。

（二）任务主体的责任明确

为了高质量完成思想政治教育工作的各项任务，细分任务并确定主体责任是非常必要的。如果不能细分任务，带来的结果就是责任不明，责任不明则意味着主体责任落实不够，显然任务的执行力度、完成效果就会打折扣。落实主体责任可以从任务的结果进行有效的回溯，这种回溯既是权利的回溯，也是义务的回溯。换言之，主体责任人作为执行任务的核心，既享有与任务相匹配的权利，也必须承担与任务相匹配的义务。如果主体责任不明确，回溯就会失去确定权利和义务的意义。更重要的是，如果主体责任不明确，缺乏统一指挥和领导，任务极大可能处于放任自流的状态，失去其规定性、指向性和前瞻性的意义与特征，从而直接影响任务的完成质量，最终损害全局利益。

（三）任务范围的权责相当

完成任务的主体责任明确之后，仍然需要明确任务范围，做到责权明确、权责相当，督促和指导任务完成单位在各自范围内各守其责、各司其职，不越界、不推诿。由于思想政治教育工作常做常新，而且随着外部环境的形势变化始终会有新问题出现，要做到集成创新，必须明确任务范围，以权责相当督促新任务不断取得突破。例如马克思主义学院的任务范围和团委学生处等职能部门的工作范围是不同的，马克思主义学院的核心任务是主渠道、主阵地的坚守与开拓，如果在教学上出了问题，那就是马克思主义学院的责任，如果是社团建设中出了偏差，则团委必须承担失察之责；反之，如果教学改革做得好，教学成果突出，说明马克思主义学院建设质量是令人满意的，如果学生社团在思想政治教育工作方面有巨大贡献，那么团委作为主管部门则是应该受到大力嘉奖的部门。所以，在各自范围内做好自己的分内之事，显然是集成创新的第一要义。

（四）任务考核的赏罚分明

为了督促执行人将任务完成得更好，在考核方面务必做到赏罚分明。思想政治教育工作需要创新、需要与时俱进、需要全力以赴,同时也需要脚踏实地。缺失其中任何一项,思想政治教育工作的集成创新或者说最基本的任务指标都是难以完成的。因此,考核标准也要分层次,对标对表、先礼后兵。在一定期限内,不做概略考核,要做坚定立场、坚定方向、坚定核心任务不松懈的考核。同时,鉴于思想政治教育具有与时俱进的特点,考核方式、指标也要根据任务的不同和进阶程度进行实事求是的调整。总而言之,赏罚分明也是促进高质量完成任务的一种手段和前提,有助于思想政治教育各方面任务得到可持续的、高效率的解决。

第四节　高校思想政治教育的主体

一、思想政治教育的主体性

(一)主体与主体性

早在古希腊时期,学者们就开始广泛关注和研究人的主体性。纵观整个西方哲学史,哲学家们从未放弃过对人的主体性的研究,个体主体性概念的不断丰富也极大促进了整个人类文明的发展。主体性,也就是主体的本质属性。因此,我们要科学、准确地诠释主体性,必须先理解主体的概念。

学界一般从两个方面来诠释主体的概念。一种是从本体论意义上来探讨。亚里士多德对主体性的研究主要收录在他的著作《范畴篇》中,他认为主体是以一种承担者的姿态存在的,承担各种变化、反映不同的关系。马克思在古代哲学先贤的基础上把握主体,他把贵金属"作为货币关系的承担者"来把握。这种主体仅仅作为物质承担者,不是真正意义上的主体,因为这种主体不是针对客体而存在的,是没有主客体之分的一个整体;并且,从本质上看,它没有深入剖析主体和主体性的概念,混淆了本体、实体和主体。

另一种是基于认识论意义的探讨。康德高扬人的主体性,在认识论和伦理学中,他给予主体以认识主体和意志主体的双重意义,使主体性的内涵大大丰富起来。现代哲学的奠基人笛卡尔的观点则更进一步,他认为主体是一种心灵实体。而德国古典哲学家黑格尔则认为主体是一个精神实体。马克思主义坚持实践的观点和辩证的观点,提出主体性是在人的社会实践的基础上生成的,实现了哲学史上主体观的巨大变革。马克思打破了主观认识和客观存在之间的壁垒,把主体人所接触到的客观存在物与人自身的感性活动联系起来，并对人的活动进行哲学抽象，把人的活动分为物质活动和思维活动两方面。从主体人与客观世界存在物的不同性质的关系来看，这两种活动分别反映了人与事物的物质关系和认识关系。主体人也可以划分为两方面，即人作为实践主体改造世界，又作为认识主体认识世界。但是，人是主体与人是否具有主体性是两回事，人只有具备主体性才算得上是真正的主体。也就是说，主体虽然是人，但不是所有人都能够成为主体。因为主体的确立与当事人的身份无关，而是与当事人的主体自由、自觉的对象性活动能力有关。在明确主体的概念的基础上，可以进一步对主体性的概念进行探讨。学界对主体性的理论阐述主要有以下几种：第一种意见认为主体性是指主体的规定性，是主体在对客体进行认识和改造的对象性活动中表现出来的人的特性；第二种意见认为主体性是指作为主体的人的本性、地位、作用和价值；第三种意见认为，主体性是指人与动物在最高层次上的区别，是主体对自然、社会和人自身的自由。这几种看法从不同层面和角度揭示了主体性的丰富内涵，都是对主体性概念本质关系的反映。在此基础上，我们可以进一步将主体性的概念表述为，具有一定主体意识的主体，根据自身发展需求对客观对象进行改造。主体自身所表现出来的一些本质的属性，具体表现为主体自主性、能动性和创造性的充分发挥。

（二）思想政治教育的主体和主体性

最初学者们是从哲学意义上对主体和主体性进行研究的，随着研究的深入，这种理论探讨开始慢慢延伸开来，主体和主体性概念不仅仅局限于哲学领域，学者们还将其引入思想政治教育领域。

思想政治教育把具体的人当作研究对象，一般人类实践活动把自然存在的物或者是人造物当作研究的对象。因此，学者们普遍认可只有人能够真正成为思想政治教育的主体这一观点。不同于教育者主体概念的明确性，受教育者主体身份的确定，成为目前学界分歧最大的一个争论点。学者们对这个问题之所以僵持不下的原因之一，就在于他们没有辩证、历史的眼光。因为对于不同的思想政治教育活动而言，其共性是都存在认识活动、教育活动和接受活动。在思想政治教育实践活动中，教育者和受教育者都是认识主体。教育活动的主体是指主导整个思想政治教育活动的人，即教育者。接受活动的主体是指思想政治教育目标的指向对象，也就是教育内容的接受者，从这个意义上看，思想政治教育的受教育者自然而然地成为接受活动的主体。所以，主体的概念关键在于我们在哪个角度上进行区分。通过划分思想政治教育的活动阶段和活动领域，我们可以区分出不同的主体，这就需要我们用辩证唯物主义和历史唯物主义的立场、观点和方法去分析和把握。这三种教育主体活动共同存在于思想政治教育中，三者相互影响、共同发挥作用。思想政治教育的主体性，是主体人在教育活动的过程中表现出来的本质属性。思想政治教育主体性主要表现为自主性、能动性和创造性。不同主体通过对自身意志和行为的控制和支配，自主、积极、主动地参与思想政治教育活动，以促进自身的全面发展。参与主体在思想政治教育的活动过程中，用新的思维方式和实践方法产生的新的具有社会预期目标效应的认识活动和改造活动，反映了主体在特定的思维和实践中的创造性。

（三）主体性思想政治教育

灌输式教育模式对我国思想政治教育具有十分深远的影响。

思政课灌输教育模式，是指在思政课教学过程中，教师向学生单向传输理论知识，即教师有组织、有计划、有目的、有意识地向学生传输思想政治理论，学生被动地接受相关理论。思政课的灌输目的在于实现其教学目的，即让学生掌握思政课理论，从而培养学生具备社会需要的思想政治品格和道德水平。灌输法是思政理论传播的最重要手段，始终贯穿于思政课的现实教学过程中。

毋庸置疑，灌输法是思政课开设以来常采用的传统教学方法。从高校思政课内容来看，目前我国普通高等本科学校思想政治理论课主要包括"中国近现代史纲要""马克思主义基本原理""思想道德与法治""毛泽东思想和中国特色社会主义理论体系""形势与政策"5门课程，涵盖了马克思列宁主义、毛泽东思想、邓小平理论、"三个代表"重要思想、科学发展观、习近平新时代中国特色社会主义思想等一系列科学理论。仅"中国近代史纲要"课教材就囊括了从1840年至今约180年曲折、复杂的历史，时间跨度长、教学内容十分丰富。为顺利完成繁重的教学任务，灌输法顺理成章成为思政课首选的教学方法。但在实际操作中，灌输法不免也遭遇一些现实挑战，如造成满堂灌、填鸭式等教学固化模式，导致思政理论与学生实践联系不够紧密，忽略了思政课教师、学生之间的互动关系。表象上在有限的时间内教师完成了教学任务，实质上往往很少达到教学目的，导致思政课的主要理论精髓仍没有如愿在大学生头脑中扎根并指导他们的行动。

主体性思想政治教育认为，教育者和受教育者在教育活动中进行交流和互动，可以让他们思想碰撞、相互提升。在这个过程中，教育者要始终掌握思想政治教育的方向，激发受教育者的参与热情。

思想政治教育活动是在互相尊重和地位平等的前提下，教育者和受教育者之间的一种交流互动。因此，思想政治教育活动的主体是教育者和受教育者，两个交往主体之间的交往互动，能够促进思想政治教育效果的取得。

（四）思想政治教育者的主体性

只有深入剖析教育者的主体性，厘清教育活动中二者的关系，才能更好地研究受教育者的主体性。思想政治教育者的主体性主要有以下三点。

第一，引领作用。教育者处于主体地位。思想政治教育具有强烈的意识形态性属性，不同于一般的教育活动，教育者必须时刻发挥引领作用，以引导思想政治教育各环节、各要素和各过程始终沿着正确的方向发展。我们所有的活动都是为实现思想政治教育目的服务的，教育者主导整个教育的过程，这本身就是其主体性的最好体现。

第二，榜样作用。在思想政治教育活动中，教育者的言行对受教育者起到了很好的示范作用。教育者要引领受教育者，首先要管控和规范好自身的一言一行，意识到自身作为教育者就是受教育者的示范和榜样，这个示范和榜样的引导力量是胜过任何空洞的说教的。教育者的世界观、人生观和价值观，以及他对不同社会现象的态度都潜移默化地影响着受教育者。身教胜于言教，树人先树己。

第三，创造作用。教育者的主体地位决定了其必须能够创造性地理解、加工，在此基础上呈现出来的教育内容也具有创新性。教育者要根据不同受教育者的需要，寻找与受教育者的需求相契合的思想政治教育内容，进而使其形成理性、客观、积极的学习态度。这就需要思想政治教育者能够积极探索更易于被受教育者所接受的教育方式，而不仅仅是人云亦云、机械地照搬书本内容，简单地上传下达。

（五）思想政治教育受教育者的主体性

受教育者的主体性有其特殊性，是一种主动接受教育内容、建构知识体系的主体性。如果受教育者具有主体性，他就能积极主动地参与教育实践、理解教育内容、独立自主地改变思想观念，并在自觉在生活中践行。受教育者作为具有主体性的人参与教育活动，他们不满足于被动接受教育者的改造，而是根据各自的问题、需要和追求具有主动求变的愿望。受教育者作为独立自主的人，对于外部世界和自身需求有自己的独特理解，其思想道德状况和思想道德教育是不断发展变化的，受教育者在认清自身与社会要求之间的差距的基础上，不断调整目标。受教育者会有目的地对教育内容加以筛选，即受教育者的自主选择性。受教育者根据自身的接受程度和偏好，会进行自觉地自我教育和自我提升，这一过程也会反作用于教育者，帮助教育者及时调整教育方法，受教育者并不是一味地全盘接受或彻底否定。受教育者要在理解教育内容的基础上反思自身，对比自身思想观念、情感意志和个性追求与教育要求之间的差距，能动地对对象进行加工和改造，以此来满足自身需要。受教育者更乐于接收新鲜事物，能与时俱进促进自身的发展。当今社会互联网信息平台带来世界的扁平化发展，受教育者获得的信息前所未有地丰富和多元。受教育者能够更加方便快捷地了解新时代的社会政治经济生活的发展和变化，以新的视角来理解、认同思想政治教育的内容和方法，完成自身的内化和外化。

（六）教育者与受教育者主体性之间的关系

习近平总书记指出，改革创新是时代精神，青少年是最活跃的群体，思政课建设要向改革创新要活力。[1] 推动思政课改革创新，要做到八个"统一"。习近平总书记为学者们提供了改革创新的制度保障和有益启迪。其中，"坚持主导性和主体性相统一"高屋建瓴地指出了教育者与受教育者之间的主体性关系，具有基础性地位。习近平总书记强调，思政课教学离不开教师的主导，同时要加大对学生的认知规律和接受特点的研究，发挥学生主体性作用。通过确立受教育者的主体地位，激发其内生动力。[2]

在传统的思想政治教育中，教育者往往垄断了整个教育活动，受教育者是没有实质意义上的发言权的，他们只要在场就好，受教育者和教育者的地位是不平等的。主体间性理论认为，我们应该承认各个主体之间平等的地位。一方面，对于教育活动的顺利开展来说，教育者与受教育者都是不可或缺的，各自发挥着重要的作用。思想政治教育活动离不开受教育者，他们的积极参与、主动思考和涵养自身、及时反馈，有利于教育者及时调整教育内容，从而满足受教育者的发展需求，双方在平等交流中能够实现相互促进。受教育者在教育活动中的主体作用表现为充分发挥学习的主动性，自觉接受先进的思想理念，在教育者的帮助和指导下，在双方的共同努力下，促进教育效果的优化，实现思想政治教育的高效开展。另一方面，教育者主体性表现为教育者对整个教育活动方向的把握。教育活

---

[1] 习近平. 习近平：思政课是落实立德树人根本任务的关键课程 [EB/OL].（2020-08-31）[2021-07-29].http://jhsjk.people.cn/article/31843368.

[2] 习近平. 习近平：思政课是落实立德树人根本任务的关键课程 [EB/OL].（2020-08-31）[2021-07-29].http://jhsjk.people.cn/article/31843368.

动的两个最基本的问题就是教育方向和教育方法。教育方法的重要性毋庸置疑，但是我们要明确，应该摆在第一位的始终是教育方向。要为社会主义培养接班人，为我们的现代化国家培养建设者，就需要教育者发挥主导作用，始终牢牢把握住思想政治教育的正确方向。

二、教育者

高校内所开展的思想政治教育主要由思想政治教育人员和日常生活中的辅导员负责。

（一）思想政治课程教师

1. 思想政治课程教师现状

受传统应试教育的残留观念影响，部分高校教师仍旧不同程度地存在着"重理论知识传授，轻能力培养"的教育观念，在教学过程中不能够根据教学内容的实际需要灵活运用和转换教学方法、教学手段，忽视了对学生创造性思维能力的培育，很大程度上造成了当前高校学生学习兴趣低下、主动探究能力不强、创造意识缺乏，创新能力不高的情况。

2. 影响高校思想政治教育师资队伍专业化建设的因素

互联网信息技术的快速发展给整个人类社会的发展与进步带来了巨大的改变。空间之间的距离因为网络信息技术变得越来越小，国与国之间因为网络信息技术的应用也没有了界限。近几十年，随着中国经济的快速发展，网络信息技术在人们的工作、生活、学习中变得越来越普遍。特别是在高校中，青年大学生正处在学习与接受新鲜事物的黄金时期，他们思想活跃，乐于接受互联网这种新鲜的事物。以往在高校中对高校大学生的教育主要是通过学校内的中国共产党党员教师，如学校主管学生工作的领导、团委教师、高校思想政治理论课教师、辅导员等人。在我国没有网络信息技术的时期和网络信息技术还不普遍的时期，对于高校教师的话，学生是非常相信的，教育实效性也很强。但是随着网络信息技术的普遍应用，在很大程度上削弱了高校党团教育的效果。网络信息技术既有利于世界经济的发展，同时如果应用得不恰当也会给人类社会带来很多问题。

出生在网络信息技术时代的"90后""00后"高校大学生，他们追求个性、追求自主化的生活和学习方式，与"80后"追求经济物质还不同。得益于中国经济的发展，在这一时期成长起来的"90后"和"00后"高校大学生，他们更注重个人的情感体验与价值体验，对政治普遍不太关注，有着强烈的个人意识，从小到大习惯从网络技术中获得知识和信息。因此,他们从小已经养成网络思维方式,在生活和学习中都与网络技术分不开,尤其是"00后"高校大学生具有较强的网络社交、网络学习和网络消费的能力。网络性词语在其生活中很普遍,网络购物、网络游戏在其生活中也为他们带来了很多方便,使其生活更快捷和便利。但是,部分西方国家却利用当代高校大学生普遍使用网络信息技术的特点,在网络中通过各种形式渗透他们的政治理念、文化理念和生活方式。

信息网络技术产生之前,高校大学生接收信息主要是通过高校教师,在教师的思想和行为影响下形成自己的世界观和价值观。但是信息技术作为"静悄悄的革命"在当今以不受人们控制的速度发展起来,真正地实现了中国人所说的"秀才不出门,便知天下事"。全方位地改变了学生的生活和学习方式,提供了新的认识世界的方式,高校大学生对网络的依赖加深,以往高校教师的教育方式显然已经不适应当代学生的新特点和新需要,高校大学生对教师的心理需求也转向了网络。美国学者德弗勒认为:当人们从依靠媒介而获得了相应的满足,便越是指望再次获得有用信息,对媒介的依赖性就越强烈。[1] 高校大学生对网络的依赖使其思维方式发生了一定的变化。以往高校党团的教育可以有效培养学生发散的思维方式,但是网络信息技术呈现出来的信息是直观的和具体的,容易使学生不再去思考,而是直观地去看,不利于学生多维思维方式的形成。再有通过网络信息技术可以快速地各种渠道的的信息,真假难辨使高校党团教育面临挑战,需要高校党团方面的教师及时更新观念,利用网络信息技术对学生进行合理的教育和引导。高校教师必须转变思维方式。首先,由传统的教学模式向网络信息技术下的教学模式转变。高校党团教师要根据学生的特点不断研究和探索,重视校园网络安全的建设,加强对学生进行网络安全教育。其次,教师也需要掌握一定的网络信息技术,当前高校党团工作者有再深的理论功底,一旦网络信息技术不行,也很难走进学生心里,以对其进行指导和教育。高校党团工作者要利用互联网技术在网络中通过各种形式与学生聊天、谈心,使青年形成正确的世界观和价值观。最后,高校要不断重视对教师网络信息技术的培养,给教师创造时间和条件去学习,在新形势下不断更新教师的观念,在新的背景下,利用网络信息技术更好地发挥高校党团教育的效果和作用。

3. 加强高校思想政治教育师资队伍专业化建设的路径

(1)加强教师职业规划教育

简单来说,教师职业规划教育要通过各种有效的教育途径,来引导和帮助师

---

[1] 单晓红. 媒介素养引论[M]. 杭州:浙江大学出版社,2008.03.

范生对自己的教师职业发展有明晰的认识和规划,进而树立坚定的教师职业观和正确的教育价值观。当前,大部分思想政治专业师范生没有自己的职业规划,无法准确定位自己的职业发展方向,究其原因在于高师院校教师职业规划教育缺乏系统性和规范性,教育内容和形式单一且具有滞后性,未能从整个大学期间统筹学生的教师职业规划教育。对此,高师院校必须高度重视对师范生的教师职业规划,从新生入学伊始就要统筹规划、全面监督。一方面,要高度重视课堂教学在教师职业规划教育中的重要地位。在高校课程设置中要加入与教师职业规划与指导方面相关的课程内容,教师要注意向学生讲述教师职业的光荣感和使命感,以及教师职业肩负的育人传道的重大社会责任,逐步引导师范生对教师职业树立一个正确的、全新的教师职业观。另一方面,全面肯定实践教学活动对师范生从事教师职业的引领功能,充分发挥微格教学、教育实习、顶岗支教等一系列学校实践教学活动在塑造师范生教师职业理想过程中的重要作用。同时,在实践教学活动中要强化师范生对中学思想政治课程改革新要求的深刻认识,全面反省自己教师职业素质方面存在的不足,培养专业精神,实现思想政治专业师范生教师职业素养的全面提升。

（2）创新教学思维方式

新时代背景下,要求思想政治课教师在学习过程中必须加强思维创新,以辩证唯物主义来应对出现的问题,通过不断地改进思想政治课的课堂教学效果,激发学生的学习兴趣,帮助学生形成正确的信仰和世界观,掌握先进的思维方法。思维要新,其关键在于方法论的正确性,在方法论的指导下开展相关活动。目前,党和国家在这一方面的工作主要集中在三个方面:第一,高校思想政治教师必须以马克思主义理论为指导,在历史研究方面坚持辩证唯物论和历史唯物论,以此更加深刻地认识历史的发展趋势,实现理论和实践相结合,此外,相关媒体还需要占领好舆论高地,切切实实地讲好中国故事;第二,在课堂教学过程中引入创新思维,通过新技术和新理念的应用,搞好课堂教学;第三,教师应该提升自我价值,顺应新时代的发展要求,突出思想政治课堂教学的核心价值导向。通过教学创新,改善高校大学生的课堂体验,提升学生的政治水平,帮助高校大学生了解国际形势。

（3）适应新课改要求

在引导学生树立坚定的教师职业意识,强化对学生教师职业规划教育的基础上,高师院校还要促使每一位师范生端正自己的学习态度,增强学习的主动性和自觉性,针对新课改教学的新要求,努力完善自身的知识结构,提高教育教学素质。目前来看,当前部分思想政治专业学生教师职业发展规划不明确,对中学政治课程新课改的价值理念和对教师的新要求缺乏学习的主动性和从教能力锻炼的自觉性,这是当前师范生不能很好地适应新课改背景下中学政治课教师岗位的重要因素之一。首先,在思想观念上,要引导学生全面、正确认识基础教育课程改革对教师岗位的新要求,有针对性地根据课改要求查漏补缺,对于自己欠缺的方面要积极主动地弥补和改正,对于表现较好的方面要继续保持并能够精益求精,努力提升符合时代需要的全面的教师职业素养。其次,要端正专业学习态度,刻苦钻研专业知识,形成综合性、多元化的知识结构,这是师范生从事教师职业的必备法宝。最后,作为将来的中学政治课教师要掌握良好的交流与沟通技巧,要注意情感的投入和思想的交流。

(4)加强学生人格教育

教师的人格修养如何关系到学校的教育教学质量和未来国民素质的高低。加强高师思想政治专业学生的人格教育不仅是素质教育和时代需要的呼唤,同时也是高校深化教学改革内容的方向和目标之一。长期以来,高师教育过分强调专业知识的灌输而忽视人文精神教育的渗透,使高师人格教育质量不高并且流于形式,造成人格教育的缺失。因此,高师思想政治专业的教师培养工作应做到以下两点。首先,培养师范生坚定的政治品格。政治品格在思想政治课教师的人格修养中处于首要的位置,它是指导师范生树立其他一切人格品质的关键性因素。因此,高师教育要通过政治性的理论宣讲和实践性的社会政治活动,充分激发学生参与社会政治生活的积极主动性,使师范生不仅要从内心深处有提高自身人格修养的强烈意愿和自觉意识,还要真正从行动上加强坚定的政治信念和完善的政治品格的锻炼与提升。其次,培养师范生正确的育人价值观和良好的道德品质,这是师范生从事教师职业所必须具备的育人的根本素质,它在师范生人格素质中发挥着决定性的作用。思想政治专业与其他应用性、操作性课程最大的不同之处在于,教育者不能仅仅注重对学生显性的理论教育和硬性的书面灌输,而应该将大部分时间和精力都用在研究学生的思想、关注学生的心理健康状态上,要教会学生树立正确的价值观念和健康的生活态度。这就要求师范生要严格要求自己的一言一行,从生活中的一点一滴做起,严格规范自己的行为,做到传授知识与为人师表两不忘。

(5)加强职业道德素养

对思想政治教师而言,加强自身职业道德建设具有重要意义。社会发展和经济建设都离不开专业技术人才,而道德水平较高、德才兼备的教师才有助于正能量的产生，进而潜移默化地对学生施加影响，不断地向社会输出德才兼备的人才，这对于提升我国思想道德建设具有重要意义。高校思想政治课教师必须认识到职业道德素养在教学过程中的重要性，通过提升自身的人格魅力，在思想政治课堂上取得更好的教学效果。年轻教师应该积极自我学习，发挥中流砥柱的作用；年长教师则需要发挥自身的经验优势，在思想政治课开展过程中继续发挥余热。高校思想政治课应该始终坚持以学生导向为原则，不断地向学生传达关心、关爱、关怀，最大限度地发挥教育优势，在学生成长和发展的过程中发挥引导者的作用。思想政治课教师必须充分贡献自己的力量，在教学研究过程中投入更多的时间和心血，引导学生以更积极的心态来应对问题。

（6）构建学术交流平台

"学术交流"这一名词似乎让我们很容易联想到高校的教授、学者，其实不然，中学也可以构建学术交流平台，以各个学校的教研组为最小的学术交流单位，加强校与校之间、校内教师之间的交流与合作。以下总结几点建议：一是设立高中思想政治课教师学术交流专项基金，学校应积极鼓励高中思想政治课教师参加各种学术会议，要求教师提交高质量的学术论文，以保证会议经费的有效使用；二是建立跨学科交流机制，在高中的各个学科中，思想政治、历史、地理都属于文科类，所以学校可以组织这三科的教师进行交流研讨，对自己课堂教学遇到的疑难问题、探索出新的教学方式方法、近期的学习心得等都可以进行交流借鉴，创新思维、取长补短；三是开展学术竞赛活动，为提高高中思想政治课教师的科研水平，学校可以开展学术竞赛活动，征集优秀的科研论文进行评比，并设置一定的物质奖励以激发教师的积极性，组织各个学科的教师进行切磋交流；四是构建校际学术信息交流平台，由于各个学校间的办学特色、历史文化积淀的差异，所举办的学术交流活动也不尽相同，同时，不同学校的教师的教学理念、科研成果也各有千秋，因此，学校应为教师提供各具特色的学术交流活动，应加强各个兄弟学校的交流合作，组织教师积极利用学校周边的学术资源，到兄弟学校听讲座、进行学术交流；五是构建国际学术信息交流平台，思想政治教育属于意识形态范畴，有人认为思想政治教育无法国际化，因为一旦国际化，就代表我们吸收了西方资本主义的意识形态，其实这完全是无稽之谈，因为构建思想政治教育国际交流平台只是为了吸收借鉴其他国家优秀文化成果，有益于思想政治课教学的教学经验及教学模式等。

（二）辅导员

1. 高校辅导员

辅导，字面上的意思是帮助和指导。辅导员，是指对学生进行辅助性帮助和正确指导的校内工作人员。大学辅导员的早期称谓是"政治辅导员"。对辅导员这一概念，看似非常简单，大家都认为自己对辅导员有所了解，但其实对辅导员的深入认知却十分模糊，这主要是因为其日常行为和工作职责的繁杂，让人难以对辅导员有清晰、明确的认识，并给予其专属的定义。辅导员在高校中要从事和学生相关的日常工作，包括生活、学习、心理辅导、评优评奖、就业创业指导等，有的辅导员还会承担部分教学工作。在高校中辅导员的工作性质还存在着专职和兼职之分，专职辅导员是指专门从事学生管理事务及思想政治引导工作的辅导员；而兼职辅导员多数是因为学院内人手不够，为了辅助专职辅导员工作的研究生或课时较少的在职教师。本书所研究的辅导员是指普通高等学校中全日制本科的专任辅导员。

辅导员不仅是高等学校教师队伍的重要组成部分，更是高校管理不可或缺的一部分，是高校开展思想政治教育的有力保证，是全面切实贯彻学生日常思想政治教育的指导者、是完善管理工作的实施者。因此，辅导员不仅要充分履行教师与干部的双重身份，更要与广大学生建立良好的关系。

高校辅导员走在学生工作的第一线，其主要任务是：一是要当好高校大学生职业生涯的设计师，引导学生树立科学的目标，夯实广大高校大学生日后发展的基础；二是辅导员还是广大高校大学生的老师，因此日常工作中还要充分利用自己的行为、知识、经验更好地引导学生，有效把握学生的心理动态，及时帮助他们有效地解决思想、心理等各方面的困惑，做他们成才路上的引路人；三是辅导员能够成为高校大学生的知心朋友，成为他们健康成长最合格的指引者。辅导员（队伍）管理包括高校或院系依照国家相关制度和政策，对高校辅导员进行选聘、培养、考核、奖励、任用等行为。

2. 高校辅导员的角色定位

（1）思想政治教育的引导者

高校辅导员是开展大学生思想政治教育的重要力量，承担着大量第一线的思想政治教育工作，这是其核心职能的履行，是这个角色自诞生起就肩负的使命。目前，我国高等教育大众化趋势正稳步前进，在校大学生的数量逐年增加。大学生是非常宝贵的人才资源，他们的思想道德、科学文化素质与我国现代化的建设和发展息息相关。所以，在对高校思想政治教育的指引上，辅导员肩负着重要的职责和使命。

（2）身心健康发展的疏导者

大学生涯是青年人社会化的重要阶段，而辅导员又是经常与学生接触的老师，对学生的成长有着潜移默化的影响。因此，对学生身心健康的疏导是辅导员角色扮演的客观要求。学生在大学时期开始摆脱对家长的过多依赖，心理变化比较激烈，容易情绪不稳定和产生心理异常。现在大学生大都是独生子女，他们的个性较强、自我意识明显、认识事物容易片面和极端，缺乏团队意识和集体主义观念。

另外，社会在一定时期贫富差距的拉大，导致学生家庭贫富程度不同。一部分学生容易养成铺张浪费、骄奢的生活态度；而有些学生容易产生自卑、内向和孤僻心理。这些心理异常都不利于学生的健康成长。应对这些问题，辅导员要担当好心理辅导者的角色，要及时了解社会发展的需要，了解学生的情绪状况和心理走向，掌握和运用心理学的方法，多对学生沟通疏导，结合学生身心健康发展开展合适的心理健康辅导，而对个别问题又要有针对性的疏导，努力使学生养成积极、向上的生活态度。要让学生在实践中认识社会，培养其面对挫折的心理承受能力和抗压力。

（3）校园和谐建设的助推者

校园和谐涉及多方面因素，例如人际关系的协调、校园环境的优化、校园文化的建设和校园危机的处理等问题。构建和谐校园是构建和谐社会的题中应有之义，是彰显以人为本的教育理念、培养高素质人才的迫切需要。

通过对学生日常生活的服务和管理，引导学生参加各类社团和社会实践、组织开展寝室文化活动，既丰富了学生业余文化生活，使他们调整了知识结构，又陶冶了其道德情操，提高了其思想水平，密切了人际关系。这些活动也极大地促进了校园文化建设。在开展日常安全教育，增强学生的危机意识和政治敏锐性，预防和处理校园突发事件等方面，辅导员也是责任重大的。学生在校一旦发生问题，首先想到的就是向与学生日常生活紧密联系的辅导员寻求帮助。面对突发情况，辅导员往往第一时间了解信息。此时，辅导员对事件的最初反应、把握和初期处理手段可以说将直接影响到事件能否最终圆满解决。校园突发事件的善后心理干预工作也很重要，在重大事件中一个人的不幸身亡或受伤害会给周围百人以上带来情绪波动和氛围低落等现象。辅导员应该及时开展系统的疏导性工作，帮助学生稳定情绪、平衡心理状态来面对已经发生的现实。

（4）学习和生活的管理者与服务者

学习和生活的管理者与服务者是指辅导员在学生日常生活、学习等方面负有的职责，比如在具体课程和学习方法的选择、日常生活的安排，以及考勤、评优、学籍户口管理、请假等方面的服务和管理，目的在于方便学生学习和生活。

现今大学生绝大多数都是独生子女，不论生活在城市还是农村，都曾长时间地生活在学校和家长的呵护下，比较缺乏自治能力，独立性不强，因此在生活和学习上需要更多的帮助和关心。大学学习以自主学习为主，良好的学习态度和学习方法对于大学生的成才至关重要。在大学里要学习的课程有很多，包括专业课程、选修课程和公共课程，还有各式各样的社团和职业能力培训组织，学生可选择性很广，不容易取舍。大学的生活环境比较宽松和自由，很多学生自控能力不强，容易出现诸如网瘾、旷课、熬夜等现象，对学生的身心健康造成损害。所以，辅导员在学习和生活上要对学生进行适当的管理和服务。

3. 高校辅导员应具备的核心素质

（1）**优秀的道德素质**

高校辅导员要培养学生的优良品格、塑造学生的灵魂。这是由辅导员教育性的特点决定的。辅导员不仅需要向学生传授思想政治教育的有关知识，还要向学生传授做人的道理。这就要求高校辅导员首先要具备良好的思想道德风范。辅导员的个人思想道德风范对学生有重要影响，这种影响是教材、道德格言、奖励和惩罚都不具备的。辅导员良好的个人思想道德风范能够成为学生学习的榜样，潜移默化地影响学生的学习和发展。良好的个人的思想道德风范也能够提高辅导员在学生中的影响力和公信力，使辅导员更易于展开学生工作，提升学生工作的质量和效率。辅导员良好的个人思想道德风范主要包括以下两点。

首先是个人品德，高校辅导员良好的个人品德是指品德高尚，平等地对待学生，为人真实诚恳，对自己有严格的要求。

其次是职业道德，高校辅导员的职业道德有三层内涵：。其一，高校辅导员要有崇高的职业信念，要热爱自己从事的职业，热爱自己的学生，有责任感。在工作中，要保持积极向上的心态，及时了解学生的学习情况。

其二，高校辅导员要有高尚的职业道德品质和精神品质。这些品质能够在工作过程中提高辅导员的感召力，无形地影响学生的学习和未来的发展，使学生的品格更加完善。

其三，高校辅导员要有创新意识。辅导员要针对不同学生的特点，遵循因材施教的理念对其进行教育。同时，辅导员要大胆创新，改革教学模式和教学方法，更好地为学生服务。

现阶段，我国高校辅导员已经清晰地认识到了当今形势下的高校思想政治教育的作用和认识，能够将思想政治教育作为伟大的事业来完成，并在工作过程中表现出责任感、使命感、职业荣誉感和奉献精神。但要注意的是，在社会主义市场经济条件下，物质财富极大地提高，部分人的价值取向逐渐呈现出多元化的特点，人们的价值追求出现了问题，由追求长远的目标转变为追求眼前的目标，由追求精神富足转为追求物质财富，由追求集体利益转为追求个人享受。受到这些价值观念转变的影响，一些高校辅导员对思想政治教育工作的认识发生了动摇，出现了工作不积极、不认真，工作主动性不足等问题。

在当今形式下，高校辅导员工作任务艰巨、工作难度高、责任大。辅导员要高质量地完成本职工作需要付出自己的休息时间，而辅导员的待遇与辅导员的付出不符，导致一些辅导员出现心理落差，责任意识和敬业意识开始淡化，并表现为工作中的种种问题。因此，要增强高校辅导员的素质和能力，引导他们形成对高校思想政治教育的作用的正确认识，提高他们的责任意识和敬业意识，提高他们对所从事的职业的认同感。

（2）良好的心理素质

高校辅导员要切实贯彻学校的教学计划、协调学生与学校之间的关系。这些工作的完成，都需要良好的心理素质作为支撑。良好的心理素质能够帮助高校辅导员更好地完成学生工作。辅导员的工作十分繁复，处理好这些工作要求辅导员要具备以下几项心理素质。

首先，辅导员要对学生工作充满热情，要有完成工作的耐心。

其次，辅导员要有宽和的心态，面对突然出现的情况要不急不躁，面对工作上的误解要不愠不怒。在学生不配合自己的工作时要平和处理，积极与学生沟通，不可粗暴对待。

再次，辅导员要富有爱心，要关心学生在思想或情感上的问题，引导学生走出困境。

最后，辅导员要有进取心和坚定的毅力，要能够应对工作中出现的问题和挑战。

4. 高校辅导员应具备的核心能力

（1）组织协调能力

一般情况下，高校辅导员要管理的学生约有一百多人，面对如此庞大的群体，要求辅导员要具有组织管理能力和协调沟通能力。在工作中使用科学的管理方法能够培养学生的独立意识、现代生活观念和人文精神。随着时代的发展，当代高校大学生有着强烈的民主意识和自主观念，这就要求辅导员要使用科学的管理方法对其进行管理。如建立公正合理的规章制度对学生进行管理。建立科学合理的规章制度并切实地执行能够展现辅导员的管理能力和管理素质。同时，辅导员还要与学校的各个部门积极沟通、协调工作。良好的沟通协调能力是高校辅导员的一种专业能力。良好的沟通协调能力不仅应用于与学校各个部门的沟通，也应用于与学生的沟通。积极有效的沟通能够促进学生工作的展开。

高校辅导员的组织协调能力包括班级结构设计、班级人员配备、指导班级实现学习目标。班级结构设计要以班级整体目标和班级的主要任务为基础。

（2）语言表达能力

高校辅导员要具备良好的语言表达能力，在对学生进行思想政治教育和展开学生工作时要使用内容丰富、逻辑严谨、形象生动的语言。语言表达能力对于高校辅导员来说至关重要，辅导员要掌握一定的表达技巧，使自己的语言表达准确、严密、生动。高校辅导员要掌握交流沟通和论辩的技巧，能够准确完整地表达自己的观点，要善于做演讲和宣讲。此外，高校辅导员要能够使用语言将自己的工作思路条理清晰地表达出来，以便向学校领导汇报工作。

思想政治教育主要通过语言完成教师和学生之间的交流。因此，语言表达对于辅导员的工作的完成有重要影响。

高校辅导员的语言表达要适应学生的层次性的特点。高校学生有层次性的特点，这些学生来自不同的年龄层，有各自不同的经历，具有互不相同的性格和素质等。这就要求高校辅导员要在与不同的学生沟通时采取不同的语言表达技巧。

对于勤奋好学的学生要使用委婉的侧面提醒的方法，使这一类型的学生能够及时发现自己在学习中存在的问题和不足之处；对于平时不遵守学校规章制度和课堂纪律的学生要使用严肃批评的方法，直接对其不良习惯给出严厉的警告；对于自尊心较强的学生要使用柔和、委婉的语言向其讲授道理；对于性格活泼的学生要使用活泼生动的语言对其进行教育；对于学生干部要采取直接沟通的方式，直接指出学生工作中的问题；对于学习成绩处于班级中层的学生要使用激励性政策鼓励他们努力学习；对于学习成绩不佳的学生要使用开导性的语言，劝其努力学习。总之，高校辅导员要根据学生的不同层次使用不同的语言表达方式，针对学生的具体问题给出建议。首先，高校辅导员的语言表达要满足学生的爱的需要。高校辅导员要保证能够为学生提出正确的建议，在向学生提出建议的同时还要得到学生的尊重和爱戴。高校辅导员要在语言表达中表达出学生的关心和爱。高校辅导员如果不是发自内心地喜爱学生，那么他的语言表达将是苍白无力的。高校辅导员需要对学生进行严格管理，但要通过耐心的教诲实现对学生的严格管理。其次，高校辅导员的语言表达要满足学生获得尊重的需要。高校学生有较强的独立意识和强烈的自尊心，针对这一特点，高校辅导员应在学生工作中使用恰当的语言激发学生的自尊心，使其发奋学习，实现在平和的语境中获得最佳的表达效果。最后，高校辅导员可以使用幽默的语言向学生讲述道理。幽默的语言能够吸引学生的注意力，提高教学效率。

（3）服务学生的能力

高校辅导员既是教育者又是管理者，同时也是服务者，在全面推进素质教育的工作中具有重要力量。高校辅导员应具备服务学生的能力，以扮演好服务者的角色。在当今社会主义市场经济大发展的条件下，由现实问题带来的思想问题越来越多。一般来讲，高校大学生绝大部分的思想问题是由现实问题引起的，辅导员要想办法积极、有效地解决高校大学生存在的现实问题。对于不能及时、有效解决的现实问题，辅导员要对学生进行心理疏导，减轻学生的心理压力。现阶段高校毕业生面临很大的就业压力，毕业生急需就业指导和就业帮助。辅导员与学生的关系最为密切，在毕业生的就业指导工作中具有重要作用。高校辅导员应为毕业生提供必要的就业指导和就业服务，指导毕业生科学择业，减轻毕业生的焦虑。

（4）自我控制和驾驭复杂局面的能力

高校辅导员要掌握一定的心理学知识和心理发展规律并对自己的心理特征有一定的了解，以帮助自己形成对辅导员角色的具体认识。在工作过程中，辅导员要面对来自各个方面的各种各样的问题，心理状态和情绪难免出现波动。这时辅导员就需要使用心理学知识调整心态、平稳情绪，以保证顺利完成工作。此外，高校辅导员需要在工作过程中保持良好的情绪，这样能够提高工作效率，也能使辅导员更受学生的欢迎。现代社会不断发展，社会中出现了很多不确定因素。高校辅导员主要负责学生的思想政治教育，与学生的接触也最为频繁，因此会遇到很多不确定因素。为有效应对这些不确定因素，高校辅导员应在实践中不断锻炼自己，分析影响学生行为和思想的各种因素，以便在面对复杂问题时能够快速判断成因，及时找出应对策略。

5. 高校辅导员队伍建设路径

（1）凝聚辅导员职业文化

在长期的实践和发展中，每一种职业都会在条件成熟时形成专属的文化。这种精神文化是该群体共同的理想信念、价值观念、职业习惯等综合而成的，反映了该群体的特征，是群体的灵魂和精神纽带。辅导员的职业文化也是如此，它能够增强辅导员个体的归属感和集体感，从而产生推动整体进步的凝聚力。

①成立辅导员研究协会

精神文化具有内生性的特点，换言之，辅导员的职业文化只能依靠辅导员全体成员的共同创造产生，而不能靠移植、复制而得。辅导员共同体创造文化需要依托于特定的辅导员组织，而不是散落的、单个的辅导员个体。放眼全国，有关辅导员的协会或者组织发展不够充分，中国高等教育学会辅导员工作研究分会（Fudaoyuan affairs research branch of China higher education association，FAR）作为全国性的辅导员协会"出场率"不高，其官方网站建设略显滞后，版块信息少而且更新慢，有些甚至停留在2014年，整体上并没有发挥出其应有的作用。地区或者高校性的辅导员协会数量也相对较少，江苏省高校辅导员工作研究会、合肥师范学院辅导员协会、华侨大学辅导员协会等是为数不多的代表。

群体是由若干个体组成的，个体通过一定的方式发生相互作用，在相互作用中逐步建立稳定的关系，进而发展成某种感情，这种情感因素对于群体任务的完成起着重要作用。

高校辅导员协会等组织的建立对于增强辅导员群体凝聚力、繁荣辅导员职业文化是至关重要的。因此，要鼓励成立高校或者省市级的辅导员组织，辅导员群体规模较小的高校或者省市可以联合周边，成立地区性的辅导员组织。更重要的是，辅导员协会等组织成立之后要切实发挥作用，凝聚地区内的辅导员个体，否则，一切都将是摆设。

②搭建合作交流的平台

辅导员职业文化的发展要在依托辅导员研究协会，以及颇具影响力的期刊的基础之上努力搭建辅导员的合作交流平台。一方面，可以通过建立线上和线下的平台，拓宽辅导员相互交流学习的渠道。线上可以建立和运营辅导员专门的网站和数据库，共享丰富的资源，达到共同进步的目的。线上平台取得成功的关键在于运营和管理，要保证线上平台信息：一是"广"，即信息尽可能地全面；二是"精"，即信息的针对性和高质量；三是"快"，即信息的及时有效性。另一方面，线下要积极筹备高校范围内的、地区范围内的辅导员职业技能大赛、辅导员论坛、"优秀辅导员"评选等活动，促进辅导员相互合作交流的同时，激励辅导员快速成长。

综上所述，无论是成立辅导员研究协会，还是搭建合作交流的平台，主要的深层目的是繁荣辅导员职业文化，凸显专属于辅导员的文化特质，进而增强辅导员的归属感和认同感，形成辅导员群体的强大内驱力。

（2）完善辅导员管理机制

①优化辅导员管理结构

国家层面要通过宏观层面的政策调整，对高校学生工作队伍进行分工结构的优化，给出分解具体的角色任务的指导性意见。辅导员角色职责是否明确直接影响其任职条件、工作方式、角色认同等方面内容。关系着全国高校辅导员队伍的建设和职业发展问题，也是亟待有效解决的瓶颈问题。虽然高校辅导员在实际工作生活中所享受到的待遇、社会地位一般，但是社会各界却给予了他们很高的期望，而辅导员自身的能力又是非常有限的，他们所能够承受的责任与社会要求他们所要承担的角色尚有一定差距。对于学生及学生的家长而言，他们就是传承思想政治教育的桥梁，但是不可否认的是，很多时候辅导员也被有意无意地当成"奶妈""保姆"，甚至被认为应该是全能的，并以此作为衡量一个辅导员是否履行自己职责，是不是一个合格的辅导员的标准。显然这样的评判方法是不科学的、是不公平的。除此之外，另一方面是过多的考核评判、考核指标，举个例子，就业违约率、违纪率等也常常被看作是辅导员没有切实履行自身的职责，没有认真做好自身的本职工作。在理想与现实中，辅导员难免左右失衡，不知道要何去何从，加之其隐性的、模糊的工作成效无法被量化。面对学校的高标准严要求，辅导员承担着较大的工作压力，学生在行为和思想的任何方面出现的问题仿佛都是辅导员之过。面对这一现状，需要特别强化动员、宣传工作，让广大高校大学生、家长、社会大众能够深刻体会辅导员工作的重要性，能够以更理性的态度对待高校辅导员的工作。举个例子，在面对学生在思想、心理和行为等各方面出现偏差的时候，能够以更理智的态度对待。

②开展职业规划

首先是培养专门人才。高校应着手开设辅导员培训的相关课程，培养具有专业知识与能力的辅导员。由于我国没有专门的辅导员课程，可以参照国外的课程设置，并与我国的实际情况相联系。我国高校都开设思想政治教育类的课程，可以将这类课程与思想政治教育相结合，开展思想政治教育、心理教育等。可以通过这些课程的设置实现辅导员的专业化建设。高校可以选择具有一定实践经验或者接受过类似教育的人来担任高校的辅导员，再结合高校的实际情况，进一步确定高校辅导员的数量与结构。

其次是设立辅导员专业职称。高校辅导员的薪资待遇水平与专门的任课教师之间存在很大差异。就目前的发展情况来看，应该为辅导员职称评定设置一个专门的标准，纳入学校教师职称评定的体制之中。学生工作部门可以根据辅导员的工作性质，将思想政治教育职称单独罗列出来，形成指标，设置相应的职称与职务。这样一来，高校的辅导员就有了发展的空间与晋升的平台，可以进一步激发辅导员的工作热情，提升高校辅导员工作的职业化与规范化。

再次是设立专门的辅导员工作机构。高校辅导员的工作职责不应该是包揽所有的工作，而应该是有明确的职责划分，更不应让高校辅导员受到多层的管理。因此，建立专门的辅导员工作机构，使其工作具有一定的安全感，更有利于工作的顺利进行。

最后是建立一整套的制度规范。要完善相关的体制规范，建立一套完整的制度规范。不管是在选聘、培训、考核、晋升、激励，还是在保障制度方面，都应该有一定的制度规范，这样有利于对高校辅导员进行统一管理，规范人才流动。

③完善辅导员选聘机制

高校辅导员的选聘工作作为开启辅导员工作生涯的重要一步，选择合适的人才成为高校辅导员队伍中的一分子就显得尤为重要。辅导员的主要工作是对高校大学生进行思想政治教育，需要一定的学历、实践能力、相关经验等。这样挑选出来的人才会更好地做好高校的辅导员工作。

很多没有接受过系统培训的新辅导员，只能是边工作边摸索，不利于辅导员工作的顺利开展。因此，建立严格的选聘制度是非常有必要的，要遵循相关的原则，按照规定标准进行招聘。还可以鼓励高校专业课程的任课教师来从事兼职辅导员工作。专业课程的任课教师与学生接触的时间较长，不仅具备丰富的教学经验，还具备一定的学生基础，可以利用课上与课下的时间完成对学生的教育。选聘辅导员一定要注重规范与科学，尽量兼顾年龄结构、知识体系、实践经验、性别比例、数量结构的合理性，最大限度地优化高校辅导员的队伍，提升辅导员队伍的职业化水平。

④明确辅导员岗位职责

近年来，随着我国高校的扩招，学生人数也急剧增加，学生工作几乎覆盖校园里的每个角落，无形中进一步加大了辅导员的工作压力。因此，科学地界定高校辅导员的职责边际，使其认清自己的角色、岗位职责和职能发挥，就显得尤为重要。明确辅导员的工作职责需要高校和院系的共同努力，创造性地做好以下几个方面。

一是高校和院系应在以思想政治教育为核心，以学生的发展为主导，以学生事务管理为基础的，制订详细的辅导员工作说明；应当明确本职工作的内容和行为规范，以及工作的时间等。明确辅导员工作需要具备的相关技能和知识，进而使辅导员工作有章可循。

二是高校应该成立专门的学生事务管理部门以便于划清各职能部门和相关人员的责任，切实贯彻、明确工作职责和工作程序，可以减轻辅导员的事务性工作负担。举个例子，寝室卫生检查工作可以由专门的公寓卫生委员会执行，其成员可以由学生组成。而在类似的工作中，辅导员则作为学生权益的保护者和教育引导者参与。这样有利于为辅导员减负，使其真正的有时间来扮演好思想政治教育的引导者角色。

三是高校和院系领导部门应该允许辅导员在其工作范围内，拥有相对自主、独立的话语权和处理事务的权利。在不违反相关规章的前提下，尽可能地减少对辅导员创造性劳动和工作的干预，尊重辅导员对自己分内工作的统筹规划。

⑤健全管理和保障制度

要完善相关的激励机制，增强辅导员的职业认同感与归属感。高校不仅要保障他们培训与进修的权利，还要保障他们有公平的晋升机会，不断增强他们的职业认同感。

高校应该充分认可辅导员的相关工作，适当增加他们的岗位津贴，在生活中给予他们适当的关心。这有利于激发高校辅导员工作的积极性与主动性，使他们在工作中得到满足，增强归属感，产生长期从事这项工作的想法，不断增强自身的实力，不断推进辅导员职业化的进程。

⑥制定科学合理的考核制度

辅导员的工作性质就决定了辅导员工作的特点，不仅消耗辅导员的工作精力，还会给他们带来很大的精神压力。这样的工作能不能得到一定的认可，会直接影响高校辅导员工作的热情，高校需要对此加强注意，制定科学合理的考核制度，保障辅导员的相关权益。为了确保高校辅导员的相关权益，根据高校辅导员的工作特点、工作范围、工作性质，制定相对科学合理的考核制度，建立健全相关的考核指标。制定之后，要严格、切实贯彻。也就是说这是建立在辅导员全面工作的领导评价体系、同事评价体系、学生评价体系、自我评价体系之上的综合考核机制。

（3）提升辅导员职业素养

①高校辅导员职业素养提升的意义

辅导员对责任、义务等方面的认识都会影响到其是否能够在工作中充分发挥自身的角色作用,对以上因素的认知水平直接制约着其在岗位中做什么,应该做些什么及怎么去做。客观上说只有强化自身的角色意识,才能全面走出职位的困惑,只有这样才能及时纠正认知上的偏差,从而形成主动学习、强化工作的理念。同时要求辅导员在日常的工作中要按照《高等学校辅导员职业能力标准(暂行)》[1]中的相关规定,严格要求自己,充分发挥榜样的作用。积极向优秀辅导员、年度人物学习。通过不断的自我提升以及参加各种培训,让自己获得更多的理论知识,优化知识结构,不断提高自身的职业素养。首先,使自己具备过硬的政治觉悟、良好的职业修养和道德品质,强化自身的管理能力、协调能力,力求各方面都能够尽善尽美地表现自己,促进自身的全面发展。其次,要求辅导人员在日常的工作中还要真正地从知识、地理、行为、认知等各方面入手,做好心理的自我调适,全面提升自我适应能力、心理素质和健康水平。再次,树立正确的世界观、人生观和价值观,积极调适辅导员的心理水平,形成与辅导员身份相适应的健全的人格。最后,时刻保持清醒的头脑,遵守相关的规定,言行一致充分发挥榜样的作用,可以说这是对于广大辅导员最为基本的素质要求。总之只有全面促进自身发展,才能缓解角色困惑,才能使自己在工作中充分发挥优势。

②高校辅导员职业素养提升的原则

第一是政治第一原则。高校辅导员职业素养的提升坚持政治第一原则,就是在他们职业素养提升的过程中始终坚持把政治意识摆在首位。这不仅是党和政府对高校辅导员的要求,而且也是高校辅导员完成工作职责和培养合格人才的要求。高校辅导员职业素养的四个维度中,职业意识本质上就是政治意识,这是职业素养体系的灵魂。所以,在提升高校辅导员的职业素养的过程中,务必始终坚持政治第一原则。

第二是以人为本原则。高校辅导员职业素养的提升坚持以人为本的原则,就是要在提升他们的职业素养的进程中,把自身和高校大学生个体两者的利益作为根本立足点和出发点。这是作为高校辅导员职业素养提升主体的高校辅导员的根本要求和内在诉求,也是培养又红又专、德才兼备、全面发展的高校大学生的迫切需要和现实需求。

第三是实践锤炼原则。高校辅导员职业素养提升要坚持实践锤炼的原则,就是在提升他们的职业素养的过程中要以实实在在的实践行动为基础,一切从实际

[1] 教育部.教育部关于印发《高等学校辅导员职业能力标准(暂行)》的通知[EB/OL](2014—03—27)[2021—07—30].http://www.moe.gov.cn/srcsite/A12/s7060/201403/t201403_167113.html.

出发，理论联系实际，在实践中检验提升的措施和体系，从而不断优化和完善提升的措施和体系。高校辅导员的职业素养提升是一个持续变化发展的动态体系，不可能一蹴而就，需要日积月累、持之以恒、久久为功。当前社会经济发展日新月异，国际竞争异常激烈，世界形势复杂多变，社会思潮激烈碰撞，文化交流异常频繁、形式多样，培养适合时代发展的、具有核心竞争力的高校大学生尤为迫切。

第四是系统提升原则。在高校辅导员职业素养的提升过程中，如果只提升职业知识，不提升职业意识，那么其提升过程就像缺失雷达的飞机迷失方向；如果只提升职业能力，不提升职业道德，那么其提升过程就会"兵败如山倒"。不能只选其一或者其二，要把握每一维度之间的关系和联系。

③高校辅导员职业素养提升的途径

首先，提高辅导员职业意识的政治站位。职业意识体现的是党和政府对高校辅导员角色定位的本质要求、高校辅导员的工作职责和发展要求、高校大学生发展和成长的现实需要。要提升高校辅导员职业素养，遵循政治第一原则、以人为本原则、实践锻炼原则、系统提升原则，首要的是提高高校辅导员职业意识的政治站位。

其次，加强辅导员职业道德的内涵建设。在高校辅导员职业素养的结构模型中，可以发现职业道德是辅导员职业素养的重要组成部分。它是辅导员修身立业、价值追求和工作态度的集中体现，是这一群体可持续发展和高校大学生健康成长的重要条件。要提升辅导员职业素养，在遵循政治第一、以人为本、实践锻炼、系统提升等原则的基础上，加强辅导员职业道德的内涵建设显得尤为重要和关键。

再次，提升辅导员职业能力和职业知识的层次水平。基于辅导员职业素养的结构模型看来，高校辅导员职业能力是这一群体完成立德树人根本任务的关键能力，是这一群体工作内容的本质需要，集中反映了这一群体的职责所在，是高校辅导员和高校大学生职业发展的本质需要。高校辅导员职业知识是知识和文化积累、传承及创新的源泉和基础，是高校辅导员把握教育教学规律、学生成长规律的保障，是促进高校辅导员和高校大学生全面发展的基础力量。要提升高校辅导员职业素养，在遵循政治第一、以人为本、实践锻炼、系统提升等原则的基础上，提升辅导员职业能力和职业知识的层次水平是基础保障。

最后凝聚辅导员职业文化在长期实践和发展中。每一种职业都会在条件成熟时形成专属的文化，这种精神文化是该群体共同的理想信念、价值观念、职业习惯等在综合而成的，反映了该群体的特征，是群体的灵魂和精神纽带。辅导员的职业文化也是如此，它能够增强辅导员个体的归属感和集体感，从而产生推动整体进步的凝聚力。

（4）健全激励机制

高校思想政治工作队伍的激励机制可以分为四个部分。

①角色激励

高校每位思想政治工作者都要有高度的责任感和使命感，明确自己的角色定位，尽职尽责。根据责任的轻重，研究思想政治工作队伍不同岗位的工作量计算标准，来给予津贴，加大表彰激励力度，推进切实贯彻思想政治工作的动力层层提升。

②目标激励

把制订的思想政治工作目标分为长期和短期目标，根据完成每个阶段目标的实际情况进行绩效考核，分阶段、分内容地进行公开评判，对完成情况好的人员进行嘉奖，以激发队伍成员的工作动力。

③典型激励

在高校中树立学习榜样，表彰先进，营造思想政治工作队伍崇尚先进、学习先进、争当先进的氛围。高校应该重点发掘工作者的闪光事迹，对有培养潜质的先进典型随时上报。高校还可以开展优秀教育成果奖评选活动，形成自下而上推荐和自上而下挖掘的主要手段。

④物质激励与精神激励相结合

对思想政治工作上有突出贡献的先进工作者及时给予物质奖励，并与精神激励结合起来，使表彰激励作用有效发挥。第一，高校要完善各种与思想政治工作队伍密切相关的工作机制，如津贴制度、岗位聘任、职称评聘等。第二，在完善基本的工作机制的同时，在表彰大会、校报、媒体等方面宣传先进事迹，激发工作者争先创优的积极性。

（5）保障辅导员物质利益

对人们而言，辅导员工作是获得实物或报酬的一种手段，因此，辅导员的物质利益是不可回避的话题，这也是促使辅导员现代转型的物质基础。可以从两个方面保障辅导员的物质利益：一是直接提高辅导员的薪资待遇；二是疏通辅导员的晋升渠道。

①健全辅导员物质保障机制

亚伯拉罕·H. 马斯洛（Abraham H. Maslow）认为人的需要区分为五个层次，处于最底层的需要是生理需要，即由生理决定的需要，如对食物、住宿、睡眠的需要。在工作中，生理需要通常被转化为对更多金钱的需求和期待。因此，提高辅导员的物质待遇、改善辅导员的经济状况是辅导员实现现代转型的物质基础。

提高辅导员的物质待遇可以从几个方面入手：其一，在工资待遇上，要以教师的身份，按照他们被聘的专业技术职务确定他们的工资标准，使辅导员的工资与本校其他教师的同一专业技术职务的工资相同；其二，行政岗位有限，行政职级上不去，但是薪水酬劳可以上涨，对于优秀的高校辅导员，由于某些原因行政职级可以暂时不予评定，但是要匹配相应的薪资酬劳；其三，对于高校辅导员承担的相关课程的教学工作，予以课时补贴。

②建立合理的流动和退出机制

高校辅导员的"双线晋升"是比较合理的，也是我国将会长期坚持的机制。"双线晋升"机制提高了高校辅导员的工作热情，留住了富有经验的辅导员，从而有利于形成合理的高校辅导员"老中青"队伍结构，同时，也有利于高校辅导员由单纯管理者向教学、服务、研究"三位一体"复合角色转换。

但是，这一机制在实际运行过程中效果并不显著，高校辅导员晋升缓慢，整体专家化水平较低，这主要是晋升渠道狭窄所导致的。由于行政管理岗位是有限的，且行政职位的设置都是"金字塔结构"的，所以行政职位级别越高难度越大。建立合理的流动和退出机制有利于破除这一困境。对于优秀的高校辅导员要予以表彰并大胆提拔使用，对于不符合要求的、表现不好的人员要及时调整或者清退，鼓励良性竞争，保持队伍的活力。此外，对于违反有关规定和条例的辅导员可以取消或者推迟其申请晋升的资格。举个例子，黑龙江大学规定，受记过以上处分者，延迟2年以上申报，受处分期间，不能申报。

③成立专门职务聘任委员会

辅导员职务聘任委员会的主要任务就是结合各校实际，制订辅导员评聘教师职务的具体条件，负责本校专职辅导员专业技术职务聘任工作。在评聘过程中要注意两点：其一，突出学生工作的重要性，尤其是对于新入职的辅导员应该侧重于工作考查；其二，坚持教学表现、科研能力和学生工作业绩相结合的原则，协调好三个因素在考核评定中的比例，统筹兼顾到不同年龄、各有特长的辅导员。客观来说，高校辅导员的科研能力和精力是无法与专业教师相竞争的，所以相对难以达到职称评定的指标要求，这无形中缩窄了高校辅导员的晋升通道。成立高校专门职务聘任委员会的目的就是将辅导员与专业教师的职称聘任区分开来，以保障高校辅导员晋升渠道的畅通，从而保障辅导员的物质利益。

（6）开展辅导员职业培训

针对目前高校辅导员，尤其是年轻辅导员专业功底薄弱、业务水平不高等现状，开展有针对性、实践性、系统性的辅导员培训是十分必要且有重大意义的。中共中央、教育部每5年做一次普通高等学校辅导员培训规划，旨在提高辅导员的培训质量，推进辅导员队伍建设。培训是提高辅导员思想政治素质、职业素养、业务水平的有效举措，是增强教育效果行之有效的方式。

①开展职业培训的原则

高校思想政治教育的多种培训包含讲座、报告、工作坊、沙龙、训练营等形式。有效的培训可以帮助刚加入工作队伍的新人迅速成长，也可以帮助一些有工作经验的工作者调整工作思路、丰富工作手段。在开展多方面培训的时候需要遵循三个原则。

首先是针对性原则。一些高校确实有组织许多培训，但是效果不佳，许多辅导员老师、思想政治理论课老师将其视为工作任务来应付，不但没有帮助其成长，反而浪费了大量人力、物力、财力。针对性原则就要求组织部门在组织培训时应该结合工作实际、考虑时代热点，针对当前高校辅导员最薄弱的环节、最缺乏的技能去组织培训，针对当下最热的思想政治教育内容去组织培训，针对高校大学生群体最突出的问题去组织培训。这样才能将培训落到实处，确切地帮助高校辅导员成长。

其次是实践性原则。实践是检验真理的唯一标准，人的思维是否具有客观的真理性，这是一个实践问题，而不是理论问题。培训也是如此。思想政治教育是一个操作性和实践性很强的工作，聆听别人的讲座报告难免有些"纸上谈兵"。因此，要多一些训练营之类的能够让受培训者参与其中的方式，少一些大会报告的形式，这样高校辅导员才能更好地在实践中反思自己过去的工作方法，寻找更好的方法。

最后是系统性原则。任何一项工作都是系统工程，应该循序渐进地、由此及彼地培养高校辅导员的能力。培训如果多而杂，不仅没有效果，反而会加重高校辅导员的工作，因为这是他们必须完成的上级下发的任务。因此，在有针对性地选择培训之后，还要注重培训整体的系统性，要让多种培训由点串成线，达到更好的效果。

②建立双向统筹的培训机制

培训部门要充分履行辅导员系统培训的牵头抓总的职能，践行集体调训与个体培训的双向统筹培训规划。一方面，要充分做好基层参加培训的辅导员的信息征集工作，做出有预见性的培训指导思路，在培训周期、培训班次、培训内容和人员集中选择上做好妥善的统筹分配工作，强化宏观管理，规范双向统筹标准，严格执行计划；另一方面，要允许学院及辅导员本人以正当理由适当选择参训班次、时间、形式等，让被培训部门及个人有一定的自主空间。要实行辅导员个体自我需求与社会集体发展、工作实际需要相结合的培训机制。

③更新现代科技的培训方法

引入现代科技手段，不仅包含设备层面的更新换代，还要涵盖培训时间、培训空间、培训形式等多层次的培训方式的更新。一方面，充分发挥新时代科学文明与通用技术的功效，结合网络传输、多媒体设备、远程监控、电化教学等通用的新主要方式，最大限度地突破时间、空间对于辅导员培训教育带来的局限，有效地解决职辅导员工作与其求学心理的冲突矛盾；另一方面，在现有专题讲座、名师演讲等教学模式的基础上，更新培训方式，引入个案分析、场景模拟、小组讨论等新颖途径，丰富授课形式，着重结合辅导员工作生活中的实际情况进行有针对性的分析与研讨，把传教解惑、自思自省、互动互助等行为引入课堂，充分提升辅导员老师的积极参与度与灵活创造力，达到更切实的学有所成、为学生服务的效果。

④辅导员定向式培训

面对目前高校辅导员专业背景多元化的现实，为充分发挥辅导员自身的学科优势及个人特长，在辅导员培训中除了要坚持针对性、实践性、系统性原则，还可以创新培训形式，进行辅导员定向培训。辅导员培训中的定向式培训是指，根据每个人的学科背景或者技术特长的不同，先选择辅导员职能体系中的某一项或者某几项进行深入培训，使其取得在该领域的专家地位。也就是说，先将辅导员按照"1字形"人才培养，而后在此基础上，逐步拓宽其专长领域，转变为"十字形"人才。

举个例子，一位高校辅导员是心理学学科出身，自身对心理学也有一定的兴趣和专长，那么就可以先让其进行心理健康教育与咨询模块的深入培训，帮助其迅速在心理健康教育与咨询领域成长为专家。一般的培训可能安排比较紧凑，种类较多，要在短时间内接受职业生涯规划、心理健康教育、高校大学生党建工作等多方面的培训，受训者的接受效果难以保证。由此，辅导员定向式培训既是当前辅导员学科背景多元化的合理选择，还可以在较短时间内帮助辅导员成为某个领域内的专家，促进辅导员之间的相互交流和相互学习。

(7) 优化辅导员转型环境

自古以来，人才资源一直是各个行业争抢博弈的主要资源之一，确立人才本位的培训理念是确保工作行业发展的第一要义。重视人才资源、加强人才的内生（内部培训）与外引（扩大招聘）是市场竞争的迫切要求。人才本位的培训理念，不是简单地基础知识填鸭式灌输、短期单一技能的文本培训，而是要求辅导员培训组织构建一个长期的、有效的、有体系的培训信仰，以促进辅导员队伍向专家型、思想型、管理型转变，切实提高其领导学生队伍的能力水平。

高校辅导员的现代转型需要良好的外部环境作为保障，这里主要包括社会认可和社会制度保障。社会认可程度反映了社会对辅导员的存在和价值的赞同和尊重程度。良好的社会认同可以给予辅导员不竭的动力，反之，辅导员则会变得消极、沮丧，从而丧失转型的动力。完善的社会制度为辅导员现代转型提供了政策依据，保证辅导员的转型方向。

①提高社会认可程度

社会认可是高校辅导员的社会维度，要回答的是社会是否需要辅导员，以及社会如何看待高校辅导员的问题。对于前者是可以做出肯定回答的。纵观古今中外，思想政治教育虽然有称呼上的不同、表现形式上的差异，但是思想政治教育作为一种普遍现象，是真实存在的，那么从事相关工作的人员也理应有存在的价值。对于后一问题，应该说高校辅导员的社会地位还不是很高，人们提到高校辅导员往往会联想到"孩子王""吹鼓手""万金油"等形象，这一群体还未得到人们的高度推崇和尊重。为提高高校辅导员的社会认可度，为其职业化成长、专业化发展和专家化成才创建良好的外部环境，可以从以下几个方面入手。

其一，广泛开展正名活动，用"思想政治辅导教师"（当然这个名称可以再斟酌）统一代替"辅导员"。辅导员制度从1952年筹备开始，经历了1953年蒋南翔校长率先实施"双肩挑"的政治辅导员，到后来的"思想政治辅导员"，再到如今大家比较熟悉的"辅导员"称号。称呼的变化不仅是社会发展和变迁的结果，更是蕴含了其工作内容的变化，工作内容由原来的政治工作、思想工作慢慢增加，演变成现在这般"无所不包"的"万金油"式的工作。"辅导员"的"员"具有员工、成员的意思，这就使人们容易在字面理解上将辅导员归纳为高校行政人员、工作人员，而忽视辅导员的教师身份。久而久之，社会对辅导员形成"吹鼓手""万金油"的刻板印象。更名活动有利于破除这种刻板印象，提高社会对高校辅导员的认同。国内有些高校已经走在了改革的前沿，如上海交通大学已经进行改革，在相关招聘公告及报道中，已用"思想政治教师"取代原先的"辅导员"称呼。

其二，将职业分类大典中"高等教育教师"小类细分为若干细类，并将高校辅导员纳入其中。根据《中华人民共和国职业分类大典（2015）》[1]，辅导员并没有被单列为一个独立的职业，而只是将辅导员作为高等教育教师的一个职能。但是，如前文所说，辅导员已经符合了职业的五大特征，而且这也是辅导员职业化发展的必然要求。因此，将高校辅导员纳入高等教育教师下属细类之中，将"高等教育教师"细分为"高校专业教育教师"和"思想政治辅导教师"两个职业，有利于切实贯彻辅导员的教师身份，提高辅导员的社会认可，促进其成功转型。

②加强社会制度建设

加强社会制度建设主要通过法律和规定的颁布，细化辅导员发展的具体方法和制度，使得辅导员发展趋于制度化、规范化、科学化。加强社会制度保障包括两个层面，即强化国家层面的制度完善和鼓励地区或者高校的制度完善。

从高校和地方层面来看，需要不断丰富相关的制度和规定。如上海交通大学出台了《上海交通大学辅导员队伍建设实施意见》，其中第五章关乎成长与发展，为完成培养期的辅导员提供了攻读博士研究生、公派出国留学、转向专职思想政治教师等多个发展路径。虽然许多举措还处于实验阶段，但是高校辅导员发展的理念必须提前确立，因为理念是行动的指南，对行动具有指导作用。从国家层面来看，进入21世纪以来，中共中央、国务院及教育部先后印发了《教育部关于全面提高高等职业教育教学质量的若干意见》（简称"16号文"）、《普通高等学校辅导员队伍建设规定》（教育部第24号令）、《高等学校辅导员职业能力标准（暂行）》、《普通高等学校辅导员培训规划（2013—2017年）》[2]等一系列指导性文件，为辅导员的发展提供了政策上的指导。在此基础上，国家还可针对当下备受关注的辅导员职称评聘、晋升等问题出台相关文件和规定，并适时地将某些规定纳入法律法规中，为辅导员的现代转型提供更加完备的制度保障。此外，还应将高校辅导员制度建设纳入社会制度建设的体系，通过社会制度建设带动思想政治教育体制的建设，使之系统化和规范化，从而为高校辅导员的现代转型提供制度支持。

---

[1] 国家职业分类大典修订工作委员会. 中华人民共和国职业分类大典（2015年版）[M]. 北京：中国劳动社会保障出版社，2015.

[2] 中共教育部党组. 中共教育部党组关于印发《普通高等学校辅导员培训规划2013-2017》》的通知[EB/OL].（2013-05-06）[2021-07-30].http://www.moe.gov.cn/srcsite/A12/moe_/407/s3017/201305/t20130506_151815.html.

三、受教育者

（一）大学生的特点

融媒体时代的高校大学生是在移动互联网的飞速发展中成长起来的一代人。他们人手一部手机，随时在网。他们中的大部分人一天也离不开手机。"00后"是诞生于千禧年前后的一代人，这似乎本身就给了他们更多的与众不同。

当代高校大学生有以下几个方面的特点值得高校思想政治教育工作者关注。

1. 更加崇尚国产产品

"00后"在学校洋溢着民族自豪感和自尊心，支持国产变成了他们关心国家的一种方式。这与中华民族伟大复兴历史进程的推进、中国日益屹立在世界舞台的中央、中国的综合国力和软实力的增强、中国从文化大国向文化强国转变密切相关。从中华人民共和国成立至今，纵观党和国家的历史发展，中国经历了从"站起来"到"富起来"再到"强起来"的过程。如今中国已经成为世界上第二大经济体，已经于2020年圆满完成了脱贫攻坚战，朝着社会主义现代化强国迈进。亲历中国从"富起来"走向"强起来"的就是"00后"的这一代人。他们亲身感觉着祖国的强盛，十几年来一直接受着主流意识形态的思想政治教育引导，有着更强烈的民族自尊心和自豪感。以手机为例，和"90后"推崇苹果手机不同，"00后"高中生或者高校大学生使用华为、小米等品牌手机的人群明显更多一些。

2. 阶层流行性降低

2019年的《腾讯00后研究报告》显示，从20世纪90年代到21世纪初，中国社会流动性在大部分收入阶层中都出现下降。该报告是以"流动性指数"来表述阶层流动性情况的。流动性指数越小，一个阶层转到另一个阶层的难度越大。从流动性指数来看，全社会收入最高的20％的人群，从20世纪90年代的72降至21世纪初的66；次高收入的20％的人群，由77降至75；中间收入的20％，20世纪90年代到21世纪初流动性指数没变，都是80；次低收入的20％的人群，流动性指数从80降至75；最低收入的20％人群，流动性指数从66降至64。这个数据说明，以每20％划成五段，所处每一收入段的人群，要离开自己的收入定位段转向其他收入段的概率都在降低。单就腾讯的这份报告看，反映出了20世纪从90年代到21世纪初的阶层固化。融媒体环境中也充斥着关于"阶层固化"分析的文章和帖子，如《深度解析中国阶层固化到了什么程度》《高考状元多出自精英家庭，阶层固化真的有那么可怕吗？》等。而步入高校大门的"00后"如果坚信阶层固化的结论，这就加大了高校思想政治教育工作的难度。因此正确分析类似这样的大数据,并加以正确的引导,是高校思想政治教育工作的关键点。

3. 物质生活条件更加优越是

"00后"的家庭收入更高,有研究显示很多"00后"从小就有了走出国门的经历。这表明"00后"有更多的经济可支配自由度和由经济带来的选择自由度,高消费能力的背后是更多的自己做主的机会。这是中国稳居世界第二大经济体后,全民共享发展成果的一个例证。

4. 成长于更加民主的家校环境中

无论是在家还是在学校,"00后"都有了更多的民主的空间和发声的机会。这背后的原因是"00后"的老师和家长以"70后"和"80后"为主体,他们是经历过改革开放的一代,是依然活跃在国家和社会舞台的一代,亲历了中国社会的民主化进程,鲜有思想僵化的"老古板",与"00后"一代的代沟较小。

5. 对"自我意识"有了新的见解

融媒体和移动互联网的发展,让这一代人有了更多的尝试不同领域的机会。因此,对他们来说,领域的广度涉猎已经不能够给他们带来全面的成就感,他们倾向于以领域的深度,甚至是创造性的程度来标识自我。

6. 习惯表达想法

"00后"成长于更加民主的家校环境,他们更加习惯表达自己的想法。更加民主的成长环境,使得老师和家长都乐于聆听"00后"的意见,顾及他们的想法和感受,这让他们习惯跟任何人沟通自己的想法,甚至是国家和社会大事。这种特点也和他们同中国的融媒体共同发展起来有关。融媒体给了他们全方位多角度了解国家和社会发生的大事的机会,虽然"00后"大多数目前还处于中学时代,但是他们并不会"两耳不闻窗外事,一心只读圣贤书"。同时,他们更加注重彰显自我的存在感,有了独特的想法并不太愿意"默不作声",而是要发声将其表达出来。在"00后"的意识中,每个人都有自己的一套责任划分体系,权利意识明显。一旦他们觉得责任在者对方,就也无法将其想法压制下去。

7. 渴求对同辈的归属感

这是因为,一方面,很多"00后"生活在城市,家庭条件相对来说处于中等以上水平,所以他们中的很多人从小学时起,就有了很多寒暑假和同学、同伴冬夏令营,甚至是出国游学的机会,这锻炼了他们的社交能力;另一方面,融媒体及移动互联网的发展,使他们有更多的机会通过微信群、随时在线视频等方式交流。"00后"已经形成了不同于"80后"、"90后"的独特的朋辈交往方式,"社交恐惧症"在移动互联网陪伴成长起来的"00后"身上少有存在。

8. 接受、尊重他人的不同

"00后"的处事价值观有点类似于中华人民共和国刚成立的时候周恩来在外交关系上的"求同存异"的思想。逐渐成长起来的"00后",有着比以往年代的人更为强烈的包容感。"彰显自我"与"包容不同"成为"00后"典型的特点之一。

(二) 思想政治教育中大学生主体地位的重要性

1. 大学生主体地位是高校贯彻落实科学发展观的重要体现

我党在十六届三中全会中提出了坚持以人为本,树立全面、协调、可持续的发展观,促进经济社会和人的全面发展。在高校中,特别是在思想政治教育中,以学生为本是以人为本的突出体现。根据科学发展观的要求,培养全面发展的大学生,必须充分、明确树立大学生在其中的主体地位,在推进思想政治教育的过程中,充分认识并努力发挥大学生的自主性、能动性和创造性,融基本教育目标与学生需求于一体,融教育工作者的施教与学生主动受教于一体,在客观认识和把握大学生思想动态和思想需求的基础上推进思想政治教育,可以使他们直观地感受到这种教育的针对性和有效性,从而更加乐意去主动配合教育过程、参与教育过程、完成教育目标。可见,大学生主体地位的发挥是以学生为本的重要体现,据此实施教育方可以保证学生更好地认可和接受教育安排,自觉、主动地做到全面、协调、可持续发展。

2. 大学生主体地位从根本上符合了教育基本规律

不管是那种教育,其根本上是受教育者对教育目标、内容、手段等方面建立认同并加以接受的过程,这意味着教育不能是施教者对受教者的简单"填鸭"。遗憾的是,在基础教育和中等教育阶段,受传统应试教育等因素的影响,学生的主体性地位并未被认可,这使得学生要么被动地接受学习任务,要么对学习任务产生逆反心理,这无疑违背了教育的基本规律。学生进入大学之后,这一局面必须要从根本上加以扭转,使他们变得主动学、乐于学。这便要求我们要全面认识大学生的角色定位,既把他们视为教育对象与被管理者,又把他们视为自我教育、自我管理的主体。我们应当明确这两种角色定位指向同一个目的,即更好地使他们求知、做人、提升能力、获取技能等。唯有如此,才能充分重视他们的个性、需求、思维特征在整个教育过程中的重要性,才能有针对性地设置教育内容,改进教学方式,才能使他们在主体选择的基础上,有目的地主动学习、自主学习、自我发展。

3.大学生主体地位的发挥有助于提升学校教育教学质量

一方面，通过树立大学生在思想政治教育中的主体地位观念，思想政治教育工作者可以更为充分地与他们进行沟通、互动，了解其思想动态，把握其思想需求，思想政治教育的针对性和实效性可全面得以实现。另一方面，学生在校园中可以在一定领域内树立主人翁意识，增强对学校的认同感和归属感，积极主动地参与到校园文化建设中去，并且根据自身认识和感受对学校和教师的管理和教学进行反馈、做出评价、提出合理化建议和正当要求等，也可以成为推动学校发展、提升学校教育质量的有机组成部分。

（三）大学生主体地位缺失的表现

1.缺乏自主性

遗憾的是，在基础教育和中等教育阶段，受传统应试教育等因素的影响，学生的主体性地位并未被认可，在这种被动地学习环境下学生易对学习任务产生逆反心理，这无疑违背了教育的基本规律。学生进入大学之后，这一局面必须要从根本上加以扭转，使他们变得主动学、乐于学。这便要求全面认识大学生的角色定位，既把他们视为教育对象与被管理者，又把他们视为自我教育的对象。唯有如此，才能有针对性地设置教育内容、改进教学方式，才能使他们在主体选择的基础上，有目的地主动学习、自主学习、自我发展。

2.学生缺乏创造性

思想政治教育对象的创造性是其自主性的另一个表现，是学生在反映教师所传授的信息和自身思想品德状况的基础上创造出新的东西。对于新的教学方法和教学形式不仅学校和教师可以研究探索，学生也可以积极参与进来，充分发挥自觉能动性。在高校，是教师扛起了研究新的教学方法的重担，学生也没有积极参与研究的意识，未提出自己的意见和建议。在课堂上有部分学生在学习及接受教师传递的信息的时候，采取消极的态度，没有与教师进行积极的互动。

（四）大学生主体地位缺失的原因

1.课堂教学方面的原因

（1）传统教学方法单一

当前我国大部分高校都在积极地进行课堂改革，部分学校探究出了新的教学方法，取得了明显的效果，但是有一部分高校仍旧没有改变传统的教学方法。思想政治教育是教师和学生一起参与并且积极发生互动的过程。因此，在思想政治教育过程中，教师和学生都应该加入课堂中并且积极地进行交流，但是部分教师在教学时仍然使用的是"满堂灌"的传统授课方法。这种传统的方法使得教学变成了单一的输出，学生没有积极地参与到课堂中，从而导致学生对课堂内容没有兴趣并且也缺乏投入学习的热情。所以，传统的授课方法不能很好地体现学生的自觉能动性和自主性。

（2）教学内容偏离学生的实际

在我国高校部分教师能够做到将思想政治教育内容与具体实际相融合起来，发挥了思想政治教育积极的作用。但是也有部分教师没有很好地了解学生，掌握学生的实际需求，在授课过程中只是照搬课本内容、讲解理论。思想政治教育本来就是理论性比较强的课程，所以这样容易造成生硬和枯燥的感觉。学生在课堂中感觉无聊就会渐渐失去学习的热情，不能很好地加入思想政治教育课堂，对所学内容不进行积极的思考，自觉能动性就很难真正体现出来。

2. 学生自身的原因

学生自身的原因主要是主体意识的淡薄。随着我国高校改革力度的普遍提升，所有高校对思想政治教育水平的提高都愈发地重视起来，并且纷纷对思想政治教育课程进行课堂改革，改变传统的单向传输的授课方法，创新思想政治教育方式方法，突出学生的主体性地位，提高大学生的思想道德素养。在进行课前预习的时候，有一些学生对于教师的安排过于依赖，不能独立完成学习计划和目标的设定，没有将其自身的自主性发挥出来。在学习过程中，仍然有部分学生只喜欢听教师讲课，不愿意主动思考问题，对于教师新的教学方法没有给予积极的反馈，对教师所教授的内容也没有进行积极的思考，表现出思维惰性，更不愿意与教师进行积极的互动交流；对于教师所讲的思想品德要求，也没有与自身进行对比反思，调整自身的不足，处于被动消极的状态，而且欠缺思考怀疑的能力，不注重发挥自身的创造性。

（五）提升学生自身的主体素质的对策

学习应是自主的、能动的和创造的过程，强化学生主体性，是素质教育的重要组成部分，是高校培养全面发展的人的必然要求。思想政治教育就是要通过增强学生主体意识、培养主体精神、开发主体能力、塑造主体人格，将学生培养成具有高度主体性的人才。

1. 增强主体意识

主体意识是学生之所以发挥主观能动性的重要根据，直接影响着主体性的发挥。学生主体意识越强，自主学习的积极性就越高；主体性的本质力量越能显现，创造的价值也就越大。为此我们要创设良好的外部条件，增强学生主体意识，主要包括自主意识和自律意识。

第一，自主意识。自主意识是主体所具有的支配和控制自己活动的权利和能力，是一种成为自我主人的积极的意识活动。学生主体意识的觉醒在于增强学习过程中的自主性和能动性，意识到自己是独立的个体，是学习探索、掌握知识的主人，要有计划、有目的地进行自我教育，提升参与意识，主动建构符合社会要求的价值体系，用马克思主义理论武装头脑，实现自我发展。其中自我教育是学生自主意识的充分展现，只有通过自己的认知、判断、选择和体验，才能将外在的准则内化为自身的信念。如果我们的思想政治教育不能引导和说服学生进行自我教育，那么我们的教育也无法取得预期成果。因此，我们要引导学生树立自主学习的思想观念，使学生意识到自己的主体地位，强化学习主人翁的责任感，提升自主学习意识和自我践行意识，将自我教育贯穿思想政治教育始终，成为自主、能动、独立、创造的主体。

第二，自律意识。自律是学生主体性发展到一定阶段的产物，是主体性存在的重要标志，依靠理性和内在意志规范调整自己的言行，进行自我约束和管理，具有高度自觉性。自律意识与学生主体作用的发挥相辅相成，自律水平越高，自主性也就越强，主体性就越能充分显现；反之主体性越强，自律水平也就越高。严格的自律意识要求学生在学习过程中学会自我管理和自我约束，排除外界不良因素的干扰、诱惑，进行有效的自我管理。具体来说，学生在思政课的学习中要有明确的学习计划，合理安排学习时间，加强自我监督，增强克服困难的意志力。学会自己要求自己，自己约束自己，变被动为主动，自觉规范自身言行，不逾规、不越矩，进行有效的自我规划、控制和调节，以达到知行统一，促进自身全面发展。

2. 培养主体精神

卡尔·西奥多·雅斯贝尔斯（Karl Theodor Jaspers）在《什么是教育》中强调，教育的过程先是主体精神成长的过程，而后才成为科学地获得知识的一部分。教育作为培养人的社会实践活动，首先要培养的是具有主体精神的人。主体精神是指在实践活动过程中，主体对客体作用时所显示出来的心理倾向和行为表现，是学生在认识和改造客观世界和主观世界的过程中，所表现出来的自主精神、创新精神和协作精神等。

第一，自主精神。自主精神是指个体在不受外在力量控制的条件下，对自己活动所具有的自觉意识和独立精神。大学生的自主精神是发展自我主体性、提升综合素质、不断进取的持久动力，为个性化的发展提供了良好的生长点，因为无论是对自己进行认知、评价、反省还是对社会、国家乃至人类的使命感和责任感，都离不开自主精神的支配。自主精神使学生摆脱依附关系，自主判断、自主选择、自主承担，独立地、主动地追求自我完善和发展；帮助学生最大限度地调动积极性，自觉主动地在学习和社会实践中找寻自我价值，实现个人社会化和自我全面发展。

第二，创新精神。所谓创新精神是指在综合运用外部信息条件的基础上提出新观点、新方法的思维能力和进行发明创造、革新的意志、勇气和智慧，是当代大学生不断更新自我，推动社会发展进步的重要素质。创新精神是素质教育的重要内容，是推动大学生发挥主观能动性，参与创新活动的内在驱动，没有创新精神的内在推动，创新便很难实现；同样没有创新的实践活动，凝结在其中的创新精神也难以形成。因此，我们要运用一定的途径和方法加大力度培养学生的创新精神，使学生在创新的实践活动中开拓进取，发展批判性思维，成为创新型人才。

第三，协作精神。所谓协作精神是指为达到既定目标，团队成员相互之间形成的协同合作、团结互助、同心协力的精神。学生作为具有社会属性的人，良好的协作精神是适应社会现代化的现实需要。俗话说"众人拾柴火焰高"，在我们的学习和生活中也是如此。单个人的能力是有限的，依靠个人单打独斗的时代也已经过去，如果没有良好的协作精神，个人的主体性和本质力量很难充分发挥出来，只有融入团队、集体，相互协作、取长补短，才能实现个人价值的最大化，产生"1+1>2"的效果。

3. 开发主体能力

学生要成为完全意义上的发展主体，不仅要具备主体意识，还要具备自我发展的主体能力。所谓主体能力是指主体积极地认识和改造客观世界，能动地利用客观世界，改造客观世界以利于自身的发展，以促进主体性充分、有效发挥的能力。主体能力是学生成为"社会人"发挥主体性的基本依据，与主体性辩证统一。

一方面，主体能力是主体性发挥的基础和前提，制约着主体性的发挥程度。学生之所以能够实现自己的主体性，实现对客观世界和主观世界的改造，就在于他具备一定的主体能力。主体能力使主体性的实现成为可能，因为主体地位和主体性只有在改造客体的对象性活动中才能彰显，而对象性活动的完成离不开对对象的认识、把握和改造，也就是离不开主体能力的参与，如果不具备相应的主体能力，便不会有认识和改造主客观世界的活动，主体性也就无从显现。同时，主体能力也在一定程度上制约、影响着主体性的发挥程度。我们通过对客观世界的改造来满足自身需求，离不开已有的知识、能力和经验的支撑，当主体能力不足时，很难顺利从事契合主体需要的实践活动，主体性的发挥必然受到阻碍。

另一方面，主体性的发挥推动主体能力的发展。主体性不仅促使主体能力在社会实践中发挥作用，从事改造世界的物质性活动，而且还是激发主体不断完善能力结构、提升主体能力的重要动力。正是在主体性的不断推动下，我们不再满足于认识世界的本质和规律，而是渴望运用这些规律改造世界来满足自身需要，在实践中消化吸收新知识，逐步增强主体能力。

在思想政治教育中，不乏学生因为能力不足而影响自身主体性发挥的情况。为促使学生充分发挥主体性，完善自我、发展自我以更好地适应社会发展需要，我们要加强对学生主体能力的开发，在知识学习的过程中提升能力。要注重培养学生批判性思维能力；独立思考和解决问题的能力；自主选择的能力；鼓励学生在教师指导下主动发现、主动探索，提升独立自主探究的学习能力；敢于推陈出新、革故鼎新的创新能力和理论联系实践的能力；等等。

4. 塑造主体人格

人格是个人相对稳定的、比较重要的心理特征的综合，包括一个人的品格、品质、思想境界、情操格调和道德水平等。学生既是思想政治教育对象也是学习发展的主体，培育主体的自主性、能动性和创造性，塑造协调发展的主体人格是我们思想政治教育的应有之义。

无论是主体意识的增强、主体精神的培养还是主体能力的提升最终都是为了形成主体人格。健全的主体人格对学生主体性的发挥起着导向和激励作用，是学生自我实现的重要条件。若无健全人格，主体性犹如无源之水、无本之木。我们教育的宗旨就是让每一个学生得到自由、全面、充分的发展，最大限度地开发自身潜力、激发主体意识、提升主体能力、塑造健全人格、弘扬主体性。

我们要引导学生正确地认知自我与社会，提升责任感，形成崇高的理想信念，实现个人与社会、自我与超我、小我与大我的辩证统一，让学生真正做到知荣辱、明是非、辨善恶、懂法纪，提升学生的思想道德素质，锤炼高尚的道德情操，让学生形成健全人格。还要激励学生勇担时代重任，奋进拼搏，用坚定的毅力和恒心克服各种困难。

第三章　高校思想政治教育实践教学概论

本章内容为高校思想政治教育实践教学概论，主要从高校思想政治教育实践教学的含义、高校思想政治教育实践教学的意义和原则、高校思想政治教育实践教学的功能及价值和高校思想政治教育实践教学构建的思路来论述。

第一节　高校思想政治教育实践教学的含义

一、高校思政课实践教学

（一）高校思政课实践教学的概念

高校思政课实践教学是相对于高校思政课理论教学的教学形式，理解高校思政课实践教学涉及以下两个关键词语：实践教学、高校思政课实践教学。

关于实践教学的概念，根据《教育大辞典》的解释：实践教学是相对于理论教学的各种教学活动的总称。[1]陈化水指出：实践教学，就是通过各种实践活动，让学生从自己所熟悉、常见的社会生活和相关实例中，从自己身边的人和事开始学习，从亲身体验中获得直接认识，由浅入深，循序渐进地理解有关的知识和理论，发现事物的相互联系，找出事物的规律，从而把握事物的本质，达到探究新知、锻炼能力、提高觉悟、促进发展的目的[2]。由此看来，实践教学是和理论教学相对应的教学活动，它强调学生的动手参与，是以发展学生能力为主的一种教学活动。

关于高校思政课实践教学的概念，它是实践教学的一种特殊形式，有着思政

---

[1] 顾明远.教育大辞典：维吾尔文[M].阿迪力江，等译.乌鲁木齐：新疆人民出版社，2003.

[2] 陈化水.构建高校思想政治理论课实践教学模式的几点思考[J].思想教育研究，2016（6）：74-77.

课的课程性。这也是其区别于一般的社会性实践教学的根本之处。但就思政课实践教学来看，学术界对此也一直存有分歧，主要有这样两种观点：从所涉及的范围来看，分别是狭义的思政课实践教学和广义的思政课实践教学。其中，学者李璐认为：狭义的思想政治理论课实践教学是区别于传统的思想政治理论课课堂理论教学的一种教学模式[1]。例如参观革命纪念馆、志愿服务等，它以思政课堂这一场所作为主要划分依据，强调实践教学应在思政课堂以外开展，更像是一种场所论。学者刘建涛认为：广义的思政课实践教学是指除去理论教学之后的一切与发展学生动手动脑相关的思政课实践活动。[2]它是相对于理论教学而言的，不仅包含思政课下的各种实践活动，同时也包括学生在思政课课堂之上进行的课堂讨论等实践教学活动。广义的实践教学没有场所的限定，以发展学生的各种能力为主，更像是一种功能论。

通过对相关文献资料的研读可以发现，狭义的思政课实践教学着重强调课堂外的实践教学，而忽略了思政课上的实践教学；广义的思政课实践教学不仅包含课外的实践教学，而且包含课堂中的实践教学。显而易见，广义的思政课实践教学内涵更加完善。因此，高校思政课实践教学更应该从广义上去理解，注重发挥其育人功能。

（二）高校思政课实践教学的基本特征

要想正确构筑思政课实践教学这一育人平台，就必须用它自身的特殊属性将思政课实践教学与其他相似概念区分开来，让我们对它有更加清晰的认识，为发挥其作用打好基础。以下是它的三个基本属性。

第一，实践性。实践性是区别实践教学与理论教学的根本之处，是使思政课不再苍白无力的制胜法宝。开展思政课实践教学既可以对理论教学进行延伸和补充，又可以让学生摆脱说教式教学，让深刻、严肃的理论知识活起来。学生以主体地位参与实践教学活动，在活动中可以获得独特的体验，并深化对理论知识的理解，提升理论学习的广度和深度。同时也有助于提高学生运用理论知识的能力，让学生在自我教育中，提升自我认知能力和道德素养。

第二，课程性。课程性这一特征是用来区分思政课实践教学与大学生一般社会实践活动的。高校里大学生课程众多，校园生活丰富，有各种各样的社会实践

---

[1] 李璐. 人的自由全面发展视野下的实践教学研究 [D]. 昆明：昆明理工大学，2014.
[2] 刘建涛. 高校思想政治理论课实践教学探究 [J]. 咸宁学院学报，2010，30（3）：118-120.

活动，这些活动都可以起到锻炼学生能力、提高学生素质的作用。但并不是所有的实践活动都可以称为思政课实践活动。思政课实践教学是隶属于思政课的一种教学方式，有鲜明的思政课程特征。它始终是围绕思政课的教学内容展开的，目的是为了完成思政课立德树人的目标。

第三，社会性。社会性这一特征主要是区别思政课实践教学与理工农医类的专业实习。理工农医类的专业实习主要是通过各类专业性的实习，增强学生的实践技能，侧重培养学生的专业技能，也就是从做事的角度进行培养，为日后进入社会从事相关工作打好专业基础。而思政课实践教学是学生实现社会化的重要抓手，它依托实践教学这一载体从做人的角度进行教学。学生可以通过思政课实践教学来感受社会，进一步培育学生的社会责任感和使命感，使其能快速融入不断变化的社会。

二、实践教学理论依据

（一）马克思主义实践观

实践是马克思主义的首要观点，是一切马克思主义理论的根本来源，也是马克思主义最本质、最鲜明的属性。马克思主义实践观主要有两方面的内容。一是关于认识论的实践，认为实践活动对人的认知发展有着决定性的意义，阐明人对客观世界的理解是由"认识"到"实践"再到"认识"的一个螺旋阶梯式的上升过程。指出一个全面、客观的认知需要经过反复多次的实践过程去验证和纠正才能实现，没有亲身实践的经历就形成不了自己正确的认知。同时，马克思主义实践观明确指出，人类认识对象世界的目的就是把"自在之物"转化为"为我之物"。认识论的观点从根本上明确了认识和实践两者之间的关系，指出认识和实践本就为一体，不可孤立主体谈客体，也不可脱离客体谈主体，两者紧密联系、相互作用，最后达到动态平衡。因而高校思想政治教育的有效实现离不开实践活动的转化过程，"中国梦"变为现实也离不开全体中华儿女的共同发力。就高校而言，实践教育本身就应是教学活动的一部分，没有亲身体会的经历，大学生对社会的印象就会是肤浅的、模糊的、不全面的，其对知识理论和技能的学习也无法获得内生的源动力。俗话说：时势造英雄，也只有在面临客观环境的挑战时才能激发出人的无限潜能。

马克思主义实践观的另一内容是指"人的全面发展"学说。"人的全面发展"学说指出实践活动是决定人根本性的存在，人的本质是一切社会关系的总和。"人的全面发展"学说认为，人的生存发展的一切需要都离不开实践活动，并从历史的维度阐释了劳动是人类从自然世界过渡到人类社会的根本推力，人在不断改造客观世界的同时也帮助自身实现了智力和体力的进化，同时也表明人的才能与素质的提升和社会的进步与完善统一为一个整体。因而社会实践是实现人的全面发展的必要途径，实践的作用体现在它对人身心各方面的素质提升的直接现实性。因此，要实现大学生思维、技能、品格等各方面素质的发展必得依靠实践行为的养成。

（二）教育与生产实践相结合理论

马克思在《资本论》中指出："教育同生产劳动相结合是造就全面发展的人的唯一方法。"这一论述充分肯定了教育与生产实践对人和社会发展的作用。列宁提出了要通过"教育、训练和培养出全面发展的和受到全面训练的人"这里指的就是将理论与实践相结合，用理论实现对实践的指导。马克思的实践理论与教育思想是相通的，因此，要培养高素质人才，推动社会与人的发展，离不开二者的紧密结合。教育与生产劳动相结合的思想是实践教育的又一重要理论基础。

教育与生产实践相结合的思想，也是我们党重要的教育方针。我国在长期以来，都把教育与生产实践相结合这一理论，作为指导实践与教育开展的重要理论基础。我国国家领导人关于教育与生产实践相结合的论述不胜枚举，由此，为新时代高校实践和教育提供了思想和理论指导。当前高校社会实践活动开展，以教育指导实践，又以实践促进教育目的的实现，双向互为促进。具体体现在，在实践过程中由理论指导学生行为，又在实践过程中直接或间接使学生的思想观念转变，继而由思想指导学生实践，由循环的模式促进学生各方面能力的提升，由此实现了关于人劳动技能和思想道德的全面发展。

（三）思想政治教育载体论

思想政治教育载体是思想政治教育过程的综合组织形式或具体的活动形式，是教育过程中各要素相互联系的枢纽和相互作用实现的形式。这强调了载体是具体的形式或是相互作用的形式，这为社会实践教育实现提供了理论指导，要实现教育就要挖掘思想政治教育的载体。只有运用合理的、充分的载体形式，才能使高校开展的社会实践中理论体系更加完善、教育对象更加乐于接受教育和享受教育过程、更具实效性。要使思想政治教育能够按照教育者的目的传输给受教育者，就必须依赖综合的组织形式和具体的活动形式。高校思想政治教育载体还将以不同类型的载体为依托，以各自独特的功能为手段，丰富思想政治教育过程。思想政治教育是一项复杂的工程，面对不同的教育对象、面对不同的状况就需要采用合适的思想政治教育载体。只有通过不断挖掘载体，使思想政治教育载体与所传递的教育内容相契合，才能够保障社会实践的思想政治教育性。因此，高校应以思想政治教育载体的地位、类型、功能为依据，在遵循基本理论依据的基础上，随着时代发展的变化要求，不断创新发展。

（四）中国传统文化中的实践理念

中国古代哲学素来推崇知行合一的理念，形成了中华民族独特的知行观。中国古人最早关于知行观的记载是出现于春秋时期《左传》中的"非知之实难，将在行之"，大意是懂得一件事并不难，而真正难的是要去践行它。这表明中国古人很早就已经意识到实践在人的认知发展过程中的作用。孔子也多次对弟子强调过实践的重要性，"君子欲讷于言而敏于行"（《论语·里仁篇》）、"君子耻其言而过其行"（《论语·宪问篇》）、"始吾于人也，听其言而观其行"（《论语·公冶长》）。孟子认为实践要像走路那样经常，言曰"山径之蹊间，介然用之而成路。为间不用，则茅塞子之心矣"（《孟子·尽心章句下》）。荀子则提出"不闻不若闻之，闻之不若见之，见之不若知之，知之不若行之"（《荀子·儒效》），更是将行动视为最高境界。《劝学》中"不登高山，不知天之高也；不临深渊，不知地之厚也"这句更是强调了亲身实践的重要性，成为警示后人的名言。《大学》中进一步将君子之行划分为"修身、齐家、治国、平天下"四个成长阶段。而后，又有明代心学大师王阳明坚信只有行动才能使认识变为现实，指出"知者行之始，行者知之成"（《传习录·卷上·门人陆澄录》），由此将知行合一的观念推向了顶峰。近代著名教育学家陶行知先生援引《墨辩》中对"知"的三种认识，即"亲知""闻知""说知"，认为从实践中获取直接经验的"亲知"才是一切知识的根本，倡导改造生活本身即教育，提出"教学做合一"，将教育过程和教育结果重新统一起来。

纵观古今，中华民族"重行"的优良传统始终秉持不变，始终将经世致用思想作为人才培养的重要准则，将"学以致用"化为一种学习标准，更是将一个人的实际行动看作道德修养的最高境界。相比于早期西方哲学离开了客体，单纯地研究主体的思维活动要务实得多。这种将认识与实践一体化的哲学思想与马克思主义实践观有着高度的一致性。

（五）新时代的实践理念

新时代以来，党和国家对教育事业的认识不断深化，随着教育事业的推进，将教育理念在原来基础之上拓展为"九个坚持"[1]，明确将立德树人确立为教育的根本任务，提出要将思想政治教育贯穿于教育的全过程，开创教育新局面。习近平总书记关于高校思想政治教育的讲话逻辑清晰，为高校思想政治教育工作的开展指明了方向。新时代背景下，从内容维度出发，强调要坚持理论导向，全面加强党对教育工作的领导，使高校成为党领导的坚强阵地；并要坚持价值引领，培养学生坚定理想信念、加强品德修养、提升综合素质、培养奋斗精神；同时要夯实文化根基，树立文化自信，坚持讲好中国故事，传播好中国声音。从实践维度出发要创新思想政治教育原则、理念和方法，坚持依托实践活动深化思想政治教育。新时代高校思想政治工作尤为重要，对高校育人提出了新要求，要紧紧抓住社会实践这一思想政治教育载体，"整合各类实践资源，强化项目管理，丰富实践内容，创新实践形式，拓展实践平台，完善支持机制，教育引导师生在亲身参与中增强实践能力、树立家国情怀。"[2] 同时，习近平总书记有关思想政治教育的重要论述逐渐形成了系统的、完善的实践教育理论，为今后实践的开展提供了价值导向，为思想政治教育的实现提供了借鉴依据。

第二节 高校思想政治教育实践教学的意义和原则

一、思政课程实践教学的意义

（一）有利于培养高素质技能型人才

思政课程实践教学不只是课堂辩论和演讲，更多的是校内外具体社会活动的参与。具体来说，思政课程的实践教学能够让大学生有机会接触社会、参与社会活动、真实体察社会生活，在社会生活中领会和感悟国家政策、方针的重要性，人民渴望喜乐安康的真实诉求，进而提升自身的政治素质、思想道德素质和法律

---

[1] 习近平出席全国教育大会并发表重要讲话 [EB/OL]．（2018-09-10）[2021-07-31].http://www.gov.cn/xinwen/2018/09/10/content_5320835.htm.
[2] 中共教育部党组．中共教育部关于印发《高校思想政治工作质量提升工程实施纲要》的通知 [EB/OL]．（2017-12-05）[2021-07-31]http://www.moe.gov.cn/srcsite/A12/s7060/20171206_320698.html.

素质。与此同时，能引导大学生灵活运用马克思主义哲学思想来分析和解决实际问题，增强自身的职业素养与职业技能，真正成为对国家、对社会、对工作有用的高素质技能型人才。

（二）有利于提升思政课程教师的教学水平

作为一名思政课程教师，不仅要有扎实的理论功底，还要有掌控和驾驭课堂的高超技能。更为重要的是，思政课程教师要在潜移默化之中将正确的"三观"、正确的思想理念渗透到学生的思想之中，让学生在思政课程堂上有收获，有获得感。而这种获得感的产生主要源自两个方面：一是有远见、有深度和穿透力的学术理论；二是要有丰富的实践教学环节，让学生在吸收有引领和穿透力的思想的同时，能够真正体察和感悟到生活的真谛、社会发展的规律。这对于思政课程教师来说是一个极大的考验，需要思政课程教师精心思考和设计每一节课，尤其是在能将认识上升为行动的实践教学环节的设计上。因此，思政课程实践教学有助于不断提升思政课程教师的教学水平。

（三）有利于推动思政课程的教学改革与创新

较强的思想性和理论性是思政课程的一大特点，同时实践性也是必不可少的。思想政治教育实践教学不是一成不变的，我们需要根据时代的发展和学生的特点来调整教学策略，从而对思想政治教育实践教学进行创新，尤其是思想政治教育实践教学的方法和手段。思想政治教育与时代发展紧密相连，思想政治教育实践教学更不例外。学生参与思想政治教育实践教学的兴趣和热情需要用高校学生喜闻乐见的方式来激发。这样不仅能保障思想政治教育实践教学的效果，同样也能推动思政课程的改革与创新，使其更加容易被学生接受。

二、高校学生思想政治教育实践的原则

（一）重视融合主体性与主导性

思想政治教育主体的自觉性强化了高等院校学生价值引导的主体性，思想政治教育的自发秩序冲击了高等院校学生价值引导的主体性。这就要求高等院校、政府及社会在进行价值引导时要尊重学生的主体性，发挥高等院校学生的能动作用，并通过加强主导性克服思想政治教育自发性带来的弊端，即重视融合主体性与主导性，坚持主体性与主导性的统一。

所谓主体性是指发挥高等院校学生的能动作用，让高等院校学生自己觉悟，自觉接受积极的影响，自主建构符合国家和社会发展要求的价值观的过程。所谓主导性是指引导者通过各种方式，把符合国家和社会发展要求的主流价值观转化为高等院校学生自觉行动的实践活动。

主体性和主导性是相互促进、相互联系的两个方面。一方面，新时代高等院校学生思想政治教育价值引导必须靠高等院校、政府和社会；另一方面，新时代高等院校学生思想政治教育价值引导的效果，最终还是需要通过高等院校学生的自主建构来实现。主导性是高等院校学生价值观转变的外因，主体性是高等院校学生价值观转变的内因。主导性的发挥能为新时代高等院校学生的思想政治教育价值引导提供一个良好的外部环境和条件，将价值引导的内容通过适当的方法传授给高等院校学生。高等院校学生主体性的发挥需要在主导性的作用下才能形成和发展。主体性能否发挥是衡量主导性功效的标志，也是高等院校学生思想政治教育价值引导的目的和归宿。价值引导主体性地发挥就是高等院校学生通过反省、反思、自我修养等途径，提高自己的价值判断和选择能力。在新时代高等院校学生思想政治教育价值引导中，高等院校学生主体性地发挥仍具有重要意义。

重视融合的主体性与主导性，坚持主体性与主导性相统一的原则，不仅要注重从外部进行的高等院校、政府和社会的引导，还要重视内省、自修的自我引导。一方面，要充分发挥高等院校、政府及社会的主导作用。杜威说"教育即指导"，高等院校、政府及社会要用正确的价值观指导学生，用马克思主义的价值观武装学生的头脑，增强高等院校学生在思想政治教育中的价值判断和价值选择能力。针对高等院校学生在思想政治教育过程中习得的合理的内容，高等院校、政府及社会要正面引导，对于有偏差的内容，要及时纠偏，以确保高等院校学生的价值观一直在正确的航道上。另一方面，高等院校、政府及社会要发挥高等院校学生的主体性。要树立平等互动的意识，将高等院校学生看作能够根据已有的认知图式主动建构价值观的人，努力争当价值引导活动的组织者、促进者和合作者。要根据高等院校学生的认知图式、个体偏好等，从思想政治教育中取材，运用思想政治教育的各项方法，因材施教，增强价值引导的生动性、形象性，提高价值引导的针对性、有效性。例如湖北工业学校马克思主义学院就邀请了一线的道德模范和校外专家进校教学，通过"阳光下的思想政治课"增强价值引导的生动性、实效性。同时，该学院还邀请优秀高等院校学生实践团队与思想政治课教师同台进行专题讲授，运用高等院校学生身边的故事进行价值引导。在该学院的思想政治课改革模式中，价值引导的内容是开放的，来源于高等院校学生的社会实践活动，激发学生参与的积极性，实现了价值引导主体性与主导性的统一。

（二）坚持开放性与规范性相统一

新时代，高等院校学生获取信息渠道多样，接触内容多元、开放，要解决思想政治教育内容开放性与高等院校学生价值引导视野有限性反差问题，需坚持"变"与"不变"的方法论，在保持价值引导内容规范的前提下，突出内容的开放性，即高等院校、政府及社会要坚持开放性与规范性相统一。

所谓开放性是一定的社会意识形态总是与其他社会的各种思想并存、渗透，高等院校学生思想政治教育中接触的思想不可能整齐划一，高等院校学生价值引导的内容是开放的。所谓规范性是指高等院校学生价值引导内容要具有方向性，它需要反映社会的主导价值倾向。高等院校学生价值引导不能在开放的、多样化的价值引导内容中迷失方向。

高等院校学生思想政治教育价值引导内容的开放性有两个方面的要求。一是价值引导内容选择的多样性。高等院校学生的网络自主学习活动、休闲兴趣活动，以及社会实践活动中存在一些与主导性内容相关、相容的其他必要辅助引导内容。例如经典著作阅读中的优秀传统文化、红色文化，社会实践活动中的团结、友爱、奉献精神等。二是针对根据思想政治教育的活动类型增强价值引导内容的灵活性。不同思想政治教育活动的价值引导内容存在差异，这就需要深入了解和掌握不同高等院校学生思想政治教育内容，根据内容有针对性地进行引导。

高等院校学生思想政治教育价值引导内容的主导性有三个方面的要求。一是要引导高等院校学生维护社会主义意识形态的主导地位。当前国际国内形势发生深刻变化，全球化不断向前推进，功利主义、自由主义等广泛传播，在各类消极价值信息的冲击下，会产生理想信念模糊、价值扭曲等问题。高等院校学生在进行网络自主学习时接触到各种歪曲社会主义本质的图片、视频及动漫等。同时，高等院校学生处在"拔节孕穗"期，阅历不足、心智尚未成熟，价值判断和选择能力相对较弱。这就需要坚持社会主义意识形态的主导地位。二是坚持以爱国主义、集体主义、社会主义为主要内容的主旋律价值引导。只有坚持主旋律价值引导，才能强化高等院校学生投身于现代化建设的激情。

坚持开放性与规范性相统一的原则，有两个方面的要求。一方面，要在坚持价值引导内容规范性的前提下提倡开放性。高等院校、政府及社会在进行价值引导内容选择时，要确保规范性，这是方向。坚持规范性是为了价值引导开放内容的针对性和准确性。另一方面，要坚持价值引导内容开放性中的主导性。新时代是信息技术迅速发展的时代，信息具有海量性，使得高等院校学生思想政治教育价值引导内容选择余地越来越大，但开放性内容的选择是为更好地体现规范性。

（三）尊重和综合各类价值引导

思想政治教育渠道多元凸显了高等院校学生价值引导方法相对滞后，这就需要高等院校、政府及社会转变价值引导方法，在创新价值引导方法的同时坚持多样性与统一性相统一的原则，也就是尊重和综合各类价值引导方法。

所谓多样性是指高等院校学生在思想政治教育中，价值引导方法是多样的，线下的课外阅读活动、文艺类活动、社团活动、志愿服务活动、社会实践调研、区服务活动、假期兼职，线上的阅读活动、公益活动、观影活动、网络社团活动、网络游戏等都可作为高等院校学生思想政治教育价值引导方法。所谓统一性是指尊重高等院校学生思想政治教育价值引导方法的差异，并实现多种价值引导方法相结合，使其共同服务于高等院校学生思想政治教育价值引导目标，确保高等院校学生思想政治教育价值引导的思想性、价值性和合理性。

尊重和综合各类价值引导方法，有两个方面的要求。一方面，价值引导方法统一性是多样性的必然要求。思想政治教育多渠道的特点增强了高等院校学生学习的灵活性、针对性及丰富性，它创新了高等院校学生思想政治教育价值引导方法，使得引导方法呈现多样化发展趋势。但是这些多样化的大学生价值引导方法并非独立的，只有将其统一起来，包容各类价值引导方法的差异性，才能共同服务于高等院校学生思想政治教育价值引导的目标，确保大学生思想政治教育价值引导的思想性、价值性和合理性，实现高等院校学生思想政治教育价值引导效果的最大化。另一方面，价值引导方法的统一性不能泯灭多样性。高等院校学生思想政治教育价值引导方法注重统一性，但并不意味着排斥方法的多样性，而是尊重和包容多样化的方法，使其能够满足不同层次高等院校学生群体的个性化需求，提高高等院校学生思想政治教育价值引导的针对性。

尊重和综合各类价值引导方法，需做好以下两点：一是高等院校、政府及社会要努力挖掘高等院校学生思想政治教育中的价值引导方法，善于利用大数据、人工智能、区块链等信息技术，实现信息技术的工具理性和价值引导的价值理性有效结合，让高等院校学生价值观引导"活"起来，实现价值引导方法的创新；二是高等院校、政府及社会要综合运用各种价值引导方法，高等院校、政府及社会必须在把握各种高等院校学生思想政治教育价值引导方法特点的基础上，促进各种方法的协调综合，形成共同服务于高等院校学生思想政治教育价值引导目标的统一性方法。

(四)切实做好疏导防范工作

新的历史方位下,思想政治教育场域带给了高等院校学生价值引导潜在风险,这就需要高等院校、政府及社会做好疏导防范工作,即坚持疏导性与防范性相统一的原则,从而引导高等院校学生树立正确的价值观,为国家和社会发展服务。

疏导性即疏通、引导。疏通是放手让高等院校学生将各种想法和意见表达出来,引导者通过观察研究作出引导方案;引导是在疏通的基础上对具有正确价值导向的想法和意见给予肯定和支持,对具有错误价值导向的想法和意见通过民主、平等讨论、说服教育、批评与自我批评的方法将其转化为积极的因素。防范性是指通过一系列的手段净化高等院校学生思想政治教育场域环境,清除带有错误价值导向的内容,避免高等院校学生在思想政治教育场域中被错误价值观误导。

要做好新时代高等院校学生思想政治教育价值引导就要尊重其心理。根据高等院校学生的心理进行疏导,动之以情、晓之以理,以解决思想政治教育场域中的价值困惑。在进行疏导时,首先,要坚持问题导向,关注高等院校学生在思想政治教育场域中遇到的价值问题,并从正面对这些问题进行疏导。其次,要注重情感关怀,以情化人。在进行疏导时,不能采用命令式的方法,引导者要与高等院校学生进行平等对话,在对话中引导高等院校学生树立正确的价值观。最后,在进行疏导时要讲究技巧艺术。疏导需要循循善诱、以理服人,同时也要注意疏导的时机和方式。

针对思想政治教育场域的高等院校学生价值引导潜在风险,要进行防范。一是高等院校、政府及社会要把握国际国内形势对高等院校学生思想政治教育场域的影响,把握大势、认清风险。二是高等院校、政府及社会要注重研判思想政治教育领域的风险。高等院校学生思想政治教育场域多元,要注重研判哪个场域存在风险,具体存在什么样的风险,并提供风险防范依据,防止风险联动。三是高等院校要运用思想政治理论课、讲座、微课等形式引导高等院校学生辨别各种错误的价值观,增强其风险防范能力。

(五)厘清显性教育与隐性教育关系

显性教育是指引导者充分利用各种公开的手段、场所,有组织、有计划地对高等院校学生实施有意识的、直接的、公开的价值引导。隐性教育是指引导者通过创设社会环境、活动场所和文化氛围,对高等院校学生实施无意识的、间接的、隐蔽的价值引导。

厘清显性教育与隐性教育关系，要明确这两者是思想政治教育的一对范畴，两者是辩证统一的，这两者既相互独立又相互影响。

在进行高等院校学生思想政治教育价值引导时，一是要发挥好显性教育的主导作用。显性教育是与我国思想文化、社会制度及教学资源相适应的价值引导方式，它能把握方向、管大局。高等院校学生在广泛存在的思想政治教育中会接触到多元的价值观，容易产生价值冲突，无法分清是非、善恶、美丑的界限。这就需要发挥显性教育的主导作用。

二是要利用好思想政治教育的广泛性做好隐性教育。隐性教育不具备系统性，其方法是隐蔽的，发挥着"润物细无声"的作用。隐性教育的过程是融入社会生活生产实践中的，主张"做中学"的过程。

隐性教育的资源是泛在的，校园文化、家风、各类建筑等都是隐性教育资源。思想政治教育的方法多样、内容开放、场域多元，蕴含着诸多隐性教育资源。中国古代思想家重视"身教示范"的德育作用，实际上强调日常生活、人际交往等对人的思想行为的影响。社会认知论也认为个体有替代性学习（观察学习）的能力，个体若看到与自身相似的个体通过持续的努力获得成功，它会相信当自身处于类似的活动情境时也能获得同样的成就水平。为此，高等院校、政府及社会要善于挖掘思想政治教育中有关价值引导的隐性教育资源，净化思想政治教育的物质和精神环境，通过隐性教育进行高等院校学生思想政治教育价值引导。

三是显性教育要融入思想政治教育中有关隐性教育的方法、资源。勤工助学、校外考察参观、志愿服务、义工活动等思想政治教育方法都属于隐性教育的方法，高等院校学生的网络自主学习场域、社会实践活动场域及休闲兴趣场域存在诸多隐性教育资源。为此，显性教育要吸收高等院校学生思想政治教育中有关的隐性教育方法、资源，从而消解高等院校学生思想政治教育场域的价值问题，引导高等院校学生树立正确的价值观。

第三节　高校思想政治教育实践教学的功能和价值

一、高校思想政治教育实践教学的功能

（一）导向功能

1. 政治引领

政治观念是人们在社会生活中形成的认识，政治观念的树立对于培育大学生正确的政治意识、政治情感、政治觉悟等方面具有重要的意义。当前国际国内社会环境复杂，互联网信息的虚拟性为大学生意识形态教育带来了极大挑战。思想政治教育实践教学作为学生思想教育的重要手段和载体，为实现对学生的政治引领提供了实践条件。

首先，通过参社会调研类实践，如脱贫调研、农村城镇人口生活现状调查及当前义务教育实施等项目调研中，能够让大学生深刻认识我国社会主义制度的优越性，体会到中国共产党执政的合理性与必然性，使大学生树立政治认同。

其次，通过参观访问类实践，学习革命先烈、时代楷模所具有的坚定的政治立场、政治品质、政治信念、无私奉献的品质，以及到能体现井冈山精神、长征精神、延安精神等的实践基地参观，都会对大学生的政治品质产生巨大影响。

最后，通过实践能够将红色资源中的政治思想内化为学生自身的观点，转变为自身的素养，激发学生参与政治生活的热情和信心。此外，通过参与国家和地方大型志愿服务的实践活动，如参与阅兵仪式、国庆节及全运会等志愿服务，都能使学生更接近国家政治，由此树立政治意识、建立政治认同。

2. 思想引导

思想是行动的先导，思想政治教育实践教学对于规范社会行为有重要的导向作用；道德品质是道德与品行反映，道德品质决定个人的人生态度、价值取向，也间接反映出个人对自身行为的驾驭和人生价值的高低。加强大学生日常行为规范是大学生自身发展的需要，也是社会行为规范的需要。理论教育对学生的影响往往是短暂和不够深刻的，而实践活动对学生的影响是持久和深入的。

实践对于大学生日常行为的规范不仅体现在教育与管理都得到加强，还体现在调动学生的内因，促进学生自我教育、自我管理、自我服务。此外，通过有目的、有意识的实践活动体验后，大学生的思想价值观念会发生潜移默化的转变。这种由思想指导实践，在实践中思想发生转变，继而规范行为的过程，也是马克

思主义实践论的重要观点。实践教育是大学生自我教育和自我管理的重要途径之一，有利于培养学生形成良好的价值观念，对规范学生的日常行为具有合目的性、合规律性的价值意义。

3. 理想信念导向

理想是奋斗目标，信念为人生发展提供动力，理想信念决定人们的行动方向。高校思想政治教育对崇高理想信念的树立具有两方面意义：第一，对于学生来说，有利于做出恰当的角色定位，使自己朝着目标前进；第二，对于国家来说，国家的理想信念是无数个人的理想信念构成的，大学生理想信念的树立，对于构建和谐社会、促进国家的发展具有重要意义。当前理想信念教育主要存在教育接受性不强和社会环境复杂性两大挑战，这两大挑战导致理想信念教育的实现困难重重。

思想政治教育实践教学为理想信念教育的实现提供了实践条件。首先，针对理想信念教育接受性不强这一问题，通过参与实践使学生走出课堂、走向社会，能够真实地感受社会现实，激发实践主体的主观能动性，追求正确的人生目标，由此树立崇高的理想信念。其次，针对复杂的社会环境给理想信念教育带来的负面影响这一问题，通过思想政治教育实践教学活动也能够得到有效解决。当前社会环境复杂，享乐主义、利己主义等各种思想价值观念并存，在参与实践过程中，要引导学生理性看待社会现实问题，对社会存在的负面问题，从质疑、批判层面上升到认识问题的客观性，并能够主动思考解决问题，在实践体验中逐步树立起个人的理想信念。

（二）认知功能

1. 对国家方针政策的认识

马克思主义认识论指出了实践对认识的重要作用，实践是认识的基础和来源。大学生是国家建设中的一支重要力量，对国家方针政策正确的认识，能够帮助学生树立正确的立场意识、坚定奉献精神。思想政治教育实践教学作为有效载体，为大学生认识国家方针政策提供了条件。

思想政治教育实践教学是各个学校按照党和国家培养人才的目标要求，根据自身的现实情况和需要形成系统的文件，作为指导实践活动开展的依据，由校团委组织，各学院牵头组织开展。学生在实践中对国家方针政策的认知体现在：首先，开展的各项实践活动是根据教育厅和学校明确的文件内容展开，所下发的文件具有明确的价值导向性，集中体现出党和国家的方针政策，以及近年来社会热点的政策导向，在潜移默化中影响了学生对实践内容的选择，加深了学生对国家政策方针的认识；其次，在实践初期，通过有目的、有意识地对实践主题的解读和对实践方案的设计，将党和国家的方针政策更为细化和具体化，在实践过程中朝着时代需要去探索挖掘，增强了对国家的政策的认识。

2. 对社会现状的认识

青年是祖国未来建设的中坚力量，而青年大学生是青年的重要组成部分。大学生入校后一般都会寄宿在学校，在学校内生活与社会外界的接触比较少，对于社会的认识少而缺乏经验。

理论知识的学习是要运用到实践中去的，而社会实践就是理论知识运用最好的场所。学生需要通过社会实践了解社会现状，通过走出校园、走向工厂、走向农村，对自己关注的问题进行深入调查和分析，获得调研数据，由数据支撑对社会现状有了相对客观的认知。对现存好的社会现状的认识，可以增强学生的社会认同感，激发学生对党和政府的热爱；对于不好的现状，则会唤醒学生对社会现实问题的思考，使其想要探索并试图提出自己能力范围内的解决方案。同时，参加实践活动也增强了学生的服务意识，使他们由学校人转变为服务者，为学生认识社会和提高学生参与社会实践的能力提供了基础。

3. 对自我的正确认知

对真理的认识是一个漫长的过程，人对自我的认识也需要通过长期的实践检验。毛泽东在《实践论》中指出，只有在社会实践中，人们达到了思想中所预想的结果时，人们的认识才被证实了。大学阶段处于学生世界观、人生观、价值观培养和形成的重要时期，对大学生树立正确的价值观，以及形成对自我的客观认识，对学生的成长和发展具有重要价值意义。大学生日常基本都在学校中，长期封闭环境会导致学生对自我认知存在偏差。对专业知识和综合性知识的学习，增强了学生的自信心和对自我的认同感，认为所学知识具有很强的适用性，走向社会便能够得到充分应用，实践是最好的老师，在实践活动中，学生以自己在实践活动中的表现为依据，包括对个人组织策划、解决问题能力、反应能力等都有了更深入的认识。实践活动能够培育学生发现问题并解决问题的能力，也能够帮助学生提高包括理论学习能力、实践应用能力、逻辑思维能力、实际操作能力等多方面的能力。学生只有在客观认识自我的前提下，才能够不断发现自身存在的问题，克服缺陷发扬优点，在实践过程中强化对自我的认知，完善自我。

（三）培育功能

1. 培养艰苦奋斗精神

艰苦奋斗精神是中华民族长期发展过程中积淀形成的优良道德品质，大学生艰苦奋斗精神的培育，既是中华民族伟大复兴对大学生提出传承和弘扬中华民族精神的客观需要，同时也是大学生迎接社会挑战所要具备的一项基本品质。马克思主义的基本观点就包括实践观，道德品质的形成需要较长的时间和过程，因此，实践育人是培养艰苦奋斗精神的必要途径。首先，思想政治教育实践教学有利于增强学生艰苦奋斗的实践体验，在艰苦条件下参与实践活动，学生会充当不同的社会角色，如开展助困、助农、助教等实践活动，有利于增强大学生的自立意识，培养大学生艰苦奋斗的作风。其次，有利于大学生深入学习中华民族长期以来形成的艰苦奋斗精神，在实践中更为清晰而深刻地认识艰苦奋斗内涵，践行新时代奋斗精神，做一名实现中华民族伟大复兴中国梦的积极贡献者。最后，有利于大学生今后通过实践将吃苦耐劳精神逐步转化为自我的行为习惯，持续坚持和发扬艰苦奋斗精神，自觉将奋斗精神融入生活、工作、学习习惯中。同时自觉树立标杆意识、自觉艰苦奋斗，明确自身的努力方向，成为有志向、有能力、有作为的新时代青年。

2. 强化社会责任感

责任感是个人对国家、集体的一种道德情感。大学生社会责任感的树立是否强烈而牢固，与国家前途与民族命运悠悠相关。在当前中华民族伟大复兴时代背景下，对大学生开展责任感教育，具有重要的现实意义和时代价值的。思想政治教育实践教学为大学生提供了广阔的空间，使其发挥了自己的积极性、主动性、创造性。学生参与实践既需要精神鼓舞，也需要物质奖励，如果在实践活动中既能够满足学生对有兴趣项目的探索，同时又能得到老师、同学的认可，以及社会的赞誉，彰显自己的才能和价值，就更能激发大学生强烈的社会责任感。此外，在"受教育、长才干、做贡献"理念的指导下，通过思想政治教育实践教学活动能够使大学生自觉将个人与国家的前途命运结合起来。以此，让大学生成为真正为社会做贡献的一部分，切实感受社会责任感对国家和社会发展的重要性；让学生从最初无目的参与实践，转变为增强内心道德认同，提升个人的社会责任感，形成长远、持久为国家和社会发展服务的良性循环，对学生爱国、创新、进取等思维的形成具有重要的意义。

3. 提高社会适应能力

社会适应能力与各种环境因素相互联系、相互作用。参与思想政治教育实践教学的过程本身就具有培育功能，大学生参与思想政治教育实践教学包含对学生心理和生理上的准备和行为的准备。在参与课外实践活动之前选题的确定，参与实践活动具体过程中，以及在实践活动的总结汇报阶段，全都是适应性的过程，尤其是实践过程更是对提高学生社会适应能力有重要的作用。在这一过程中会发生很多意料之外的状况，如实践环境条件恶劣和实践工具欠缺、实践区域的社会成员不配合，以及自我准备不充分等情况，导致实践开展中存在重重困难。在遇到多种多样的新情景时，学生为了能够顺利完成实践任务，往往会选择接受现存的环境，如在不可抗力情景和环境条件下，或是改变实践方案，或是做沟通与协调。总之，在新的情景中大学生会逐步改变自己先前固有的态度和价值观，接受、遵从新的情景和准则，主动为实现目标做出行为的转变，因而提高了社会适应能力。

（四）凝聚功能

1. 强化团队意识

马克思曾指出，只有在集体中，个体才能获得全面发展其才能的手段。这一观点说明了集体对个人发展的重要意义。思想政治教育实践教学对大学生团队意识的强化体现在以下几个方面：第一，大学生在参加思想政治教育实践教学活动时，有共同的指导方针和目标参与其中，参与学生之间没有直接利益冲突，之前所具有的家庭背景、社会关系，专业知识、喜好差异都成为次要问题，在实践过程中，彼此之间会通过协商沟通，形成相互尊重、相互配合、携手进步的关系；第二，参与活动能够让大学生走出原来的交往圈，和不同类型的人组成一个新的小团队，扩大了社会圈子，让实践成员朝着共同的目标努力；第三，为了及时有效地实现目标，需要大家服从组织的安排，此时团队精神、合作意识都能无形地在实践活动中培养出来。思想政治教育实践教学活动是团结成员的黏合剂，使大学生能够珍惜集体劳动成果，激发个体为集体奋斗的意识和集体荣誉感，产生了巨大的向心力，使团队意识不断增强。

2. 增强爱国情怀

爱国主义是广泛而深刻的情感，是每个人都具有的对国家特殊的情感，爱国主义是团结各民族、稳定社会的一种精神力量，是中华民族伟大的精神凝聚力量。参与思想政治教育实践教学有利于增强学生的爱国情怀。首先，教学活动中，大学生参与调研、参观、宣讲等，身临其境用现实数据，更能了解国家辉煌的历史文化，感受国家取得的巨大成就，增强了对国家历史文化的认同，增进了对国家现状的了解，增强了爱国情感。其次，实践过程也是对爱国主义品质弘扬和传播的过程，参与实践中的大学自身和服务对象都受到了具有爱国主义的教育，由此能更广泛地将爱国主义在社会中传播。总之，思想政治教育实践教学为爱国主义践行提供了场所，是大学生增强爱国主义的第二课堂。思想政治教育实践教学能够间接引导大学生自觉将个人利益同祖国命运结合起来，将实践转化为精神力量，激发了学生学习创造的热情，提升了其工作学习的热情。

3. 促进成长成才

恩格斯指出，人在怎样的程度上学会改变自然界，人的智力就在怎样的程度上发展起来。走什么样的道路是每一位大学生必须要回答的现实问题。大学阶段，学生所参与的思想政治教育实践教学活动形式广泛，且都具有极强的实践性和操作性，实践为培育和提升学生的综合能力提供了广阔的平台。学生参与实践的过程中，通过不断地实践锻炼发现不足，弥补缺陷，提高大学生的思维能力、社交能力、发现和解决问题的能力。实践也会不断促进学生思维的转变和能力的提升，最终促进学生的全面发展。参与思想政治教育实践教学活动也会对学生的价值观产生巨大的影响。例如在实践中，首先，能将自己的专业与现实相结合，将所学用于实践，在实践中将理论实践化，提高自己的专业技能和知识水平；其次，大学生参与社会实践是接触社会的重要方式，社会实践为学生提供了走出学校象牙塔的途径，加深了对社会的认知和了解，对于学生认识社会、了解社会具有重要意义价值；最后，在思想政治教育实践教学中学生也为社会贡献了自己的力量，这正是每一位公民应该尽的责任和义务。由此可见，参加思想政治教育实践教学活动可以使学生不断提高知识技能、积累社会经验，同时增强社会责任感，促进学生的成长和成才。

（五）激励功能

1. 自我激励教育

自我教育是指思想政治教育的对象受到外在社会环境的影响，由外在环境影响激励自我朝着好的方向转变的实践活动过程。自我激励教育对于个人人格完善、促进个人发展、增强个人生命的价值意义都具有重要作用。思想政治教育实践教学活动的自我激励教育功能可以总结为两个方面，一方面，是对自我思想的激励教育，在思想政治教育实践教学中，实践者接触到有重大影响力的见闻，都会使参与者产生巨大的凝聚力和向心力,由此,对学生自我思想激励产生积极影响,激发巨大力量,在实践中实现自我教育;另一方面,是对自我行为的激励教育,参与教学活动中,预设的实践目标、实践过程,包括对实践项目高质量、高要求的完成过程,同样也会转化为对学生日常行为的激励,进而转化为在学习和生活中严格要求自己,力求在各方面都能做到出色,焕发出巨大的教育力量。因此,思想政治教育实践教学具有强大的自我激励教育功能。

2. **典型榜样教育**

榜样教育法是我们国家惯用的一种引导社会良好风尚的教育方式,榜样教育法同时也是实践教育的有效方法。典型榜样教育将抽象的说理变成了现实,激起了人们思想情感的共鸣,从而引导人们学习、对照和仿效。思想政治教育实践教学活动中,众多典型榜样为大学生榜样教育提供了素材和条件,为学生在实践中品德的养成提供了良好的载体和环境。大学生在参与思想政治教育实践教学中,直接或间接地对典型榜样精神进行学习,使学生自我教育的实现变为了可能。思想政治教育实践教学活动所具有的典型榜样教育功能体现在两个方面:首先,团队成员中的典型榜样对大学生具有效仿效应,在教学过程中,大学生总是处于团队之中,团队中优秀成员的思想和行为会对周围参与实践的学生产生巨大的影响,在潜移默化中促使实践成员树立起向优秀榜样学习的意识;其次,实践中的所见所闻极易影响大学生,实践文化、环境中的典型榜样也会对大学生产生思想上的震撼和行为上的影响,如在实践中对革命英烈和对传统艺术文化的参观和深入学习,以及对传统文化艺术会使学生思想上产生巨大的触动。

3. **激发创新精神**

马克思认为,即使在一定的社会关系里,每一个人都能成为出色的画家,但是这也绝不排斥每一个人成为独创的画家的可能性。

马克思主义理论作为科学的世界观和方法论,是指导学生在实践活动中能够求新、求变,密切现实情况,结合现实需要开展实践活动的理论。思想政治教育实践教学活动对大学生创新精神的激发体现在三个方面:第一,可以激发大学生主体创新,大学生作为实践的主体,具有主动性和能动性,实践活动为大学生创新的主动性、积极性、创新性提供了空间,最大限度激发了自我的创新;第二,可以激发大学生的创新意识,思想政治教育实践教学过程将学生的理论知识与现实活动结合起来,在实践中迸发出新的想法,创新出与时代紧密结合的社会现状调查、旧实践项目在新时期的价值挖掘等;第三,可以激发大学生的创新思维,创新思维是一种辩证的思维意识,它对于指导学生创新思维具有重要意义,通过实践树立包括全面的、联系的、发展的辩证意识，利用实践中产生的成果，参加科技节和全国创新创业大赛，以实践带动创新，在创新中实践和发展。

二、高校思想政治教育实践教学的价值

高校思想政治教育实践教学可以更好地提升思政教育的效果，增强学生参与的积极性，进而更好地培养学生各方面的素质。

（一）整合资源，重视实践

高校学生普遍已经成年，对社会已经形成一定的认知。因此在思政教育的资源方式上，就要比中小学丰富得多，如社会公益活动，社团活动等。很多高校不能将这些资源进行有效整合，造成多头管理，分头进行的情况。这样的方式不能使每个活动都被有效地利用起来。思想政治教育实践教学将学校中的各种实践资源进行整合，形成一个集思政、成才规划为一体的模式。这样的模式打破了原有的实践活动界限，有效地整合了资源，大大提升了思政教育的实践效果。

（二）优化教育环境

在思政教学过程中存在着能够影响其教学效果的各种因素。影响思想政治教育实践教学的环境包括了社会和学校两大方面，而这两大方面又包含了众多的要素，这些要素相互关联有构成了一个庞大而复杂的系统。学校就需要根据需要优化自身的教育环境。例如宣传校训，建立有浓厚学术氛围和精神象征意义的建筑，组织一些宣传演讲活动、评选活动等。这样能够让学生沉浸其中，进而引导学生向更好的方向发展。

（三）改进教育方法

大学生已经属于成年人，他们即将步入社会，接受社会的考验。因此大学生想要成才，必须接受学校和社会的教育。思想政治教育实践教学就是要将学校和社会两个课堂更好地结合起来。在实际教学过程中，学校可以将学校实践与社会实践有机结合起来。让学生突破学校的界限，到社会上接受锻炼。这样学生便又将社会发展的人才需求回馈给学校，从而促进学校进行改变，更好地帮助学生成长。

（四）拓展教育平台

思想政治教育实践教学可以充分挖掘利用丰富的教育资源，为高校思政教育

拓展出一个新的天地。高校可以充分整合校内外的各种资源，让学校、社会、企业都参与到教育中来，最大限度地拓展了思政教育的平台，让整个社会都参与其中。比如高校可以让每一个学院都建立与校外企业、社团组织的联系。可以让学生出去实践，也可以邀请校外专家演讲，在实践过程中要邀请校内、校外优秀的工作人员作为德育导师进行指导。通过这样的方式可以更好地培养对社会有用的人才。

第四节　高校思想政治教育实践教学体系构建的思路

一、教育主管部门要优化课程管理制度

教育部门是国家专门负责教育的主管部门。我国的教育行政部门分为中央教育行政部门和地方教育行政部门。对于高等院校的教育来说，既需要中央行政教育部门的统一指导，又需要地方教育行政部门根据地方实际来进行规划和设置。对于当前高等院校思想政治课教学来说，教育主管部门需要做好保障工作，以便增强该课程的重视度和保障该课程的顺利实施。

教育主管部门要从思想层面和行为层面给予思想政治课足够的重视，通过提高等院校思想政治课的比重和变革现行的考试制度，提高人们对该课程的认识和增加对该课程的重视度。长期以来，高等院校思想政治课在学校、教师、学生、家长心目中的地位不高，狭隘认识制约着思想政治课功能和作用的发挥。所以，提高思想政治课的课程地位是解决"不重视"问题的关键。教育主管部门首先要在制度层面和理论层面提高对该课程的重视度和地位。高校思想政治课在具体实践过程中的地位，还需要在一些新方案实施一段时间后再继续考察，并且还得根据考察结果来分析是否有利于改变该课程现行的教学现状。

二、学校要完善课程教学管理工作

学校是有目的、有计划、有组织地向受教育者传授知识，培养符合社会要求的公民的一种特殊社会组织。学校是教师开展教学活动的载体，学校的教学活动、课外活动、校园环境、校园文化等对因素对学生思想品德的形成和发展都具有一定的影响；学校的教学理念、教学管理制度、教学考核方式等都对教师教学产生了一定的影响。教学评价体系不健全、校园文化建设不足等都是影响当前高等院

校思想政治教学效果不佳的因素。因此，高等院校应该做好校园文化建设工作和构建合理的课程评价体系，以此来保障思想政治课的教学。

（一）不断完善课程评价体系

一个好的评价体系不但可以提高课堂的教学效果，而且可以提高学生的各项素质。现在高校思想政治教育的教学评价不完善已经严重影响到教师的积极性，导致教师在教授知识的过程中只重视知识的传授，忽略了情感价值和能力的培养。所以为了提高思想政治教育实践教学的效力，需要对评价体系进行完善。

首先，要建立促进学生全面发展的评价体系。高校思想政治教育实践教学与其他课程有所不同，是以培养学生良好道德品质和相关法治知识为目标的，其目的在于促进学生健康成长。所以不能一味地以实践结果的分数作为唯一标准，而是要考查学生在实践过程中的思想和行为的变化情况。

所以，需要从评价目标、评价内容、评价主体、评价方式等方面对学生的评价作出具体的规划。

在评价目标上，要摒弃"应试教育"的影响，更加关注学生的需要，使学生能够通过教学评价，发现自身存在的问题，总结经验教训，及时调整学习策略、改进学习方法、增强学习的自觉性；在评价内容上，要在重视知识目标评价的同时，注重情感态度价值观和技能上的评价；在评价方式上，要改变以往"一考定性"的教学评价模式，评价不仅要关注结果，更要关注发展变化的过程，将形成性评价与终结性评价结合起来，并且要更加注重发展过程中的形成性评价，评价的方式尽可能多样化，在进行形成性评价时，要尊重学生的差异和个性特点，以学生自身的状况为基点，进行横向和纵向的比较，发挥评价的激励作用，增强学生的自信心、强化学习动机，让学生在现有基础上得到发展；在评价主体上，要注重评价主体的多元化，要从单向的教师评价转向多主体评价，建立起教师、家长、管理者、学生之间共同评价的评价制度，尤其要重视学生之间的相互评价，以及家长对孩子的评价。

其次，在对教师的评价上建立发展性教师评价体系和激励机制。在对教师教学的评价上也要将终结性评价与过程性评价相结合，并且要更多地关注过程性评价。要看到教师在教学中所做的努力和存在的不足，对于积极开发课程资源、丰富教学内容、利用多种教学方式和方法激发学生学习兴趣、提高学生课堂参与性的教师，要及时地给予鼓励和支持；对于在教学过程中"照本宣科"的教师，要及时地提出对教学改进的建议，促进教师在教学过程中不断地提高自身的教学水平。除此之外，在教师评价的方式上可以采取教师自评、教师之间互评、学生评价等多种方式，鼓励教师摒弃惰性，激发教师的教学积极性和创造性。

（二）拓展实践教学平台

第一，要结合本地的特色和实际情况，开展多样特色的校园文化活动来辅助思想政治课教学的开展。结合传统文化和红色文化等，开展文化大课间操、节日活动，举办一些爱国主义、民族团结、诚信、理想、孝道等与思想政治课程内容相关的演讲比赛、知识竞赛等活动，增强学生的自主参与意识，还可以开设文化社团，丰富学生的校园文化生活。例如有的高等院校就开设了民族社团，自社团开设以来，社团中的民族文化活动便大大激发了学生的兴趣和参与度。

第二，学校要结合本地方的现实条件，拓展校外教学实践平台，组织一些相关的校外实践活动，让理论与实践相结合，使学生在实践中感受和体会所学知识，丰富学生的课外生活。例如与本地的博物馆、抗战纪念馆、民族英雄故居、民族文化遗产传承中心、法院、社区等一些社会机构建立共同教育平台，定期带领学生实地参观和考察。如果没有这些实践教学平台，则可以利用自身优势，带领学生走出校门，参与社区服务，带领学生参观大自然的美好风光，让学生感受大自然的魅力，感受生命的多样性。

（三）注重课程课时的分配

课时保障是教师开展课程教学的条件。课时保障不足，教师在教学过程中就不能很好地对教学内容进行分析和讲解。习近平总书记在多次的讲话中，强调了学校开展思想政治教育的重要作用。他提出学校要将思想政治教育放在更加重要的位置，教师要根据学生的特点和成长规律，循循善诱，让每一堂课、每一次活动不仅传播知识、健康身心，而且要传授美德、陶冶性情，倾心地关爱和帮助学生。在高等院校阶段，思想政治课是对学生进行思想政治教育的主要课程。因此，学校必须重视思想政治课，在课时分配上，要合理地分配好思想政治教育的课时，既不能影响其他课程的教学，同时也要保障本课程的教学。目前，大多数学校在该课程的课时分配上仍然不足，应至少保证该课程一周有3次正课，不能用晚自习来顶替正课教学，还要考虑将课时划分为课堂教学课时和课外实践课时。

（四）创建良好的教育环境氛围

增强思想政治教育工作的吸引力、感染力，创建良好的教育环境氛围是非常重要的一个环节。思想政治氛围的营造，既依托于必要的硬件建设，也离不开多样的制度建设。以某高等院校为例,主要通过加强上墙文化、事务栏、荣誉室(墙)、公共媒体等四种方式开展氛围营造工作。

首先,展板、橱窗、宣传条幅等宣传符号是最为常规的氛围营造方式。通过科学的设计编排,与重要教育内容相互呼应,有助于学生掌握教育的重点和精髓。以某高等院校为例,2019年,在其工作场所共布设有两个橱窗展示栏,四个展板展示区,挂设有两个条幅。橱窗分别展示的是庆祝中华人民共和国成立70周年和年度主题教育的内容;四个展板分别展示的是学校近五年的发展目标、校训、年度工作思路及重要讲话;条幅是一些有趣的标语。通过上墙文化,将环境与思想政治工作有机结合起来,实现思想政治教育潜移默化的影响。

其次,事务公开栏也是一个学校各类基层事务的主要场所,也是学生最为关注的场所之一。事务公开栏与上墙文化相比,因其可随时更换的特点,流动性强,更易于展示一些时效性较强的内容。在通过对几个高等院校事务公开栏的观察,有不少高等院校为党建或思想建设开辟了专门的位置,主要展示有心理健康教育学习资料、教育活动计划、与教育相配合的人员承诺书等。

再次,利用好荣誉室(墙)也是十分必要的。思想政治教育工作需要时间的积淀和实践的考验,需要在一代代学生的薪火相传中锤炼,所以精神的传承对于学生来说有着更为深层次的意义。在各高等院校都不同程度地建设有荣誉室或荣誉墙,这是高等院校思想政治工作最生动、最接地气的活教材。以某高等学校荣誉墙为例,主要设计的功能模块有学校简介、历史沿革、主要荣誉、未来展望四个部分,充分展现了一个学校的历史脉络、先进典型等内容。在一些重要的时机,组织所属人员定期参观荣誉室(墙),了解学校文化,可以提升学生对学校的认同感,激发学生和相关工作人员工作的积极性和主动性。

最后,不能忽视凸显公共媒体的宣传作用。利用新闻广播、新社交媒体等方式开展思想政治氛围的营造,包括典型人物事迹宣扬、思想工作开展情况介绍等,采用媒体方式的思想政治氛围营造,传播性好、受众面广,能起到事半功倍的效果。例如有的高等院校制作了四期"人物风采"系列活动,选取了四个主题,分别是"年轻教师骨干系列""学生学校生活""家庭系列""优秀学生系列",在"我们的天空""学习天地"等媒体公众号上进行了发表,让更多的人了解到学生学习和生活的点滴,为提升学生荣誉感提供了有效途径。在与学生进行交流时,大家普遍认同此类宣传模式,一个学生说道:"看到新闻上同学的故事,就好像看到自己一样,感同身受,特别愿意把新闻转出去,让更多的人看到,更好地了解我们。"同时、通过公共媒体进行氛围营造时要特别注意保密隐私的问题,防止发生侵犯隐私的事情。

（五）与家庭教育相结合

高等院校不仅承担着育人的主要任务，还是思想意识形态工作的主阵地。高等院校是学生生活、学习的主要场所。因而，高等院校必须将时代发展、社会需求和大学生发展需要相结合，其思想政治教育应当有与家庭教育进行衔接的意识，在强化家庭教育指导、深化家庭教育理论研究的同时，重视优良家风、家教等内容的宣传，有效地组织学生的实践活动。这样以家庭教育为新的触点，切实完成高等院校促进大学生思想政治提高的任务。

第一，高等院校思想政治教育应坚持理论与实践相结合的原则。以高等院校为主阵地，以大学生为主体，以家庭教育有关的经典故事为题材开展校园文化活动来传播优秀家庭教育思想，营造传播优秀家风、家训文化的氛围，使他们在高等院校活动中感受到优秀家庭教育的潜在育人作用，感受到优秀家庭教育的魅力。也可以定期组织大学生观看经典纪录片，让大学生了解他们的事迹与家庭，促使大学生感受到教育对人成长的作用，增强大学生对家庭教育重要性的认识。

第二，高等院校要以提高学生思想道德素质为目的，将优秀家庭教育中的经典故事和情节故事整合起来，编写出有利于大学生成长的优秀家庭思想政治教育材料。要深化对优秀家风、家训课程的建设。优秀家风、家训课程有助于大学生的身心发展。高等院校可以在思想政治教育课程设置的过程中兼顾优秀家风、家训课程的设置，这样有助于大学生吸取优秀传统文化知识，从思想道德方面对学生进行教化。高等院校可以利用高等院校自身的优势成立家庭教育思想政治理论宣讲团，普及家庭教育的基础知识，运用科学且实用的家庭教育方法，助力家庭建设，持续燃起家校思想政治教育明灯，强化家校思想育人效果。

三、社会要营造良好的教育环境

（一）加强经济的助力

地方教育事业的发展需要经济基础给予支持，只有地区经济不断发展，学校的教学基础设施才有保障；只有地区经济不断发展，提供一定的就业岗位，家长们才能就近务工，大学生的就业率才会上升。因此，对于一些地区来说，要加强地区特色产业的开发力度，发展经济，促进地区农村经济的发展。除此之外，政府部门要加大对经济贫困家庭的救助，帮助困难学生顺利入学，将扶贫与扶智相结合，整体上提高我国人民的综合素质。政府部门一定要善政，加快地区经济发展的脚步，从根源上减少地区教育问题，与家庭、社会、学校共筑保障大学生的合力，关注大学生的良好发展。

（二）纠正社会不良之风

在尊重各地文化和习俗的基础上，加快推进移风易俗工作，纠正地区不良之风。首先，要加强法制宣传教育。一些社会上的人员文化程度普遍不高、法制观念淡薄。因此，司法机关、公安部门等要加强法制宣传教育、增强人们的法律意识、维护社会秩序稳定，给高等院校思想政治课营造良好的社会环境氛围。其次，要根除社会上的一些"重男轻女"的思想，通过宣传教育男女平等的思想，为女孩争取平等的受教育机会，减少大学生中女生就业受歧视等现象的发生。再次，要化解"新读书无用论"思想的危害，正确认识读书对于社会与国家发展的重要作用，以及读书对于边远贫困家庭大学生的重要作用。最后，要注意纠正社会上的不良之风。如赌博风、酗酒风、迷信风等。除此之外，还要抑制当前社会存在的不诚信之风，为思想政治课教学营造良好的社会环境。

（三）优化网络文化

网络是一把双刃剑。为了给大学生营造良好的网络学习环境，发挥网络对高等院校学生进行思想政治教育的重要作用，加强网络文化建设刻不容缓。首先，要加强网络文化内容建设。网络文化内容要真实，要坚持正确的舆论导向，弘扬主流文化价值观，服务于人们的精神文化需求。其次，要加强网络监管与治理。加强对网络上垃圾邮件、色情网站、网络诈骗、网络游戏的监管，对一些不良网站和非法网站坚决取缔、依法管理。最后，学校要建立校园网，为教师和学生提供教学和综合信息服务平台，从学校层面筛选网络信息，阻挡非法网络信息，建立起多层防护的网络安全体系。同时，要善于利用学校官方网络平台对高等院校学生进行道德教育和法治教育。例如在学校官网、微信公众号、抖音、微博等互联网平台上，发布一些与思想政治教育课程教学相关的活动，也可以拍摄一些具有启发性的视频放在平台上供学生学习。

四、家庭要构建良好的教育环境

（一）发挥家庭成员的积极影响

在现代的教育中，越来越多的人都认识到了家庭教育对孩子道德教育的重要作用。家庭教育主要是指家庭中父母或其他成年人对孩子的教育过程，良好的家庭教育可以使人受益终身。"子不教，父之过；教不严，师之惰"这是中国古代先辈们流传下来的道理，其强调父母和教师对孩子教育的重要作用。约翰·洛克（John Locke）非常重视家长对孩子道德教育的影响，他认为，父母对孩子进行道德教育可以采用说理教育与榜样示范教育、宽严结合、奖惩相宜的教育方式，但最为有效和直接的方式是榜样示范教育。家长只需要将榜样放在显眼的地方，学生自然而然会根据榜样的要求来规范自身的行为。

再好的教师也比不过家长的言传身教，"家庭是孩子的第一个课堂，父母是孩子的第一个教师。"[1]新时代背景下，要求家长给孩子树立榜样，用正确的思想、方法和行动教育和引导孩子，要以小见大，从点滴小事中让孩子欣赏真善美、远离假丑恶。在教育过程中要注重动态教育的重要性，要随时、及时地做好孩子的教育引导工作。家长的榜样力量对孩子的道德教育更具有持久性和深刻性。虽然一些大学生的家长受教育程度不高，对学生的知识学习无法辅导，但家长可以对孩子进行正确思想的引导和行为规范的引导，将本家庭中关于朴实、善良、遵守规则、礼貌、包容、相互帮助、尊老爱幼、讲究卫生等优秀的传统道德教授给孩子，帮助子女形成良好的道德品质和行为习惯。

可以说，家长以热情的态度面对工作，孩子就肯定会以认真的态度面对学习；家长以真挚的感情处理人际关系，孩子肯定就会以友善的方式对待身边的同学、朋友；同时家长积极向上的思想行为会对孩子的信仰塑造产生积极的影响。对于"谁（什么）会影响你的人生追求与信仰？"这一问题，很多人都会回答是"父母"和"生活经历"，足以看出家庭成长环境对高等院校学生信仰塑造的重要性。

所以，高等院校学生牢固树立起共产主义信仰要从家庭开始，家庭成员需要做到以下几点：一是以身作则，家长在处理日常问题时要合法合规，符合道德标准要求，为高等院校学生树立起表率的榜样作用；二是思想积极向上，在家庭环境中，家长的思想决定了家庭发展的方向，家长要牢固树立起对共产主义的信心，要给高等院校学生传递正能量；三是重视与孩子的沟通交流，现今生活节奏快、

---

[1] 教育部. 教育部关于加强家庭教育工作的指导意见[EB/OL].（2015-10-16）[2021-07-30]. http://www.moe.gov.cn/srcsite/A06/s7053/201510/t20151020_241366.html.

工作压力大，家长往往忽视与孩子之间的沟通交流，而正值青春期的高等院校学生也不愿与家长交流，所以学生的思想问题极易得不到关注，家庭成员要注意与孩子的交流沟通方式，还要通过与孩子交流新事物的手段来走进孩子的内心，从而对孩子进行教育引导。

另外，家庭道德教育需要重视优秀传统文化教育和家庭文化教育，营造一种重视文化的氛围。相关的组织机构可以春节、清明、端午、中秋、国庆等传统节日为载体，以社会主义核心价值观为主旋律，也可以利用国家的教育场所，面向全社会开展宣传教育活动，将理论知识的宣传转化为具体的实践活动，更好地完善社会育人结构，为家校育人提供保障。

（二）增强教育意识

对于一些家庭教育来说，家长要改变"读书无用"的观点，尤其是"女孩子读书无用"的思想观念，必须充分认识到学校教育对于下一代命运的改变有多么重要。如果不让孩子读书，那么自己的孩子将一辈子在大山里度过，依旧过着和自己一样贫穷落后的生活。家长要为孩子以后的发展考虑，不能因为教育而耽搁孩子未来的发展，要知道对于农村的孩子来说，尤其是女孩子，只有接受教育，才能真正地享受平等。扎根教育事业的时代楷模张桂梅说过一句话："读书对山区女生100%重要。"，只有读书，学生才能走出大山、才能走出贫穷，并且张老师一直秉持着"一名女生接受教育，可以改变三代人"的信念建立免费女高，让丽江贫困山区的女孩子有书读。结合自身和现实的家庭教育情况，笔者赞同张桂梅老师的观点，因为在一个家庭中，母亲与孩子比较亲近，一个有远见、有知识的母亲会将自己的远见传递给孩子，让孩子终身受益。因此，对于一些大学生家长来说，一定要增强对学生的教育意识，树立起"文化摆脱贫穷"的思想。

此外，在我国教育发展进程中，创作了一批优秀的家庭教育书籍。一些文人学者或是祖辈，根据自己家庭教育的实际经验，撰写成"家风、家训"传给后代。但是这些都不同程度地带有阶级性、历史局限性，如今家庭教育的继续发展也面临着新挑战。在党和国家的号召下，家庭教育已经逐渐得到了重视，但是仍然缺乏较为科学且适应时代的理论指导。

（三）积极配合学校

苏联教育学家苏霍姆林斯基认为，学校和家庭是两个重要的教育者，不仅要在行动上保持一致，向学生提出相同的要求，更要在思想意识方面专注一致，甚至在教育方法、教育策略方面更深入协作，为学生的全面发展多沟通、多交流。学生的辍学现象时有发生，学生辍学的原因有很多，但有些家长常常把孩子的教育问题完全推给学校，把孩子送到学校后不管不问。家庭和学校是对孩子进行教育的主阵地，加强学校与家庭的沟通，实现二者的有效互动，这对于引导学生形成正确的世界观、人生观、价值观具有重要的作用。所以，家长要积极配合学校工作，尤其配合学校劝导子女把握好大学阶段努力学习。

首先，要积极配合高等院校在课堂、教材、大学生思想等方面积极开展的家庭教育工作，根据学生的特点，采取分阶段的家庭教育方式，将大学生的教育全过程联系起来。在这方面，教师可以向大学生家长讲解一些家教、家风、家训的名言警句或是经典故事，从思想意识方面对大学生家长进行思想道德教育，发挥高等院校思想育人作用，从而达到教育大学生的目的，使其思想符合社会主义社会的发展。

其次，家长应该以社交网络为载体强化和学校的联系。网络已然成为交流的主要手段，网络技能的学习也就自然成为每个人的"必修课"。在网络文化快速发展的时代，各种新型媒介层出不穷。作为积极思考的学生，容易接受新事物。家庭教育与高等院校思想政治教育之间的纽带，不仅要对优秀家风、家训学习常态化，而且要重视大众传媒在家庭教育和学校教育过程中的重大价值。家长可以将强大的社交网络作为载体和高校的相关主体进行及时沟通。高等院校也可以从校园广播、校园文化墙、校园主题网站等方面着手进行宣传，起到育人作用。社会可以从源头做起，严格检查作品和节目的质量，使报刊、电视广播、等媒体端正态度、传播正能量。如通过网络，我们可以引导校园和社会良好的风尚。在开展思想政治教育的过程中，必须重视树立典型榜样，充分发挥典型在高等院校和社会中的突出作用；充分发挥网络教育的作用，宣传网络典型故事，努力营造学习和争创优秀人物的良好氛围。

（四）引导树立艰苦奋斗的精神

受计划生育的影响，现阶段普遍都是少子女家庭，独生子女家庭仍有较大比例。另外受中国家庭传统观念的影响，一般家庭都会在孩子接受高等院校教育期间提供物质金钱帮助，以助孩子顺利完成学业。

根据中国的物价和消费水平，在校园内每月超过千元的生活费足以满足学生日常吃饭、花销、娱乐支出，高等院校学生不会为了生计发愁，家庭条件优越者甚至会追求物质享受、奢靡生活，认为学习只是为了获得一份金钱至上的工作，这不利于其进行共产主义信仰塑造。为了能使新时代大学生群体理解共产主义的信仰内涵，一是整个家庭要注意不能过分追求物质享受，例如小家电坏了自己动手修、废物合理利用、节约用水电等；二是正确培养金钱观，父母的钱是父母的钱，不能坐享其成，更要注重纠正金钱至上的观念，不能忽视孩子信仰的形成；三是鼓励孩子在校勤工俭学，新时代的高等院校学生群体，价值观处于萌芽阶段，自尊心要强，家庭要积极引导孩子看待勤工俭学问题，可以借鉴国外学生在高等院校期间的家庭教育方式，让他们明白自己要想获得奖励需要自己争取，让孩子自己通过劳动获取自己想要的东西。要多效并举，帮助新时代高等院校学生群体养成艰苦奋斗的精神，这与现阶段国家所倡导的劳动教育本质上是相一致的，目的就在于更好地使共产主义信仰在其心底生根发芽。

第四章 高校思想政治教育实践教学现状

本章主要内容为高校思想政治教育实践教学现状,主要内容有高校思想政治教育实践教学的重要性、高校思想政治教育实践教学的基本形式、高校思想政治教育实践教学存在的问题和解决高校思想政治教育实践教学存在问题的对策。

第一节 高校思想政治教育实践教学的重要性

思想政治教育是提高大学生思想政治素质、培养合格的中国特色社会主义建设者和接班人的重要环节,也是高校综合素质教育的核心。思想政治理论课是高校思想政治教育的主渠道和主阵地。实践教学作为高校思想政治理论课教育教学的重要环节,应该得到加强。因为这是时代发展的客观要求,是提高思想政治理论课实践教学实效性的必然选择,是促进大学生全面发展的必然要求。

一、实践教学是时代发展的客观要求

进入 21 世纪,我国的经济飞速发展,不论是人均 GDP,还是外汇储备,都有着令国人欣喜的增长。但是,随之而来的社会重大变革使我国高校思想政治理论课教育面临着前所未有的复杂情况和巨大挑战。享乐主义、拜金主义、极端个人主义等资产阶级腐朽思想悄然潜入,而诚信缺失、信仰危机、情感淡漠、心理脆弱等也逐渐侵蚀着当代大学生的心灵。作为肩负培养大学生良好政治思想道德素质重任的思想政治理论课,必须及时地掌握大学生的思想动态,了解在这样一个历史与现实、传统与现代、本土文化与西方文化等多种因素交织在一起的复杂社会背景下大学生的困惑和迷茫,有针对性地引导他们解决这些社会重大变化给他们思想上带来的种种强烈冲击和所出现的问题。自然地,实践教学就充当起了这样一个举足轻重的角色。它为当代大学生创造了这样一个实践的平台,让大学生深入到社会现实中。只有这样,才能让大学生在改革开放的浪潮中体味思想政

治理论课的深刻内涵；才能在实践中向广大的社会主义建设者学习并逐渐摸索如何在面对现实问题时采取科学的态度；才能从根本上认识问题的根源、发展、演变及其多变的表现形式；才能发挥自身的主观能动性，结合课堂上教师讲授的系统理论知识去分析问题，做出科学的判断，最终找到解决问题的方法，并采取符合社会道德规范的行动，将自己培养成合格的中国特色社会主义建设者和接班人。而这一过程绝不能由教师一手"包办"下来，否则就是用"粗暴"的方式束缚了学生的主观能动性，剥夺了他们观察与思考的权利，最后的结果必然是学生只能机械地记忆，对社会问题的理解出现偏差或一知半解，对遭遇到的社会问题缺乏科学的判断，从而导致采取错误的行为。所以，我们必须加强并优化思想政治理论课的实践教学。

二、实践教学是增强思想政治理论课实效性的必然选择

长期以来，思想政治理论课教学基本是"教师—教材—粉笔—黑板"的线形教学形式。这种传统的教学形式，虽有一定的效果但是并不理想。随着社会现实的变化，尤其是青年学生主动参与意识的增强，其发展越来越不适应社会的需要。实践证明，思想政治理论课教学要有更理想的教学效果，关键还在于使学生爱学、想学、好学。要达到此目的，需要从多方面改革教学内容和方法，要运用直观教学、愉快教学、情景教学等形式，通过让学生积极参与，使他们由配角成为主角，调动其学习的主动性与积极性。例如在"思想道德与法治"的实践教学中，给同学们放映一些庭审纪实录像和一些案例，让同学们看完后，在课堂上进行分组讨论，然后各组代表陈述观点，最后教师点评。这种案例分析与讨论的形式使枯燥的理论和抽象的法律条文结合起来，能充分调动学生的思维和积极性，使理论与实际充分结合起来。这样的案例教学，增强了学生的直观感，使教学内容更易于被学生理解和掌握。特别是提高了学生对法律知识重要性的认识，增强了学生遵法、守法的法律意识。这种实践教学大大提高了思想政治理论课的实效性。

三、实践教学是促进大学生全面发展的必然要求

第一，实践教学有利于提高学生分析问题、解决问题能力，培养他们的创新精神、创业精神。思想政治理论课教育是一种思想理论教育，当然要注重理论的讲解、观点的引导，使学生掌握理论。但学习理论贵在学以致用，一方面要培养

学生分析问题、解决问题的能力；另一方面要培养他们的创新精神、创业精神，自觉地将自己的聪明才智贡献社会，服务人民。要达到这个目的，就必须面向社会现实进行思想政治教育。而对大学生加强思想政治教育的目的不仅仅在于使他们在校园有良好的表现，更重要的是使他们毕业后在社会上有良好的表现。

第二，实践教学有利于解决大学生的思想困惑，促进其走向成熟。随着经济的发展，科技也在不断进步，现阶段进入互联网时代，我国大学生一边享受着科技发展带来的方便快捷的生活，另一边，网络上的各种言论也在对学生的世界观、价值观、人生观、道德与情操进行着冲击与考验。面对这些在大学生中常见的问题，解决的突破口就是实行思想政治理论课实践教学。通过思想政治理论课实践教学活动，使学生走出课堂，融入学校和社会中去。体验各种实践活动，在活动中履行道德规范，让学生自己教育自己、自己说服自己，使学生体味中华五千年灿烂文化传承的优良道德规范，并自觉地将其运用在现实生活中，真正做到"知行合一"。

第三，实践教学有利于培养和提高大学生综合素质。素质教育是当今我国高等教育发展的客观要求。在思想政治理论课教育教学中，如果把学生引向社会这一广阔的课堂中，引导他们了解国情民情，增进对人民的感情，培养他们艰苦奋斗、拼搏进取的精神和建设祖国、服务于民的责任意识，就更能激起他们强烈的参与感与高度的社会责任感。实践教学在思想政治理论课教育中的重要地位和重要作用表明，只有卓有成效地开展实践教学，才能保障我们的大学生朝着正确的方向和沿着光明的道路发展，才能培养大学生自觉地将个人成长与祖国需要、人民需要和时代需要相结合。

第四，实践教学有利于培养大学生的集体主义观念。目前，高校组织的社会实践主要是集体活动，学生是集体中的一员，这就要求学生能够融入集体或某一团队生活中，并且扮演并适应其中的一个角色，承担起集体一员相应的责任，逐渐培养起应有的集体主义观念。同时，在集体活动中，学生彼此之间相互学习、相互交流、相互关心、相互体谅，不仅可以让彼此的思想碰撞产生智慧的火花，更重要的是让学生在团结协作的过程中形成的友谊得以自然加深；在遇到困难时，能够团结协作、相互帮助、共同克服；在遇到相互之间的矛盾冲突时，能够学会理解、相互宽容。

第五，实践教学有利于促进大学生的心理健康。当代大学生多数在困难和障碍面前总是显得苍白无力，总是想从家长、教师甚或是自己的同龄人那里寻求到帮助。当代大学生由于其大部分独生子女的背景和目前教育体制的弊端，造成了他们心理和性格上"天生不足"的缺陷。当代大学生在遭遇这样或那样的心理问题甚至是心理疾患时,能够引导他们走出阴影、重塑美好人生的重要方法之一是实践活动。通过实践活动,与不同的人群接触,与社会接触,使学生拓宽视野,增长见识,逐渐对各种复杂的社会情况有所认知。加上教师在此过程中的适当引导,让学生逐渐掌握分析、认识及解决社会问题的方法,而不致在遇到一些与自己所不熟悉的、与自己理想中相矛盾的社会情况时,显得那么无所适从,从而增强其社会适应能力。同时,在进行社会实践的过程中,要让学生磨炼自己的意志,增强克服困难、排除障碍的能力,在现实中重新认识自己,走出自我的误区,学会扬长避短发挥自己的特长,在自我欣赏、自我肯定的过程中克服自卑心理、增强自信心,从而使自己的心理、人格得以完善。

第二节 高校思想政治教育实践教学的基本形式

一、课堂实践教学

课堂作为现在高校教育和教学的核心,只有通过课程教育才能得到更加具体化的实现,显然思政课也不例外。在课堂上,教师应当因势利导,鼓励学生多思考思政课堂的内容和意义,并在此基础上激活学生的思维、创设良好的课堂氛围,从而培养学生的思维能力。

课堂实践教学是在课堂上创设一种情景或者设计一个环节,让学生亲身参与的实践教学模式,这种实践教学模式能够将课堂上教师的理论讲授与学生的亲身实践紧密结合起来,当堂讲授、当堂练习,加深学生对教师讲授内容的思考与认识。我国的思政课具有鲜明的理论性和政治性,而这样的特点往往会让课程在讲授时略显枯燥,而且对于广大"00后"的大学生,他们对于过去几十年甚至上百年的历史事件也比较陌生,而课堂实践教学模式则能有效降低思政课抽象与枯燥的程度。

课堂实践教学通常包括课堂辩论、焦点讨论、小组讨论、案例分析、影像展播、情景模拟等,这些课堂实践教学模式的存在能够把相对抽象、枯燥的理论或历史久远的事实通过课堂的某一个环节重新展现出来,能让学生对思政课的相关知识有更为直观、具体的认识。同时,课堂实践教学这一模式能够有效激发学生课堂学习的主体性与自主性,培养学生的思辨能力。

思政课课堂实践教学是为了达成具体的教学目标，在思政课教师的精心设计和组织之下，以思政课课堂为载体和平台，借助多种不同的形式将思政课教学内容与具体实践有机结合起来，引导学生进行思考与互动，在互动中加深对相关知识的理解与认识，进而达到提升学生思想道德素养的目的。

二、校园实践教学

顾名思义，校园实践教学是在校园内展开的实践教学活动，校园实践教学比课堂实践教学更加自由。通过对学生的思想政治教育校园实践教学，可以使学生加深对学校的认识，有利于丰富校园文化生活。校园实践教学的形式主要有校内调研、演讲比赛、标兵评选等。

校园实践教学能够充分利用校园内部的各类资源，发挥校内资源的优势，例如校内图书馆、体育馆、学生活动中心、学生宿舍等场所设施，同时还可以充分利用校内丰富的师资力量、学生资源、科研成果等。这些丰富的校内资源可以让高等院校的大学生不断拓展自己的理论知识，深化对课堂所学知识的理解。富含科学理论、紧密结合社会实际是思想政治教育的特点之一，思政课程既有近代的知识，又有当代我国大学生理想信念的阐述和近代国际事件的分析。通过校园实践教学可以加深他们的认识。例如通过图书阅读来了解百年前资产阶级及其政党革命的知识；通过校园走访、调研来真正了解当代大学生的理想信念状况；通过主题演讲或者展示等途径来深入分析和理解当前国内外大事及其对我们国家、民众的影响。校园实践教学模式可以说是一种连接学生课堂学习与自我实践的重要方式，能够有效提升思想政治课的教学效果。

三、社会实践教学

社会实践教学不同于在课堂实践环节中学生的自主参与，也不同于学生在校园内部各类实践活动中的参与，它是依据课程的教学任务和教学要求，在教师的指导之下，有计划、有步骤地参与校园外的各类社会实践活动的形式。由于学生大部分时间都是在校园内部学习、生活，所以，社会实践教学更多的是高等院校大学生在寒暑假或者节假日的空余时间到社会中参与实践活动。思想政治课上讲述的很多关于人生、社会、经济、政治等方面的理论知识都比较抽象，只有学生在参与社会活动中对此方面的知识有真实的感受，才能对这一知识点有更深刻、更全面的认知。

社会实践教学的形式多种多样，一般包括校外参观、勤工俭学、志愿服务等。学生参与多样的社会实践活动可以让他们更好地了解社会情况。比如勤工俭学可以使学生通过付出劳动来体会生活的不易，从而改变自己的消费观念；参与志愿服务可以让学生通过参加社会活动改变自己对社会的偏激认知。

社会实践是非常重要的，社会实践所达到的效果也是其他方式难以达到的，所以社会实践有其特殊的要求。第一，教育部门需要对思想政治教育实践活动给予课时上的支持和帮助；第二，高等院校需要对思想政治教育实践教学给予经济上的支持。如果没有这些支持，实践活动就无法长期、稳定地进行。

（一）社会实践是思想政治教育的重要载体

思想政治教育的载体是思想政治教育主体所运用的，能够承载和传递思想政治教育的内容或信息，促使思想政治教育主体和客体之间相互作用的一种活动形式或物质实体。社会实践活动具备了思想政治教育的条件和要求，首先，社会实践被思想政治教育主体当作教育的载体，被广泛地运用；其次，社会实践活动承载和传递了广泛的思想政治教育内容和信息，受教育者在实践中会直接或间接地受到实践活动的影响；最后，社会实践使主体学生与客体实践活动之间形成相互作用。学生参与社会实践是相互作用的过程，一方面，社会实践为主体提供了实践场所；另一方面，实践者通过实践作用于实践的发展，社会实践作为教育的形式和载体使实践主体参与实践过程，让其对实践体验更加丰富，对理论的认识不断深化，为思想政治教育目标实现提供了载体。社会实践是思想政治教育的载体体现在：实践的内容、参与形式及活动的场所等载体，都会对参与社会实践活动的主体学生产生包括思想、行为等多方面的影响。一方面，社会实践将教育对象由被动转变为主动，激发了实践主体参与社会实践的主动性和积极性，为其提供了创造性空间；另一方面实践参与者将理论与实践相联系，增加了思想政治教育的生动性，有利于实践教育目标的实现。

（二）思想政治教育为社会实践提供价值导向

由于社会实践活动是在校外开展的，社会实践环境和社会人群及实践的内容和形式都具有不确定性，大学生在参与社会实践活动过程中思想意识都处在不断地变化之中。因此，需要对大学生参与社会实践进行长期引导。

思想政治教育为社会实践提供价值导向体现在以下两个方面。首先，思想政治教育为社会实践提供了方法论引导。马克思在《黑格尔法哲学批判》中说过："理论一经掌握群众，也会变成物质力量。理论只要说服人，就能掌握群众；而理论只要彻底，就能说服人。"高校在做大学生思想工作时，要坚持马克思主义方法论指导，坚持一切从实际出发、实事求是。思想政治教育作为一种理论依据可转化成方法论，为大学生社会实践活动的开展提供具体的内容、方法、手段等方面的指导。其次，思想政治教育为大学生社会实践提供认识论指导。实践活动开展是由思想指引，人的认识受到具体实践水平认识的影响。大学生参与社会实践活动可能会受到不良社会环境、场所、见闻的影响，由此产生消极以至错误的思想和行为，继而影响实践活动开展的实际作用和效果。所以在实践过程中更应该以科学的认识论作为实践的指南，减少错误思想观念对学生的消极影响。

（三）社会实践与思想政治教育目标具有一致性

思想政治教育内容随着社会实践的深化而改变，并随着社会实践的发展转变其内容、形式、手段。社会实践活动可以充分发挥思想政治教育的主动性、积极性，不仅能够提升实践者对思想政治理论知识的理解和掌握，而且能够提升实践者的身体素质、政治素质及道德素质等多个方面的综合素质。当教育对象掌握一定的思想、道德、政治观念，实践主体就会以思想指导社会实践的方向，在实践中达到思想政治教育的目的。由于二者紧密联系、相互补充。因此，社会实践和思想政治教育都能达到教育目标。因而要重视实践的作用，同时也不能忽视思想政治教育理论的指导，保证社会实践能够朝着积极的方向发展，实现预期效果。总而言之，高校思想政治教育关注学生的全面发展，社会实践作为高校实践教育的重要组成部分，同样关注学生综合素质的提升。由此可见，思想政治教育与社会实践的目标是一致的，我们应该认识到二者的内在联系，使之相辅相成、相互促进。

第三节 高校思想政治教育实践教学存在的问题

一、思想政治教育实践教学的问题

（一）理论教学与实践教学失衡

理论教学必须与实践教学相结合，才能催发出勃勃生机。只有构建"习得—提升—转化—践行"的全流程无缝对接的教学体系，让学生不断参与，才能摆脱

"满堂灌"现象，激发信仰的力量。但是在实际教学过程中，存在理论教学与实践教学协同不一，重理论轻实践、重实践轻理论，甚至理论教育与实践教学相对立的现象。

1.过分重视理论教学而冷落实践教学

重视理论教学忽视实践教学是当前思政课存在的普遍现象。早在《(中共中央宣传部关于进一步加强和改进高等学校思想政治理论课的意见)实施方案》(简称"05方案")初步实施之时，教育部就对相应课程的实践教学提出了明确的学时、学分要求。但一方面由于人们对实践教学的理解不到位，另一方面受制于学生数量庞大、经费限制及安全隐患等多方面因素，加上各校在实际操作方面弹性过大，思政课实践教学并未得到充分开展，存在重理论教学轻实践教学的现象。

思政课"重理论轻实践"现象主要表现在三方面。一是只关注思政课"第一课堂"，即理论教学，基本不开展实践教学。教师成为课堂的主宰者，"满堂灌"，只关注知识的讲解与传授，而不注重学生的参与，使得思政课成为"瞌睡课"，课堂抬头率低、学生获得感不强。二是在理论教学的基础上虽开展一定程度的实践教学，但实践空间狭窄、形式老旧，呈现形式化状态。一些思政课设置翻转课堂环节作为实践教学的表现形式，本无可厚非，但是在实际操作过程中，由于学生数量庞大，课堂时间有限，仅限于部分学生参与，就大大降低了实践教学的覆盖范围。同时，翻转课堂在空间场域上本身也具有局限性，并没有为学生提供切实体验的环境与平台，依然是处于理论学习层次。三是将思政课实践教学等同于学生的其他实践活动。学生可将这一时间段内的实践活动作为实践教学的考核材料。这一操作方式极大地忽略了思政课实践教学的特殊性。思政课实践教学不同于其他实践教学，其设置的目的是让学生运用马克思主义的立场、观点、方法认识世界、改造世界，树立符合社会主义社会需要的价值观念。将思政课实践教学盲目与其他学生实践相结合，不利于思政课政治性功能的发挥。

2.过分强调实践教学而弱化理论教学

重视实践教学而轻视理论教学是思政课实践教学改革中矫枉过正的现象。实践教学政策的不断出台，加快了实践教学的推进，使得实践教学在各地广泛开展，但是也有矫枉过正的现象，出现为了实践而实践的状况。一是实践教学过多占用了理论教学时间。实践教学强调学生的主体参与，思政课教师往往采用翻转课堂、小组合作学习的方式作为实践教学的一部分，但是教师并未对展示内容与时间严格把关，因此造成课堂效果差，实践环节过多占用理论课堂教学的现象。教育部文件规定，实践教学的开展不应当占用正常的学时，因此仅在课堂上强调学生的参与性与主体性，是对实践教学的错误理解，会影响正常的理论学习。二是实践教学脱离理论教学。实践教学本身应当是对第一课堂即理论教学的补充，是在学生习得理论知识的基础上开展的补充性、深化性的课堂教学活动，但是在实际操作过程中，存在实践教学人云亦云的现象。无论是"马克思主义基本原理"课堂还是"思想道德与法治"课堂都一拥而上参观革命烈士纪念馆、参观红色基地，使得实践与课堂所学联系不密切、课程间区分度不明显，甚至存在重复现象。三是理论教学与实践教学相背离。教育者未进行课堂资源的筛选与严格把控，未把牢政治性原则在课堂上过分吹嘘或者过分贬低，使得教学内容在实践调研面前站不住脚，使得学生所学与实际调研相背离，形成不必要的困惑。

理论与实践同向同行，是推进思政课实践教学落地成效的必然要求。理论教学与实践教学是思政课发挥育人功能的两翼，必须同向同行、协同配合，才能更好地发挥思政的育人功能。理论教学与实践教学之所以失衡，与整体性教学计划缺失有关，哪一环节需要实践教学的参与，教育者未做思考与谋划，并没有将实践教学融合于思政课教学的整体性过程中，而是将其视为一个独立的环节。这就使得实践教学与理论教学脱轨，使得实践教学处于无处安放的尴尬境地。

（二）体制机制僵化，管理效率低下

思想政治教育实践教学还存在一个非常重要的问题是，现阶段我国许多高校思想政治教育实践教学的体制机制方面还有待完善，尚没有完善的体制机制来规范实践活动的各项工作流程和人员管理，缺乏长效的运作过程，同时也导致了发挥不出其应有的作用，致使实际效果不尽如人意。

首先是缺乏健全的组织领导机制。没有专门的领导力量和规范化的人员管理制度，不能有效地指导实践工作的开展，也不能把具体责任压实到个人，从而导致了工作开展中的混乱。另外，也没有严格的实践教育要求和切实可行的实践教学方案，以及没有关注到实践教育工作中应该注意到的一些问题，导致后续管理的缺位。其次是运行实施机制不规范、不顺畅。如果高校在开展具体实践活动时严格遵照国家的要求来执行，实践教育的结果会乐观很多。正是由于没有规范的活动实施步骤和有力的监督，实践活动的准备工作不充分，实践活动的设计也不精准，以至于不能充分调动起学生的参与性与能动性，影响了最终效果。最后是考评机制不完善、激励机制不健全，导致师生丧失积极性，没有动力。主要体现在评价标准的不合理、评价主体和评价方法的单一化，以及评价内容不全面。激励机制的问题体现在没有通过合理的方式肯定优秀师生的行为，激励手段对其他师生缺少诱惑力。

（三）基础环节薄弱，育人活动低效

第一，实践是与社会发展需求高度一致的对接活动，因而实践教育的内容也要根据时代、地域做出相应的调整。而现阶段高校实践教育的内容还是那些高度抽象的理论学说，高校对此没有自己的创新，仍然是千篇一律地沿用无差别化的宣传内容，没有根据本校的优势和特点，研制出符合自己学校的实践教学课程；也没有根据地域特征，联系当地实际调整教学内容；更没有及时地回应时代的要求，添加具有新的技术特点的教学内容。

第二，实践教学的方法不恰当，不能很好地适应学生的心理。虽然学术界对教学方法的研究甚多，许多高校教师也都熟知各种育人方法，但因为高校对实践教学的忽视导致管理制度不严，教师在育人方法的运用方面还存在很大问题，普遍存在重说教、轻引导的现象，课堂气氛不足，没有很好地照顾到学生的学习体验，没能激发出学生的探索欲望。

第三，活动设计缺乏针对性，无法满足学生的需求。高校实践环节薄弱的一个原因是没有根据学生的实际需求开展精准化的育人活动，一方面是没有根据专业发展的不同、不同年级的接受层次和不同群体的重点需求来设计与其发展相适应的活动，另一方面也体现在对不同个体的个性需求关注不到位。

（四）实践教学运行环节失序

实践教学运行环节失序是思政课实践教学实效性缺失的重要原因。前期的顶层设计与具体操作衔接不当是实践教学运行失序的表现之一；从实践中期环节来看，对地方资源的开掘不当是实践教学运行不利的关键原因；此外，实践教学的最终考核与评价环节也存在不足。

1.实践教学顶层设计与具体操作的衔接性不强

实践教学顶层设计与具体操作衔接性不强，是当前思政课实践教学普遍存在的问题。思政课实践教学的顶层设计是基于统筹管理思政课教学，促成思政课实践教学实现资源最优化、管理制度化和运行长效化的需要而制订的。2018年4月，教育部印发的《新时代高校思政课教学工作基本要求》中指出，要抓住思政课教学课前、课中、课后等关键环节，在操作层面进一步明确工作要求。但在具体操作过程中，常出现与工作要求不相符的现象。一是实践教学作为课后环节时缺乏监督与严谨考核。实践教学作为思政课教学的重要环节，贯穿课中与课后，课中

的实践教学大致可以保证，但是课后环节容易缺乏监督，与第一课堂脱节，严重影响了思政课实践教学的专业特殊性与考核严谨性。二是班级人数太多，教师负担过重。教育部《新时代高校思政课教学工作基本要求》中指出，应综合考虑学生专业背景组织思政课教学班，积极推行100人以下的中班教学，大力提倡中班教学、小班研讨的教学模式，逐步消除大班现象。但在具体操作过程中，由于学生数量庞大，教学人员与教学场地有限，还是出现了一些超过百人的思政课班级。学生数量庞大，教师组织开展实践教学就困难，因此很多教师处于"多一事不如少一事"的心态，就不在大班中开展针对性的实践教学活动。三是经费保障难以落实。教育部《新时代高校思政课教学工作基本要求》中指出，本科院校应按在校本硕博全部在校生每生每年不低于20元，专科院校每生每年不低于15元的标准提取专项经费，加强以教研室（组）为单位开展教师学术交流、实践研修等。这在一些重视实践教学的高校已完成，但在其他高校依然未落地成效。

总之，由于各高校的办学资源、重视程度不一，加之各高校思政课实践教学自主空间较大，因此具体操作参差不齐。思政课实践教学整体上还未有严格、规范的制度设计，实践教学依然比较孤立和空洞，未成为课堂教学的一部分而深入人心，因此在操作运行过程中，也容易呈现出混乱无序的状态。教育部文件中规定校长负责制，但是在具体操作过程中，思政课实践教学更像是思政课教师的职责。实践教学的具体工作细则亟待出台，顶层设计与具体操作长期脱节严重影响思政课的教学质量与教学成效。

2. 实践教学对地方资源开掘不当

地方资源的有效开掘和利用是保障思政课实践教学顺利运行的重要环节。"扎根中国大地办教育"的使命与担当，要求各地必须用好、用活地方教学资源。但由于历史、地理因素，思政课地方资源在我国不同地区存在方式不同、分布不均的问题，因此，保持科学严谨的态度就成为有效挖掘和利用这些资源的前提。

地方资源开掘不当是当前思政课实践教学资源不足的重要因素。一是未坚持正确的政治方向，对地方资源引用偏离立德树人的根本遵循。地方资源是为课程教学服务的，能为课程教学所用是最重要的原则，地方资源的开发利用要以新时代为现实参考，回答新时代的历史和现实问题，一些野史、口述史的正确性并未得到验证，不应该盲目使用。二是未坚持实事求是的原则，开发过度和使用不足并存。地方资源并不是万能的，不能过分拔高地方资源，要以历史事实为依据，恰当、合理地解读地方资源。三是未坚持理论联系实际原则，未以实效性和获得感为检验标准。地方资源是课程教学的补充，在开展实践调研或者课程活动之前，应当明确此次活动的任务，让学生带着课堂问题去探究实践，而并非走马观花式教学。同时在地方资源内容的遴选上应当坚持主体性原则，选择贴近大学生学习和生活实际的素材进行提炼和升华，并尽可能让学生参与其中。地方资源是开展好思政课实践教学的重要环节，也是理顺理论学习与实践学习的重要桥梁，思政课实践教学要利用好地方资源，必须将课程资源与社会资源相融合。

3. 实践教学考评体系单一化、主观化

良好的运行体系必然要有相应的考评机制做支撑，当前实践教学运行机制中，考核制度简单、无统一规范标准、主观倾向严重是导致高校思政课实践教学环节开展效果不佳的原因之一。

实践教学考评体系单一化、主观化的表现主要集中在以下四个方面。

一是未坚持全面性原则。当前思政课对实践教学的评价多限于文字材料，而没有将学生在实践中的具体表现、情感体验、参与度、获得感纳入其中，只重视结果评价未重视过程评价。同时从评价主体来看，也缺乏全面性原则。实践教学评价多注重对学生的考评而忽视对教师的评价，是单向度的评价，未发挥互相监督的作用。

与此同时，教育部规定本科生应当先学习"思想道德与法治"课、"中国近现代史纲要"课，再学习"马克思主义基本原理"课、"毛泽东思想和中国特色社会主义理论体系概论"课，但当前教育部对实践教学的学分规定仅有两分，已获得实践教学学分的学生在后期的课程中参与实践的意向不强，因此前两门课教师的实践教学压力可能高于后面的教师，如果不对教师的实践教学进行考评，既不利于鼓励组织开展实践教学的教师，使其保持积极性，也不利于监督不开展实践教学的教师。

二是未坚持针对性原则。思政课实践教学的考评应当坚持专业特殊性，以思政课育人的目标为导向，有针对性地开展考评。思政课实践教学的首要目的是帮助学生树立马克思主义的坚定信仰，更加拥护中国共产党的领导，树立正确的世界观、人生观、价值观。因此，实践教学的考评不应只拘泥于实践材料是否翔实完备，更要考查学生的政治立场坚定性。其次再注重考查学生运用马克思主义理论解决实际问题的能力，考查学生的选题质量、理论运用的广度与深度等。

三是未坚持发展性原则。当前思政课实践教学的考评是断点式的，没有一个长期追踪考核的过程。将长期性考核依托于某一门思政课实践教学，必然会严重增添教师的负担，这就需要建立一个系统的考评体系，将学生各门思政课实践教学的考评联系起来，在时间维度上确保考评的长久性与发展性。

四是未坚持客观性原则，主观化考评严重。当前实践教学环节的考评多限于教师考评，单人考评的主观性过强。大学生作为实践教学的直接体验者，应当成为评价的第一主体，实践教学也应当借鉴思政课第一课堂学生互评、小组打分等多元评价方法并存的考评方式，降低考评的单人主观性。同时思政课教师应当在落实实践教学前与学生共同商议，制订出具有操作性的评价方式，确保多主体共同参与，以更加客观的方式给予学生及教师评价。

（五）资源整合不畅，基地建设不力

现今的高校实践教育没有浓厚的氛围，同时实践教育环境也缺乏稳定性。主要体现在以下几个方面。

一是高校没有充分挖掘本地区的实践资源，没有找准本地区人民的需求，也没有结合本地风俗文化活动来因地制宜，从而导致了实践课程缺乏长效、稳定的运行机制。即便是同红色革命基地、博物馆、艺术馆等这种普遍性的实践教学资源也没有建立长期的联系、寻求深度合作。

二是高校实践教育基地建设不力。一方面是实践基地的数量不够，实践基地是保证实践能够长期开展的基础条件，没有充足的实践教育基地直接导致了学生参与人数与参与次数的减少。另一方面是实践基地的建设质量还达不到要求，不能满足学生的实际发展需要。

（六）后勤保障不足，活动开展受限

"巧妇难为无米之炊"，高校实践教育无法有效开展的决定因素还是在于高校对活动的支持力度。正是高校对实践环节的忽视导致实践活动的资金保障不够、时间投入也不够，并且在师资力量方面也很局限。

其一，由于资金投入得不够，极大地影响了实践活动的开展力度。经费是制约实践活动开展的首要物质基础，正是活动经费的不到位，导致前期的调研工作无法开展，也无法保障活动过程中所需要的基础设施、活动场地、人员分配，以及评价工作的开展等。有了这些方面的问题，高校也就较少开展实践活动。

其二，高校大学生实践活动时长不够。一个重要的问题是理论课堂和实践课堂的分配不合理，高校把大部分时间都安排在了理论教学上，实践课堂开展的次数屈指可数，正是由于实践活动太少，导致了很多学生没有机会参与，得不到有用的实践经验。另外，高校的教学工作中也较少地组织学生开展日常的校务劳动实践，忽视了校内实践的利用。

其三，师资保障不到位。一方面是缺乏足够数量的实践活动指导教师，同时高校实践教育也没有调动起党委、团委或学工处等后勤服务部门和管理人员的协同配合，为实践教师作补充；另一方面是高校缺乏专业的实践指导教师，没有建立起专业的指导团队，也没有经常培训负责开展实践活动的教师，以至于实践教师的专业素养仍旧很低下。

（七）功利化价值观带来的消解

劳伦斯在《现代教育的起源和发展》中指出，"今天，我们却不问怎样使一个孩子成为完整的人；而是问我应当交给他什么技术，使他成为只关心生产物质财富的世界中的一颗光滑耐用的齿轮牙"。功利主义是在个人主义、经验主义和自由主义等理论的基础上，将行为效果作为是非和道德与否的判断标准的思想流派，"最大幸福"理论是功利主义的核心诉求，主张用"功利"来衡量人生的价值行为。按照功利主义价值观来看，眼前即得的、现实可见的、实用的利益是人物质和精神的最高目标，这种价值观将人的社会性与道德性割裂开来。

功利主义思潮正由社会向高校蔓延，浮躁、形式化、功利化的不良现象在高校逐渐显现，部分大学生的思维方式、价值判断和行为方式都发生了巨大转变，对物质利益和经济利益的过度追求使金钱至上、利益至上的价值取向在部分大学生的精神生活中占据了主流地位。这种"以自我为中心"的功利主义思想正冲击着大学生的价值观、世界观和人生观。当面对物质利益和金钱诱惑的时候，大学生的价值观也随之发生方向性的变化，将利益看作是人际交往的根本动力，在追求物质利益的过程中弱化了理想信念和道德标准。

实践教育关注于人的社会化的整体进程，注重人的长远性、根本性和非功利性的价值获得，将实现人的全面发展作为终极的价值目标，建构起个体的精神世界。实践教育关注人的全面发展和精神世界的建构，与功利主义价值观之间存在着不可调和的冲突和矛盾。面对功利主义价值观的消解，既要遵循思想政治教育的规律找准定位和着力点，又要遵循人的成长成才规律，通过各种思想政治教育实践活动引导大学生树立正确的世界观、人生观和价值观。

（八）实践教学各方力量协同性不足

实践教学各方力量协同性不足是造成实践教学力量分散、资源浪费，运行无序的重要原因。从宏观层面来看，表现为学校与社会的协同性不足；从中观层面来看，表现为各育人主体的协同性不一；从微观层面来看，是教师与学生的协同性不足。

1. 宏观维度：学校与社会的协同性不足

2016年12月，习近平总书记在全国高校思想政治工作会议上指出，要坚持把立德树人作为中心环节，把思想政治工作贯穿教育教学全过程，实现全程育人、全方位育人，努力开创我国高等教育事业发展新局面。但是在实际操作过程中，育人的重担依然落在学校身上，社会参与度低，学校与社会育人的协同性不足。

从学校层面来看，学校未充分将思政课实践教学引申至社会，思政课实践教学平台单一。当前大学生暑期社会调研、挂职等活动多借助社会资源与社会平台，但是思政课实践教学却并未充分借助社会力量，参观革命纪念馆、博物馆，更多的是换一个学习场地与教学方式，并没有真正让学生接触社会、了解社会，因此社会资源的育人功能也难以真正发挥。此外，实践教学运行失序也与学校教学机制模糊有关。当前思政课实践教学并没有详细的教学大纲、活动计划安排及制度保障，学校无对接的社会实践基地或者实践基地单一。因此，教师要开展思政课实践教学时必须借助自己的社会资源，这就存在很大的不确定性，不利于实践教学活动的开展。

从社会层面来看，社会未为思政课实践教学提供充足的实践资源与实践平台。社会资源的开掘是实现充足实践教学资源的前提。当前，因资金、场地有限等诸因素，众多的社会资源未得到有效开掘，未成为实践教学资源。其次，社会资源纷繁复杂，不是所有的社会资源都适合成为实践教学资源，一些实践教学资源在开掘过程中缺乏有效指导与规划，未进行科学删选与加工，存在开掘过浅的状况，难以符合学生的成长需要，因此无法为实践教学提供充足资源。同时，思政课实践教学存在时间短、人员流动大等特点，难以为实践单位提供太多可用资源，因此大部分单位尤其是私人单位，往往存在多一事不如少一事的态度，不接待大学生社会实践。学校与社会在育人方面的协同不一与缺乏政策机制保障有关，政策机制的缺乏使得学校与社会难以在同一层面上交流沟通，难以达成合作共识。思政课实践教学是实践育人的重要环节，思政课的课程实践能够为学生与社会提供一个交往的平台，当前学校与社会的协同性不足，是政策机制保障缺失、沟通不平等、未挖掘合作共赢点等因素共同导致的。打破障碍、实现共赢，是实现学校与社会协调育人的前提。

2. 中观维度：各育人主体协同性不足

思政课队伍与学工队伍协同性不足。当前，两支队伍分工明确，思政课教师负责日常的课程教学和道德培养，学工线负责学生的日常生活管理教育即活动开展，看似分工明确、有条不紊，但若过度分工，也存在现实问题。

首先，阻断了资源共享。思政课队伍和学工队伍不管在人员构成、组织模式还是教育内容上，都存在互补可能。在人员构成上，学工队伍相对于思政课队伍普遍年轻化，在网络新技术运用、资源寻找等方面更具有优势，更能满足新一代学生的需求，将学工队伍的创新理念融入思政课实践教学，能够丰富实践教学的形式和内容；在组织模式上，学工队伍相比思政课队伍有更广泛的资源与场域，能够为思想理论课实践教学提供更加丰富的教学资源与教学载体，让思政课实践教学能够融入众多的学生活动中——思政课实践教学属于课程一部分，有一定的学分考核和分数要求，更能够规制学生，提高活动的参与度；在教育内容上，学工线的教育内容多偏向实践活动，但由于学工队伍缺乏专业思政功底，因而在教育活动开展过程中难以将纲领、知识自然融入，而思政课教学内容偏理论教学，加上课程学时有限，往往缺乏运用理论、践行理论的场所，因此，将思政课队伍与学工线活动相结合，既能提高教育活动的理论性，又能丰富思政课的实践内涵，达成协同育人功效，提升育人实效。

其次，思政课队伍与学工队伍的协同性不足还体现在管理冲突上。一是存在重复管理现象。每一项育人政策的出台，教育战线的各支队伍都有落实的责任与义务，但是由于缺乏有效的分工与协调，往往存在多次参与、重复学习、重复管理的现象，使得学生采取应付政策，用同一份学习成果应付各项考核要求。二是未经协同的重复管理还使得落实的要求不一，使得教师与学生在操作环节存在迷茫现象。

最后，思政课队伍与学工队伍的不协同，还会造成管理主体缺失，相互扯皮的现象。思政课队伍与学工队伍有共同的育人使命，职责边界不清，容易造成推诿现象，责任主体模糊，资金、场地、人员将难以落实。"全员育人"是育人的科学模式与科学方案，但是假若育人主体职责不清、边界不明，将会大大降低育人工作的效率与实际成效，使得思政课育人效果大打折扣。思政课实践教学有自身的专业特点与要求，不能未经规划随意融入学生普遍的实践活动，需要思政课队伍的有效指导与把关。但思政课实践教学也有自身开展的局限性与现实困难，课时的有限性、场地的狭隘性、经费的掣肘等都阻碍了实践教学的有效开展，这就决定了思政课队伍需要与其他教育主体科学规划、有效协同，共同担当新时代的育人使命。

专业课教师与思政课教师协同性不足。众所周知，高校思想政治理论课主要分为五门思政课，但思政课教师不是育人主体的全部，针对时代的发展要求，"课程思政"越来越兴盛，各门专业课教师也参与到育人中来，这本身是发挥协同育人的良好趋势，但是由于专业课教师与思政课教师的沟通协同不到位，也存在现实困境。一是专业课教师未认识到自身的思想政治教育使命，在课堂教学中轻视思想政治教育，甚至存在教学大方向与德育导向不一致的现象。思政课教师的百般呐喊可能会被专业课教师一个负面的例子所摧毁，这不仅不利于思政课育人实效，更会在学生心中确立过多的矛盾与冲突，加大学生的迷茫心理。二是思政课教师未依据学生的专业特点开展教学。当前思政课多属于公共大课，学生组成复杂、文理混合，教师在第一课堂中难以依据学生的专业特性有针对性地开展教学。在思政课实践教学中，思政课教师也未充分借鉴学生的专业特色，借助学生专业课实践开展思政实践教育，使得学校的实践教育模式存在断裂现象，不利于专业课实践教学的政治方向把握，也不利于思政课实践教学的针对性实效，使其限于孤立、空洞的状态，两者未达成双赢。

3. 微观维度：教师与学生协同性不足

教师与学生的沟通不足是当前思政课育人工作落地环节尚未解决的难题。2019 年 3 月，习近平总书记在主持召开思想政治理论课教师座谈会时指出，要坚持主导性和主体性相统一。这一方面展示出主导性与主体性统一的重要性，也从侧面反映出当前思想政治教育存在教师与学生协同性不足的问题。其一，教师不了解学生的喜好与需求。思政课教师以承担学校公共思政课为主要任务，教学覆盖范围广，教育对象专业构成复杂，教师难以掌握学生的喜好与需求，教师的"教"与学生的"学"难以呼应，一定程度上影响了课堂教学的效果。其二，教师与学生对课堂时间的占有上存在矛盾与冲突。小组课堂展示环节的设置在一定程度上提高了学生的课堂参与度，但由于思政课课堂学生数量庞大，每周的学生课堂展示会占用将近一课时，不可避免地压缩了教师的授课时间，如教师未对课堂展示内容提前把关，甚至会影响课堂质量。

教师与学生协同性的缺失使得知识的授予与吸收处于不对接的状态。一是教师的教学方向迷失。教学大纲仅仅是教师教学的理论遵循，学生所需才是教师教学的实践遵循，也是根本遵循。因此，思政课教师与学生的无效沟通使得教师难以确立自身的教学重点与教学方向，不利于教学效果的达成。二是学生的需求难以得到满足。假若学生的渴望能够得到满足，会极大地增强学生的获得感与参与感，但是在现实的思政课实践教学课堂上，存在学生主体性缺失现象，这既与实践教学开展的资源限制性有关，也与思政课教师未广泛征求学生的意见有关。这使得实践教学的内容难以达到学生的预期，影响实践教学的参与度与学生的获得感。思政课实践育人是全员育人、协同育人的过程，各主体力量的有效沟通与协同助力，是资源利用最大化、工作效率最大化的重要体现，也是理顺思政课实践教学、提升育人成效的重要前提。

（九）信息化学习观带来的冲击

随着经济社会和科学技术的快速发展，人类已进入知识经济时代，网络已成为人类生存的"第二空间"，信息技术已经取代了工业生产成为国家强大的核心力量和资源。在信息快速发展的新时代，信息的快速更新、发展呈现出对人才更大的需求，学习成为人们不断完善自身的终身任务。当前，正处于经济社会结构调整、社会主义市场经济体制不断完善、进一步深化改革开放及社会主义现代化建设的新征程阶段，信息化的时代背景对高校的人才培养质量提出了新要求。新时代高校人才培养必须更新时代坐标和人才培养理念，实现新的发展。

信息化的社会学习浪潮首先表现在终身学习的社会氛围中。现代化社会信息资源呈现出碎片化特点，人们可以通过各种网络媒体等途径有意或无意地获取相关信息。为不断增强个人的可持续竞争力，人们通过不断学习各种知识技能增强自身的竞争筹码，同时通过网络媒体浏览信息已成为新的生活方式，人们在有计划的学习和潜移默化地接受教育的交替过程中不断完善自身素质，学习由谋生工具演变为提高自身生存质量的手段。其次表现在交流学习的过程增加上。交往能力和沟通合作能力已成为现代人的核心能力之一，随着经济社会的发展和科学技术的进步，国家之间、群体之间、个人之间的交流互动和合作沟通更甚从前，相互依存程度越来越高。可见，大学生的合作交流能力在当今时代的重要性和必要性，只有在与他人合作学习的实践过程中不断提高自身的交流合作能力，才能实现个体的全面发展和个性化发展的统一。最后是自主学习能力的提高和创新学习的诉求增强。在知识经济时代，个体利用网络信息自我学习、自我教育的能力水平决定了个体发展水平的高低，个体的学习也不再满足于接受式的单一学习过程，而呈现出主动探索的创新性学习特点。信息化的社会学习趋势对人才培养提出了信息化的诉求，在此诉求之下又衍生出了新的教育模式，在新模式中受教育者的主体性功能逐渐凸显。

育人的方式手段与信息化学习趋势存在冲突。马克思主义的首要观点和基本观点就是实践，现代教育学也十分重视实践在人才培养过程中的作用发挥，但相较于传统的社会实践活动，信息化学习和网络化培养在人际交往和肢体劳动中并未真正产生，虽然已经实现了传统实践活动的部分育人功能，但在一定程度上对传统的实践育人理念存在一定的冲击与消解。

二、思想政治教育实践教学的问题成因

（一）执行主体的思想意识不够坚定

高校思想政治教育的具体执行主体包括辅导员、思想政治理论课教师、其他专业教师、学校的机关教辅人员，以及学生自己，没有充分认识到自己有进行思想政治教育和接受思想政治教育的责任。

因为辅导员的思想意识不够坚定，所以只解决眼前看得见的紧急问题，会把对学生的思想政治教育一拖再拖；因为思想政治理论课教师的思想意识不够坚定，所以教学会出现力不从心、重科研轻教学的情况；因为其他专业教师的思想意识不够坚定，所以不会花费心思放在寻找"课程思政"元素上，继而对"课程思政"改革产生一系列的困惑；因为机关教辅人员的思想意识不够坚定，所以会只关注自身的工作职责，对于学生的实际需求不关心，不主动配合参与对学生进行思想政治教育的工作，不主动思考如何将自身工作与思想政治教育结合，甚至产生职业倦怠；因为学生的思想意识不够坚定，所以会将思想政治理论课视为洗脑，难以认同学校所采用的一切的思想政治教育形式，甚至抱有抵触心理。由此可见，提高机制执行主体的思想意识，能为机制的良性运行打下坚定的基础。

（二）高校对实践教育重视不够

1.缺乏对实践中思想政治教育功能的重视

党和政府高度重视思想政治教育工作，一直强调实践活动对培育大学生的重要作用。近些年来，大学生实践在各个高校的重视度日益提高，各个高校都比较认同实践是大学生教育的有益补充，更能作为思想政治理论课的有益补充，这些认识发展是值得肯定的。

但各个高校对于实践的思想政治教育功能的重视还很不足，例如据调查走访，各个高校目前开展的大学生社会实践活动主要是，以提供学生实践锻炼场所，以增强学生知识和技能为主要依据而开展的。因此，可以搜集到各个高校下发的文件也是将实践活动"活动"本身置于最重要的地位，而忽视了实践中思想政治教育功能内容的强调和实施。此外，高校对于大学生思想政治的认识也存在一些偏差，如学校教育者往往将思想政治教育作为一项软性标准，认为学生遵校规、守纪律，就是思想政治教育做得好，忽视了思想政治教育所具有的深刻价值和内涵，还应包含着政治、爱国、服务等多个方面的教育。

2. 缺乏对实践中思想政治教育功能内容的挖掘

实践活动本身就蕴含着丰富的思想政治教育资源，充分挖掘实践的思想政治教育功能，能为学生的思想教育提供丰富的实践素材，提高思想政治教育的有效性，进一步实现思想政治教育的目标。但目前各个高校普遍存在对实践中思想政治教育功能挖掘欠缺和实施欠佳的问题。随着网络全球化，多元的思想文化流入我国，在这一背景下加强思想政治教育更为重要。由此，必须不断深入挖掘实践中蕴含的与时代紧密结合的新的思想政治教育功能。如实践活动除了具体强化团队意识、提高社会适应力、培育艰苦奋斗常见的思想政治教育功能外，还具有政治引领、思想引导、价值导向等方面的思想政治教育功能。这也是当下实践活动需要密切关注和挖掘的思想政治教育内容。正是由于缺乏对与时俱进的实践中思想政治教育内容的挖掘，在一定程度上影响了实践中思想政治教育功能的实现。

（三）人才队伍的培养建设不够完善

人才队伍是顺利推进高校思想政治教育工作的重要保证。人才队伍在人员配置、队伍结构、综合素质和能力提升培育等方面存在不足。首先，人员配置方面，实际上辅导员与学生的配比暂时还达不到 1 ∶ 200 这个国家规划的比例；思政课教师与学生的配例达不到 1 ∶ 350，数量严重不足致使思想政治理论课基本上是大班教学。其次，队伍结构方面，辅导员多为刚毕业的优秀大学生或研究生，队伍的梯队建设跟不上辅导员的流失速度致使队伍结构偏年轻化；不少后勤人员和不重要岗位的行政人员招聘的多为教师家属或附近居民，致使队伍结构偏大龄化；整个思想政治教育队伍呈现出两边大中间小的"哑铃"状。最后，队伍人员的综合素质、素养和工作能力都有待进一步加强。因为现在的辅导员队伍普遍由较年轻的教师组成，对于突发危机事件的处理能力、对于日常事务的处理能力都需要培训，只有提高他们这些能力才能使他们有更多的时间和精力用在思想政治教育上；学校中负责组织和宣传的部门，学生工作部以及共青团委等单位的行政管理人员，他们所在的岗位是开展思想政治教育工作的重要堡垒，他们的工作岗位对政治的敏锐感更高，更需要他们在工作内容中融入思想政治教育，因此也需要对他们开展工作的技能、创新工作思路和方法等方面的培训；对于年纪偏大的教师或后勤人员也需要对他们分别进行互联网和新媒体运用等方面的普及培训。但实际上，许多高校没有形成一个完整的思想政治教育人员素质能力培训体系，培训内容零散、培训时间随意不连续、培训以开会传达和讲座为主形式不够多样化，培训对象不区分、"一刀切"，致使培训的作用发挥不出来，思想政治教育队伍人员的能力没有得到质的提升。

（四）大学生自身因素的影响

1. 主观态度不端正

实践活动是教育的重要形式和手段，大学生是主体和参与者，学生对于实践的认识和态度直接影响到实践的实际效果。当前大学生认识存在片面性：首先，参与实践的积极性不高，往往是被动地参与实践，更有不少学生是在老师的多次宣传、督促、强制下才参与到社会实践中。其次，认为实践活动的价值意义不大，由于大学生对事物的意识和认识还很不全面，通常从自身角度出发去判断事物的利弊。基本少有学生能认识到参与实践对提升自身能力、认识社会、素质提升的重要作用。此外，学生对参与实践过程认识不足，相对于思想政治理论课来说，大学生更喜欢参与实践活动，但参与实践活动的目的往往是看热闹、走过场、散散心的心态，真正用心感受和体验实践的学生数量较少。

2. 教育认识有待提高

实践开展的最直接、根本的目的是为了促进学生的全面发展。大学生对社会实践中思想政治教育的认识思想上较为被动，认为思想政治不仅枯燥而且与自身的关联性不大。据调查数据显示，马克思理论类专业学生参与社会实践活动的思想政治教育性效果较好，但对于工科生和艺术生而言，他们对于参与实践活动的自主选择性很强，以个人的兴趣爱好作为选择实践项目的直接依据，而这些活动往往不具备很强的思想政治教育性。此外，开展带有浓厚的思想政治教育性的实践活动，会让他们存在反感的心理和被动的行为表现。大学生是国家未来的建设者和接班人，正确的价值观念和意识的树立对学生的影响尤为重要，要充分提升大学生对实践的认识，使学生认识到实践活动对于培育自身全面发展具有重要意义。一方面，要充分利用实践资源去感受实践，将实践内化为自身的行为规范和思想意识；另一方面。要提升学生对于实践教育的接收度，强化动员宣传实践的重要性，将接受实践教育作为一项必修课去完成，同时要提供充分的实践支持，保障实践活动的教育性。

（五）机制运行的保障条件不够成熟

高校思想政治教育除了离不开完善的人才队伍这个软实力的保障，还离不开资金、规章制度、考核激励和沟通交流渠道这四个硬条件的支持。

首先，资金保障方面，包括资金的投入不足，后续运行的资金需要。如载体平台建设、课程思政建设、思政课堂改革、校园文化的建设、"十大育人"体系专项构建及相应的人事招聘、培训、激励对资金的需求都无法预估。同时，学校没有讨论出一个能将有限的资金通过分配达到最优化，并且相对地保证公平对等的方案，资金的使用不够公开透明、不能服众，这削弱了学校员工工作的动力。其次，规章制度方面，规章制度的建设不健全。例如不少高校缺少对实验室、科研团队人员的思想品德评价制度，缺少网络舆论安全的管理制度、心理健康日常工作管理制度，对网络和新媒体发展衍生出的新兴事物缺少相应管理制约制度等；还出现制定好的规章制度如同泡影般透明，没人遵守的情况。最后，考核激励方面。正如上述所阐述的存在问题一般，大部分高校没有完善的自查和组织考查的标准和方案，考核内容、过程偏形式化，对经验总结的形成和后续的持续指导造成了困难；激励的手段偏少，动力不足。规章制度和考核激励的不健全既是问题的表现也是造成此表现的原因。另外，校内校外沟通交流的方式、渠道的不畅通，思想政治教育工作的进展情况沟通交流较少且不及时，领导与机制的具体执行者之间、教师与辅导员之间、辅导员与学生家长之间，缺少基本的沟通体系，这些都对形成育人合力、构建联动育人局面不利。

（六）校园文化的环境氛围不够浓厚

良好的环境氛围能为高校思想政治教育的建设助力。然而现实中，造成容易在文化多元化背景下受到不良思潮、价值观的冲击，不能抵御网络和新媒体的发展带来的过度娱乐化氛围，校园文化得不到升华及校园文化活动多而不精的情况。这些表现的原因之一是校园文化的环境氛围不够浓厚，对于中国主流意识形态的宣传理论深度不足、娱乐成分较浓。

一方面，高校内在教学楼、学生公寓、饭堂、礼堂、校园主干道等人流密集的地方随处都进行了各类的宣传，有宣传中国传统文化的，有进行爱国思想宣传的，也有根据不同时段的时事政治进行的宣传，如对中华人民共和国成立70周年的相关宣传，初心与使命主题教育的相关宣传等。虽然随处可见的宣传标语、宣传展板和宣传模型所营造出来的视觉轰炸能使人脑对这些内容产生一定的印象，但是却不能保证达到入脑入心的效果，反而过度的、单调无趣的、形式主义的宣传会遭到师生的反感，适得其反。

另一方面，宣传随大流、无特色、无创新是通病，或是为迎合大众的娱乐心态，很多高校在宣传过程中容易出现为了博人眼球、抓噱头而忽视了对宣传内容哲理性解读的现象。当某种流行元素出现后，会发现在很多高校的官方微博、微信公众号等媒介平台出现了大量的改编模仿的作品。宣传要做到大众化、生活化，做到易让师生接受，这不意味着一再地被流行牵着走。正如尼尔·波兹曼（Netl Postman）所说，"我们的政治、宗教、新闻、体育、教育和商业都心甘情愿地成为娱乐的附庸，毫无怨言，甚至无声无息，其结果是我们成了一个娱乐至死的物种"，而我们要避免这种情况的出现。

（七）实践运行体系不健全

1. **实践运行控制不完善**

为了实现实践目标而对大学生实践全程有针对性地调节和控制是大学生实践的运行控制。对高校实践活动中思想政治教育进行合理有效的控制，是实践活动中思想政治教育育人目标不可或缺的重要环节。

当前高校对于实践中思想政治教育运行控制方面存在以下问题：第一，在活动发起阶段，不少学校将实践活动发起过程直接省略，用下发文件代替动员，忽视了实践活动的意义、目的及具体开展和参与的形式，无法对实践活动进行有效宣传，更谈不上对思想政治教育的实施；第二，在活动实施阶段，由各学院组织组成实践团队，并由专门的带队教师和思想政治理论课教师作为指导教师，基本能达到预期效果，但由于学生们自行开展实践活动，绝大多数都不能达到教育的理想效果；第三，在活动总结环节中，实践活动参与了多少宣传、有多少报道及这项实践得到了多少奖项，这些数字化的数据，往往是学院和学校最为重视的。而忽视了在思想政治教育方面取得了哪些实效，对学生进行引导使学生的认识进一步深化，缺少这一环节，由此错过了实践活动思想政治教育的最佳时期；第四，宣传环节是被很多学校忽视的，认为实践活动结束就告一段落，忽视对以往所做的工作取得的成效和意义，同时也忽视了对学生进行更深层次的教育。由于实践教育实效实现需要落实到每一个环节之中，需要形成一个系统性的、可行性的、因地制宜的实践活动教育体系，因此，思想政治教育运行控制也需要不断加强。

2. **评价体系科学性不足**

实践活动评价是对实践活动的总结与反馈的过程，是实践活动开展中的重要环节。但当前实践活动结束后的评价，存在开展范围广泛性不足和评价科学性不足的问题。首先，评价范围广泛性不足体现在，据调查分析有一半以上的学生认为，实践结束后偶尔有或者根本没有开展实践活动的评价。此外，实践评价科学性不足体现在，在对认为有实践评价的人群调查中，实践评价更多的关注实践结果、外部环境、数据评价，而对过程评价、自我评价、质量评价的重视度不足，存在轻质量重数据评价、重总结轻过程评价、重外部轻自我评价的问题。

第四节 解决高校思想政治教育实践教学存在问题的对策

一、加强学校管理

（一）加大经费投入

足够的经费保障，是实践教学能够有效完成的前提和条件。思政课实践教学涉及较多的相关课程和学生人数，需要走向校外、走向社会。因此，必须有经费的支持、物力的保障。经费的投入主要用于思政课人才引进和人才培训、教学改革、专家咨询论证、专项调研、实践教学基地管理运行等。高校应落实教育部有关实践教学经费的文件规定，建立和完善专项资金的使用与管理制度，建立严格的审批程序，确保专款专用，切实保障实践教学活动的有效开展。

（二）创新实践教学管理机制和评价体系

在"大思政"格局下，高校应完善思政课实践教学的组织架构和管理机制，建立新型的思政课实践教学评价体系。一是成立思政课实践教学教研组，由思政课相关负责人和任课教师组成，着眼顶层设计，制订实践教学计划，组织开展实践教学研究活动，完善实践教学规章制度，负责协调思政课实践教学开展的人力、物力和财力资源，与相关职能部门和各院系协同配合开展实践教学，形成各院系、部门之间的"多方合力"，提高实践教学的实效性。二是建立科学且行之有效的实践教学评估体系。应规定实践教学成绩占课程总成绩的比例不少于30%，成绩由课内实践教学成绩和课外实践教学成绩组成。前者主要根据学生讨论、发言、演讲的参与度来评定，后者根据学生提交的调研报告、读后感来评定。具体考核标准由思政课实践教学教研组制订，教研组可以组织开展实践成果评奖活动，评选一定数量的优秀实践成果并予以公示，给获奖学生和相应任课老师一定的奖励，激发学生和教师参与实践教学的积极性。

（三）加强校内实训基地建设

高校应加强校内相关的教学场所、校园活动、人文景观、自然景观和校园文化等方面实践教学资源的建设，让学生在思政课实践教学"活动参与""实践锻炼""亲身体验""环境熏陶"中得到教育。随着以"两微一端"为代表的新媒体对教育的影响日益广泛和深远，高校应充分利用网络信息技术建设网络思政课实践教学平台，促进线上与线下、虚拟与现实、课内与课外的有机衔接和互联互通，开发和拓展网络实践教学资源和途径。同时，从组织机构、行政管理、课程管理制度、实践教学经费、师资力量、安全措施等方面健全校内实践教学基地建设的保障制度，确保思政课实践教学能在校内实践教学基地持续、稳定地进行。

二、丰富社会实践

（一）丰富社会实践活动形式

社会实践是大学生学习理论、认知国情、砥砺情怀的重要载体。高校思政课实践教学应紧扣时代的命题和当下社会实际，引导学生正确认识社会，提升他们的参与和服务意识，培养他们的责任意识和奉献精神。例如组织开展新农村调查、红色文化体验、社区服务、法律宣传、环保宣传、献爱心活动、志愿者活动等形式多样的思政课实践教学活动，激发学生的学习热情和动力，使学生在实践中受教育、长才干、做贡献，实现理论与实践的有机结合。同时，保证社会实践活动的时代性、针对性和思想性，以新农村示范点、博物馆、展览馆和爱国主义教育基地为载体，在传统思政教育内容的基础上，融入新的形式，如知识竞赛、模拟训练、实际演练等，促使学生在实践学习中有不同的体验。

（二）依托企业推进校外实践教学基地建设

校外思政课实践教学基地是高校与当地企业沟通的桥梁和纽带，承载着社会人才的聚集、成果的转化、科学研究的责任和功能。高校应与企业合作建立相关实践教学基地，培养学生的工作能力和动手能力，强化学生认同，以获得相应的人才和科技成果。通过企业实践教学基地，学生可以提升技能和素质，获得企业的认可，有利于日后的就业。高校、企业各取所需，形成紧密的利益联合体。

（三）共享实践教学资源

整合思政课的社会实践教学资源，建立共享机制，高校之间、高校与社会之间、高校与地方政府之间等打破本位主义，积极推进资源的共享使用、共享开发，推进资源的全域整合，提高资源本身的利用效能，实现相关资源主体之间的多方联动，形成思政教育的合力，推进"大思政"格局的成形。

三、加强师资队伍建设

一是学校应重视思政课师资培养的人力、物力、财力投入，在职称评定和科研经费等方面给予倾斜，在工作绩效评定方面增加实践教学工作量的比例；

二是学校应为高校思政课教师创造学术发展的条件，在实践类课题申报方面提供便利，组织举行青年教师业务培训，提高他们的业务素质和能力；

三是制定思政课人才引进政策，统筹配置校内外师资力量，组建一支专任与兼职、校内与校外相互配合的思政课实践教学队伍，这支队伍包括专任思政教师、校内兼任教师、校外兼职教师。其中，专任思政教师负责实践教学内容的安排、实践教学项目的开发，学工处的老师和辅导员等兼任教师负责实践活动的组织工作，校外公益基地和企业基地的兼职教师负责现场的实践教学的开展。

四、丰富实践教学模式

把握和判定思政课实践教学的课程标准，主要是看教学内容是否富含社会实践性内涵。实践教学可以表现为课堂实践、校园实践或社会实践，可以表现为专门的实践课，也可以穿插在日常理论教学之中。因此，思政课教师应以课堂内的实践教学和课堂外的社会实践为依托，以学生的认知、内部消化、践行为目标，以授课、互动和交流为主要模式，凸显思政课实践教学的特色。例如对于课内的实践教学，教师可以组织开展思政课实践教学"大课"，设置学生抢答环节，加强教师与学生的交流与互动，激发学生的学习热情；开展实践教学竞技比赛，发挥竞赛的整合、导向、激励、评价、宣传等功能，使学生不断获得由竞赛而产生的成功愉悦体验，增强学生主动学习和参与竞赛的兴趣。对于课外的社会实践，教师可以组织学生参观考察精准扶贫示范点，或者到乡村小学开展支教活动，引导学生通过实践接受和内化主流价值观，体悟和观察社会。

五、以学生为本

（一）增强学生获得感

教育部发布的《2017年高校思想政治理论课教学质量年专项工作总体方案》要求切实增强大学生对思政课的获得感。新时代学生接受信息的方式、认识事物的方式、解决问题的方式已经与以往有很大的不同，要增强学生在思政课实践教学中的获得感，思政课教师需要实现实践教学的精准性、多元性。一是结合不同专业学生的兴趣点，贴近学生的现实需要和群体特征，精准实施实践教学；二是融合信息时代蓬勃发展的新媒体力量，应用慕课、微视频、微课堂、VR虚拟技术等开展实践教学，实现教学途径的多元化。同时，要将学生的获得感、满意度纳入教师实践教学指标考核体系中，强调对实践教学终端效果的考察。

（二）凸显学生的主体地位

学生的主体地位是在思政课实践教学过程中通过教师与学生互动来体现的，因此，教师在实践教学中应让教学实现多向互动。一是实施引导式教学，以提问的方式激发学生的学习兴趣，促使学生自主地答问、思考和求知，触类旁通地运用所学的知识；二是构建发现式课堂模式，由教师基于思政理论提出一个中心问题，供学生自由发挥、展开热烈讨论，并把问题带到实践活动中自主解决；三是实施角色扮演教学方式，教师在教学过程中创设问题情境，让学生扮演问题情境中的人物角色，使学生在角色扮演过程中努力展现自己的语言、动作和心理，并引导学生自主思考问题、解决问题，巩固学生在课堂中的主体地位。

（三）有效将理论与实践相结合

根据"八个统一"的要求，学生应坚持理论性和实践性相统一的原则，将课堂学的理论与实际工作相结合，提高在实践中应用理论的能力。一是亲身体验社会生活，不仅体验其结果，还要体验其过程；不仅体验其知识，还要体验其情感。只有"行万里路"，方能更好地诠释所读的"万卷书"，正确认识社会的需要，在实践中认识事物发展的规律，总结形成自己的认识，更好地指导实践活动，升华实践认识。二是申报课题和科研项目，参加社会调查，加深对社会的了解，并撰写调研报告和研究论文等。三是参加志愿服务和公益活动，在为社会奉献中体悟所学，深化对理论的认识，增强社会责任感。

第五章 高校思想政治教育实践考核与评价体系

本章为第五章，主要介绍了高校思想政治教育实践考核和评价体系，分为高校思想政治教育实践评价体系、高校思想政治教育实践考核体系和构建高校思想政治教育实践的长效机制三节内容。

第一节 高校思想政治教育实践评价体系

一、教育教学评价类型

（一）社会评价

当前社会机构的评价在网络上备受关注，每年发布之后，都会在线上线下引起巨大波动。这些社会机构本身在网络上具有较大的曝光度，它们的评价成果以各个学校及所属学科在过去一定时间（三个月、半年、一年、两年不等）内取得的成绩（公开成果为主）为主，形成指标大类并加权得分而成。当前具有较大社会影响力的评价有武书连中国大学排行榜、软科大学排名、瑞路大学排名、QS世界大学排名、校友会大学排名、泰晤士高等教育世界大学排名、世界大学学术排名等。这些排名机构无一例外来自民间，伴随网络信息时代的到来，给社会造成了巨大的影响。一方面，对社会公众而言，每年高考结束后填报志愿，各个排行榜都成为考生和家长检索的重要对象，也成为街头巷尾人们议论的主要话题。左邻右舍、亲戚朋友谁家的孩子考进什么排名的学校，都已经成为主要的谈资。考取排名靠前者，骄傲之情油然而生；考取排名靠后者，或默默不语，或无话可说。总而言之，排行榜带给家长、考生、旁人乃至全社会的影响，已经远远超出了排行榜本身。另一方面，对学校及所属学科而言，每当排名结果出来后，都会对学校负责人、学院（学科）负责人、学校教师及学生形成或多或少的影响，少有波澜不惊者。因为这些排行榜客观上已经形成了重大的社会影响，关系到学校的社会声誉是其一，关系到下一年度招生计划是其二，关系到自身在上级领导心中的地位是其三，关系到自身的职业进阶是其四。由此可见，无论是对人民群众，还是对当事方，社会评价机构的排行本身造成的深刻影响已然显而易见，没有人能够左右这种趋势的继续发展和加强。

（二）主管部门评价

学科排行和学校排名除了社会评价之外，教育主管部门的评价被各个学校更为看重，成为工作成绩的主要衡量指标。目前教育部门的评价主要以教育部普通高等学校本科教育教学评估专家委员会的本科教学评估为主。进入新世纪以来，随着越来越多的学校升格为本科学校，由此机构进行的官方评估成为各学校检验工作成绩的权威依据。最新消息显示，教育部已经于2021年1月21日发布了最新一轮的《普通高等学校本科教育教学审核评估实施方案（2021—2025年）》（教督〔2021〕1号）。除此之外，教育部下放给省、自治区、直辖市、新疆生产建设兵团教育主管部门的普通高等院校高专院校评估权，要求各地五年为一轮，认真组织开展辖区内普通高等院校高专院校人才培养工作水平评估。教育部为了保证评估的真实有效，每年都将抽查部分省级教育行政部门的评估工作，并在系统内公布抽查情况。上述两类评价是目前各学校最为重视的一项工作，每一次评估结束之后，都会将评估结果作为本校、本学科开拓新局面的重要参考。因为这类评估是现场评估是面对面检查调研和座谈的结果，选取的指标虽然和社会评价机构选取的指标有相同相似之处，但权重不同、评价角度不同，结果自然也就不同。这种现场评估不同于社会评价机构仅仅从社会公开信息中选取指标进行的评估。由于更加关系到学校工作成绩的评价，因此，也被各个学校作为定位自身地位更加权威的参考标准。

（三）办学单位自主评价

在国家大力提倡办好本专科教育的号召下，各个高等学校统一思想认识，重点抓课堂、抓教师、抓学生，在职称评定、奖励先进等方面，侧重教育教学在评价体系中的分量，也分别设置教学为主型、教学科研型、科研为主型、社会服务为主型的职称评定晋升制度。在此类制度有效促进下，自主评价常态化已经非常普遍。课程调研、教师技能竞赛等工作成为各学校教务部门的核心工作。评价结果也成为考核教师的主要标准。有些学校在职称晋升中,其自主评价结果的权重甚至高于上级教育主管部门或者学科全国委员会评价结果的权重。从这些常态化的评价中可以看到,抓课堂是大方向,抓课堂教学质量是核心任务,要求素质高、能力强的老师充实一线教学已经成为共识。

上述几类评价及其结果一方面显示了评价体系的多元和独立,另一方面也显示了评价体系令出多门。追求科学公正的评价是一种愿景,但现实当中,往往事与愿违,如果评价不当,则会对学科和学校造成伤害。鉴于思政教育的特殊性,如果评价不当,伤害的程度则会更严重。

二、高校思想政治教育实践教学评价体系的基本要素

高校思想政治教育实践教学评价体系的基本要素包括评价主体、评价客体、评价过程和评价内容四个部分,基本要素相互影响制约,共同作用于高校思想政治教育实践教学的评价体系。

(一)评价主体

评价主体是评级体系的核心要素。"谁来评价"这个核心问题,关乎评价体系的标准和价值取向。狭义而言,评价主体有学校和教师。广义上,思想政治教育实践评价主体有学校、政府、社会和学生。以往高校思想政治教育实践评价体系的评价主体较为单一,且将评价主体和评价者严格区别开来。其中学生的自我评价具有一定的消极性和被动性,对实践活动、实践教育实效反馈较少,甚至一定程度上造成了评价主体与评价客体的分离。此外,评价结果尚未对实践活动起到正向的督促作用,反而降低了学生评价反馈的积极主动性。学校应当坚持立德树人,科学地建立高校思想政治教育实践的评价体系,注重评价的人性化、民主化和多元化,在动员教师和学生参与评价的过程中建立平等、合作、互利的评价关系。

(二)评价客体

评价客体是评价体系中的评价对象,主要包括学校、教师和学生。其中,学校作为高校思想政治教育实践活动的设计者、组织者和实施者;学生作为高校思想政治教育实践的对象参与实践活动的主动性、参与性,以及高校思想政治教育实践活动的实效都是重要的评价客体;教师作为连接学校和学生的重要纽带,其实际作用的发挥也是高校思想政治教育实践评价的重要内容。学校、教师、学生

这三个基本的评价客体之间既相互联系又有所区别，因此评价客体之间的评价可以深层次地揭露高校思想政治教育实践的问题所在，这也是高校思想政治教育实践评价体系的发展方向。

（三）评价过程

传统高校思想政治教育实践评价体系以学生组织、学校的活动总结或上级主管部门做出的阶段性评价为主。其中，总结性评价侧重于对实践活动的内容、形式等进行鉴定、筛选、比较，重在对高校思想政治教育实践活动的社会效应描述和活动结果表达，对高校思想政治教育实践评价过程中出现的问题有所忽略。但高校思想政治教育实践评价体系不应只关注于对实践结果的评价，更应该注重对学生成长性发展的过程和进程进行评估反馈，应当坚持树立过程性、发展性的评价理念和评价标准，真正将立德树人落实在高校思想政治教育实践评价体系建立的全过程。

（四）评价内容

以往高校思想政治教育实践评价内容主要从两方面进行评价，一是实践的社会适用程度，二是影响性方面进行定性评价。可以看出，在学生综合素质提升等方面缺少相应的评价内容指标，同时，一致的标准否定了学生在不同成长阶段的发展需求的差异性。因此，高校思想政治教育实践的评价内容里应当适当增设对学生思想观念、行为认知、实践技能等方面的评价，对学生在高校思想政治教育实践过程中表现出来的素质和能力进行综合评价，多维度、多层次的评价实践活动的精神价值。

三、高校思想政治教育实践评价体系的基本要求

首先要坚持正确的政治方向和价值观念，以实践性为原则，以主体性与主导性相结合为重点，确保评价体系的方向性和科学性。

（一）以实践性为原则

高校思想政治教育实践教学的评价体系应当坚持实践性原则，即在评价过程中不仅注重理论知识的掌握，还应考查人的综合素质和能力。针对当前高校思想政治教育实践教学评价体系存在的重理论性评价、结果性考核等倾向和问题，加大对高校思想政治教育实践过程、综合素质、精神价值等层面的评价，将学生参

与高校思想政治教育实践活动的获得感与满足感纳入评价体系。高校思想政治教育实践评价体系的实践性原则还应体现在对实践活动的动态性和发展性考量上，在制订评价指标时要根据实践的具体条件、环境、内容和过程的发展变化来作出调整，多采用定性而非定量的方式对实践的效果进行动态评价。动态评价有利于学生在参与高校思想政治教育实践的过程中及时发现问题并自我调整，将学生的主动性贯穿实践的全过程，使学生的内在体验与外部评价产生良性互动，促进学生的全面发展。

（二）以全面性为方向

紧紧围绕立德树人根本任务促进学生的全面发展，注重评价内容的多样性、层次性、发展性，涵盖新时代高校思想政治教育实践的各个方面，体现不同年级、不同阶段、不同专业学生的兴趣与素养，来构建全面、合理、科学的高校思想政治教育实践评价内容。在构建评价体系和实施的过程中，要注重评价体系的全面性和科学性。既要追求全面性，也要在评价体系中有所区分，即抓住实践主要矛盾的同时兼顾次要矛盾，相应的要在评价体系里做出主次之分。既要满足学生发展的多元化需求，注重对学生解决问题的综合能力的考查，又要满足学生发展的层次性特点，充分考虑不同类型不同发展方向的学生特点。

四、高校思想政治教育实践教学评价体系的构建路径

构建科学合理、行之有效的评价体系，是新时代高校思想政治教育实践教学工作的重要任务，也是提高大学生思想政治教育实效性的重要环节。高校思想政治教育实践教学评价体系的目标就是通过科学合理的评价，不断促进实践主体的积极性与主动性，从而提升高校思想政治教育实践教学的育人实效。

（一）构建学生主体的体验性评价

大学生是高校思想政治教育实践教学的直接参与者与体验者，同时也是高校思想政治教育实践教学的重要评价对象，因此具有双主体性。应确立学生的实践主体地位，在高校思想政治教育实践教学评价体系中纳入学生主体的体验性评价，考查学生在参与高校思想政治教育实践活动时的主观感受和实践态度，及时掌握学生在高校思想政治教育实践活动中的主观感受、思想观念和素质提升情况，将学生主体的体验性评价融入实践活动的方案设计、组织实施和效果评价的过程中，具有较强的可操作性和必要性。

1. 确定体验性的评价指标

在高校思想政治教育实践教学评价体系中突出大学生的主观体验与情感态度，将评价贯穿于前期的设计协调、实践的组织实施、总结反馈与评价的全过程，从实践目标的设定、实践成长、个人素质提升等方面出发，突出学生的知、情、意、行四方面的内容。

从高校思想政治教育实践过程来看，学生主体的体验性评价指标主要贯穿于评价体系的三个过程阶段。首先是前期的设计协调阶段，主要是对实践进行目标设定和计划考量的前期准备工作，包括对高校思想政治教育实践活动的社会效益的价值考量和社会影响的前期评估，从而设计出高校思想政治教育实践活动的具体方案；其次是高校思想政治教育实践活动的组织实施阶段，主要是高校思想政治教育实践活动中的学生表现和教学效果，包括参与高校思想政治教育实践活动的积极主动性，在高校思想政治教育实践活动中的团队适配度，个人在实践中的参与情况等；最后是高校思想政治教育实践结果的总结反馈阶段，即针对学生在高校思想政治教育实践活动中的思想困惑和行为问题进行梳理总结，分析原因并制订出具有针对性的解决方案。大学生在高校思想政治教育实践活动的不同阶段具有不同的特征，需要结合具体的教学目标和任务进行具体分析，凝练出具有针对性的评价指标。

从评价实效上看，高校思想政治教育实践教学中学生主体的体验性评价是服务于高校思想政治教育实践教学目的的；从高校的人才培养的角度来看，评价考量的重要指标是大学生的综合素养。因此，应当围绕学生的发展成长，形成主要包括思想素质、科学文化、实践创新、组织协调等内容的指标。

2. 完善评价的过程监管与结果认定

对高校思想政治教育实践教学活动的评价更应该关注于实践过程中的实践主体的发展变化情况，做到从内部、外部、各个环节进行系统、全面的评价。评价的科学性来源于对实践过程和实践环节的监管与认定。

首先，要对高校思想政治教育实践活动进行多维度的立体化评价，注重学生主体的过程性和结果性的综合评价，包含过程性评价、发展性评价和能力评价等多维度评价，使用定性评估、定量评估和定性与定量相结合的评价方式。

其次，高校思想政治教育实践教学的评价结果不以作出最终的等级区分为目的，而是要充分发挥评价结果对高校思想政治教育实践教学活动的指导作用。在构建高校思想政治教育实践教学评级体系时，要保证评价方式能够与时俱进和科学合理，以保证评价的准确可靠，又要将评价与评估相结合，形成贯穿目标、过程、效果和评估的高校思想政治教育实践教学评价体系，将定性与定量、显性与隐性、过程与结果等各种考核相结合，建立健全高校思想政治教育实践教学的过程监管与结果认定制度，以提升高校思想政治教育实践教学评价体系的整体效果。

3.评价结果的反馈与自我完善

影响高校思想政治教育实践教学活动能否有序开展及评价能否有效进行的关键因素之一就是评价结果的反馈。所以评价结果的反馈至关重要，能够使大学生根据反馈结果进行反思调整，从而发挥评价结果的激励导向作用。

第一，反馈的实效性需要保障。在反馈的过程中，法规过程和结果的实效性与公平性、准确性同样重要。评价结果反馈的及时性与评价结果的价值成正比，反馈得越及时，评价结果对实践的指导性越强。因此，要重视评价结果反馈的实效性，使大学生第一时间可以获得高校思想政治教育实践教学的评价结果，并以此为依据总结自身思想行为的优缺点。

第二，反馈的技巧需要掌握。在评价结果反馈的过程中，尽量采用激励性评价为主、批评改进式评价为辅的评价方式，这样有利于学生的长期发展。在反馈过程中，要将评价结果反馈给学生，还要将教学活动的目标、价值观念等传递给学生，使学生从自身发展的全局性长线视域来看待认识结果。在反馈和完善的过程中，学校和教师应当给予学生充分的指导和帮助，引导学生合理看待评价结果，针对学生有疑问的地方，应及时予以解答；针对学生提出的意见、建议，应及时听取并调整改进。

第三，评价结果需要充分利用。高校思想政治教育实践教学的学生主体评价是手段，是为了指导高校思想政治教育实践教学活动。要通过科学合理的评价指标建立相应的数据库，并逐步完善高校思想政治教育实践育人的档案数据，运用大数据和行为分析技术挖掘高校思想政治教育实践教学的规律，为高校思想政治教育实践教学的科学决策提供依据。

（二）教师主导的指导性评价

党和国家明确提出了教师的职责、义务和高校思想政治教育实践教学的重要地位。所有高校教师都负有高校思想政治教育实践教学的重要责任，高校思想政治教育实践教学是教师实践教学的重要组成部分。因此，教师既承担着传授书本知识的任务，也承担着传授实践知识的使命。要充分发挥高校教师在高校思想政治教育实践教学中的重要作用，不断增强高校教师的责任感和使命感。

1. 构建完善的指导性评价内容

高校思想政治教育实践教学活动的组织者和实施者主要包括专业教师和辅导员，他们的指导作用的发挥关系到活动方案的展开和高校思想政治教育实践教学目标的实现。构建高校思想政治教育实践教学的长效体系应当合理设置对教师指导作用的评价，主要涉及综合素质和指导能力两方面。教师的综合素质主要包括教师的思想政治素质、理论知识水平、道德品行等，教师的指导能力主要包括作为指导教师对活动的整体规划能力和实践环节的问题处理能力。构建教师主导的指导性评价指标主要针对高校思想政治教育实践教学活动的设计策划、组织实施和总结改进阶段。

在高校思想政治教育实践活动的设计策划阶段，主要是考查教师制订活动实施方案的能力，即要求指导教师根据学生的专业所学、知识经验和特定的环境等，引导学生找到适当的实践主题，合理制订活动方案，并保障高校思想政治教育实践活动的顺利展开。在高校思想政治教育实践活动的组织实施阶段，主要是考量教师在实践过程中对学生的组织和管理情况，即要求指导教师引导学生主动与相关人员沟通交流、与其他部门协调对接，为学生开展高校思想政治教育实践活动创造相对宽松的环境和条件等。在高校思想政治教育实践活动的总结改进阶段，主要考查教师指导学生进行经验总结、发现规律和凝练阐释的能力，即要求指导教师促进学生总结自身成长的经验和实践成果。教师主导的指导性评价的衡量指标和侧重点，需要根据教师指导的实践活动的内容形式而有所区别。

学校在倡导科学的思想政治教育实践教学理念的同时，也要通过评价考核激励教师从事高校思想政治教育实践教学工作。可将教师参与高校思想政治教育实践教学的业绩纳入教师教学业绩考核中，体现在对教学工作、教学效果、师德师风和教学建设与改革等方面的评价上。具体而言，在高校思想政治教育实践教学工作方面，主要是教师承担实践性教学工作，包括指导实验、实习、实训、学科竞赛情况、毕业设计（论文）、创新创业情况、社会实践情况等；在教学效果方面，主要是教师在承担实践性教学方面的学生评教、学生实践能力提升、实习就业情况、指导学生获奖情况、获得优秀教师称号等；在师德师风方面，主要是指导学生参与高校思想政治教育实践活动的态度、工作作风等；在教学建设与改革方面，主要是教师承担的教学建设与研究项目，包括实验室（实践基地）建设、教学基地建设等。在设置教师的高校思想政治教育实践教学考核指标时，要注重考核的权重和层次，需要各高校依据自身的实际情况进行具体的分配。

2. 完善过程评价与结果认定

完善过程评价与结果认定，需要在高校思想政治教育实践教学过程中树立多维度、多渠道、多方位的评价原则。

首先是教师自评与学生评价相结合。高校思想政治教育实践教学的评价既要重视学生的评价和意见，也要重视教师的评价和总结，将教师自评与学生评价相结合，确保高校思想政治教育实践教学评价的公正性、合理性和全面性。学校要根据教师的实际情况进行复评。完善学生对教师的评价内容，不仅要通过评价打分的形式，还要通过访谈深入学生开展教师评教、教师参与实践的感受及学生对指导实践的满意度。要通过评级体系充分确认教师和学生在实践过程中的双主体地位，真正实现"教、学、做"的统一。

其次是定性评价与定量评价相结合。通过对教师实践教学效果、教师对实践教学的指导情况等方面进行定性的综合分析和反馈，从根本上把握教师在高校思想政治教育实践教学工作中发挥的指导作用。依靠数据的采集和分析开展定量评价，精准把握高校思想政治教育实践教学活动实施过程中的问题。将定性评价与定量评价相结合，从质量和数量两个层面把握高校思想政治教育实践教学的效果。

最后是过程评价和结果评价相结合。在高校思想政治教育实践教学评价体系中，要兼顾过程评价和结果评价，并且将二者充分结合才能反映出高校思想政治教育实践教学的普遍性和特殊性，以确保高校思想政治教育实践教学的精准性和客观性。

3. 开展评价结果的反馈与自我完善

评价体系的落脚点在于用评价结果指导高校思想政治教育实践教学发展。因此，评价结果要及时反馈给作为评价对象的教师，使教师根据评价结果，结合学生的评价结果，及时进行全面的分析。

首先是反思高校思想政治教育实践活动的实施落实。根据反馈的评价内容客观分析实践活动的开展质量，如通过量化指标的得分高低分析高校思想政治教育实践活动的工作完成度、教师的活动参与度和学生的活动完成度、教师对高校人才培养目标的任务完成度、团队在实践活动中的提升度。分析和反思高校思想政治教育实践教学活动的各个环节，为高校思想政治教育实践教学工作的深入推进提供参考依据。

其次是发展创新高校思想政治教育实践教学理论。高校思想政治教育实践教学评价结果的反馈有利于教师通过育人实践检验理论，根据反馈的意见及时对报告进行修改，并针对高校思想政治教育实践教学过程中的问题与不足进行完善，同时形成相应的理论。

（三）学校主管的综合性评价

高校是思想政治教育实践教学工作的组织者和领导者，对高校思想政治教育实践教学的组织管理和评价改进具有重要责任。学校主观的综合性评价，就是要将高校思想政治教育实践教学活动评价纳入高校的办学和人才培养的各个方面，为高校思想政治教育实践教学工作提升争取更多的平台与机会。

1. 构建完善的综合性评价指标

学校主管部门需要在高校教育教学和大学生思想政治教育的评估体系中，加入高校思想政治教育实践教学工作评价，及时对具有先进表现的集体和个人进行宣传和表彰。要想切实增强高校思想政治教育实践教学效果，需要制订高校思想政治教育实践教学成效的考核办法。对高校的办学水平评估包括教育活动、教育过程和教育质量的综合评定，具有一定的政策导向性。将高校思想政治教育实践教学纳入高校办学水平的评估指标中，能够强化高校的立德树人根本任务，凸显高校思想政治教育实践教学的培养目标。

第一，要体现高校思想政治教育实践教学的目标导向。需要在高校办学水平评估的目标导向中加入高校思想政治教育实践教学目标。在高校人才培养的全局性目标中对高校思想政治教育实践教学的目标进行综合性考量，明确在提高办学质量的工作全局中高校思想政治教育实践教学工作的地位与重要性。要将高校思想政治教育实践教学的目标纳入高校人才培养的整体目标之中，转变教育观念，遵循学生成长成才规律，以学生综合素质提升为重点，通过提高高校思想政治教育实践教学水平实现高校办学水平的提升。

第二，要强调高校思想政治教育实践教学的理念。首先，要在办学评估思想中强调促进人的全面发展的人才培养目标。其次，要在办学评估思想中体现理论与实践相结合的思想，这也是新时代高校重要的教学原则。要确立高校实践教学在高等教育中的重要地位，就要将实践教学作为相关政府部门与企事业单位的业绩考核之一。

第三，要保障高校思想政治教育实践教学的资金投入。主要包括课程建设、基本设施和人员经费的投入等。保障高校思想政治教育实践教学工作的办学投入，具体而言就是在课程建设方面，予以相应的学分与课时，在高校思想政治教育实践教学基本设施方面，予以实践基地、实践平台和实践场地等设施相应的保障。在人员经费方面，要落实高校思想政治教育实践教学过程中的队伍建设和活动经费。

构建学校主管的综合性评价内容包括以下四个方面。

首先是对高校思想政治教育实践教学思想的把握，主要考查高校是否从培养社会主义建设者和接班人的高度，去落实和保障高校思想政治教育实践教学工作的正确方向。

其次是对高校思想政治教育实践教学思想的贯彻落实，主要考查高校是否重视思想政治教育实践教学工作，对高校思想政治教育实践教学的思想是否贯彻落实，以及高校是否形成多方联动体系，促使大学生充分参与实践活动。

再次是指导教师队伍建设情况，主要考查高校指导教师队伍的建设情况，包括队伍的思想和组织建设、培训与考核及队伍的综合素质提升等。然后是对高校思想政治教育实践教学工作的总结，主要考查高校对思想政治教育实践成果的综合运用，是否充分宣传和利用实践成果，以及对高校思想政治教育实践成果是否进行有效总结和理论凝练，是否构建了良好的高校思想政治教育实践教学氛围环境。

最后是对高校思想政治教育实践教学保障体系的完善，主要考查高校是否将高校思想政治教育实践教学工作纳入高校的教学工作全局，尽可能为高校思想政治教育实践活动提供各类支持，包括高校思想政治教育实践活动的组织策划、人员经费支持等。

2. 完善评价过程的保障

高校思想政治教育实践教学评价的保障体系是影响高校思想政治教育实践教学评价效果的关键环节，要完善高校思想政治教育实践教学评价的部门、制度和环节设置，明确评价责任，从而促进高校思想政治教育实践教学评价工作的有序展开，应从两方面发力。

首先是完善高校思想政治教育实践教学评价的工作制度。制定与高校思想政治教育实践教学评价相匹配的制度，为高校思想政治教育实践教学质量提升提供保障。

一方面体现在高校要将思想政治教育实践教学的工作理念和思想观念渗透在学校的各项规章制度中，如高校章程、学校工作要点、教育教学工作方案、教师考核方案、学生综合测评等。

另一方面体现在高校思想政治教育实践教学过程中工作制度的制定。例如，制定职能分配制度，明确规定学校领导、职能部门、指导教师、辅导员和学生的工作任务，使各相关单位各司其职，协同运行；制定考评制度，明确规定考核人员、考核对象、考核内容和考核标准，并且严格按照考评制度进行考评；制定协同制度，规定高校思想政治教育实践教学各岗位和各单位要及时沟通交流；制定保障制度，切实维护实践活动参与方的正当权益，使他们可以全身心地投入高校思想政治教育实践教学工作中。

其次是落实高校思想政治教育实践教学的评价环节。完整的高校思想政治教育实践教学评价环节包括评价、反馈、优化三部分，整个过程以"评价—反馈—优化—再评价"的形式循环往复。在这个循环中，评价是基础，反馈是关键，优化是重点。高校思想政治教育实践教学评价环节的基础关乎评价的整体实施，应做到以下几点。

①落实系统综合的高校思想政治教育实践教学评价，注重对评价数据的收集与处理，充分利用网络平台和大数据技术掌握高校思想政治教育实践教学的客观情况，确保评价的时效性和准确性。

②及时对高校思想政治教育实践教学评价结果进行反馈，将评价结果全面、准确、及时地反馈给评价对象，使评价对象准确把握高校思想政治教育实践教学开展情况，通过具体分析重新调整活动方案。

③及时改进、完善高校思想政治教育实践教学的顶层设计和理念，高校应结合反馈结果和人才培养目标，有针对性地优化高校思想政治教育实践教学工作。

3. 推进评价结果的反馈与自我完善

从高校当前实际情况出发，高校思想政治教育实践教学评价反馈还存在较多问题，要实现评价结果及时准确地反馈，应从以下两方面着手。

首先，要及时分析高校思想政治教育实践教学评价数据。高校思想政治教育实践教学评价体系的最终落脚点就是评价结果指导高校思想政治教育实践教学工作的开展。因此，在构建评价体系的过程中，要重视评价信息的采集，收集信息的全面性、处理信息手段的科学性都关乎评价结果准确性。因此，在整个评价体系中，要及时进行评价结果的分析与反馈，对评价数据进行第一时间的分析利用，实现高校思想政治教育实践教学工作的质的提升。

其次，要优化高校思想政治教育实践教学评价体系的内容与权重。高校应及时将评价结果反馈给评价对象，通过沟通交流科学合理地调整高校思想政治教育实践教学评价体系的内容和权重。高校可通过实践前后大学生的评价反馈数据来衡量高校思想政治教育实践教学的工作效果，通过评价环节的具体情况，进一步优化高校思想政治教育实践教学活动方案。

科学的高校思想政治教育实践教学囊括了多方位、多层次的育人工作，是一项复杂的系统性工程，需要政府、社会的支持与配合。我们应提高认识，在坚持习近平新时代中国特色社会主义思想的前提下，利用教育教学规律，不断丰富实践教学的内涵与外延，努力实现新时代高校思想政治教育实践教学的创新性发展。

第二节　高校思想政治教育实践考核体系

建立思想政治理论课实践教学考核体系要同思想政治理论课实践教学目标相适应。考核体系的具体实施过程中，教师要对学生在实践过程中的表现给予客观、公正且科学的评价，综合评定学生的成绩。

一、建立实践教学考核原则

（一）目的性原则

思想政治理论课实践教学主要是为了实现思想政治教育的教学目的，它是验证教学理论、巩固教学内容、提高教学质量的基本环节。因此，高校思想政治理论课实践教学的实际情况必须根据教学质量的考核体系建立。要将学校的办学特色有效地、真实地反映出来，考核系统需体现出实践教学培养学生创新意识、创新能力和科学素质的目标要求，树立学生正确的社会主义核心价值观，以促进实践教学手段、内容、方法的改革发展。

（二）系统性原则

建立实践教学考核体系，需采取系统论的观点和方法，实现教学质量的考核，需要全面考查诸多影响要素，以便通过对各个影响要素的有效控制保证教学过程各环节紧密联系，并真正形成有机联系的整体。

（三）规范性原则

要保证思想政治理论课实践教学考核工作有法可依，必须遵循规范性原则，建立考核工作管理制度，使考核工作制度化、标准化、规范化，只有这样才能够把握实践教学的工作进程，促进教学质量的稳步提高。

（四）持续性原则

建立思想政治理论课实践教学考核体系，即应当立足于现状，又需要将眼光放长远，保证考核体系能够持续开展，需要从持续促进实践教学质量的发展观出发。影响思想政治理论课实践教学的因素是不断变化的，因而与之相应的考核体系也应不断地改进，以此确保实践教学质量的持续提高。

（五）可操作性原则

建立完备的思想政治理论课实践教学考核理论体系至关重要，但是理论的完备仅仅是具体开展实践考核工作的基础，考核体系的制定是否具有可操作性，是否能够切实反映整体实践教学的效果，才是最终的目的。从理论上做到完整是比较容易的，但在实际操作过程中遇到的影响因素较多。因此，我们的考核体系要做到可操作性强、删繁就简，既体现考核体系的指导性，又要从学校所面临的实际情况出发，在实际的工作中逐步完善考核体系的内涵，使之更加有效地促进思想政治理论课实践教学的有效开展。

二、考核体系实施办法

（一）成立考核机构

思想政治理论课实践教学的考核需要齐抓共管，应成立由主管校长牵头，由学校教务处、督导组、各学院及授课单位（社科部）组成的考核机构。学校教务处主要负责组织、协调对各学院思想政治理论课实践教学质量监控与考核的工作。考核督导组负责对思想政治理论课的授课情况、学生反馈及教学效果加以监督，并为考核工作提供必要的数据依据。

各学院应成为考核机构的主体，学院是负责学生学习、生活的职能部门，理应将对学生思想的形成予以更加充分的认识。学院辅导员队伍及教师队伍在对学生进行日常教育的同时，应为学生参与社会实践创造更多的机会和更丰富的实践内容，大力开展学生的社会实践活动、为学生提供参与志愿者工作的机会，以此增强学生对参与思想政治理论课实践教学的兴趣，并从学生的能力培养和实践反馈中，验证实践方法的实行有效。学院的考核机构应有由专业带头人、教研室主任及具有丰富教学经验的骨干教师组成。考核内容以学院考核自查、自评为主，对分院学生的思想政治理论课实践教学质量进行监控与评价。

授课单位（社科部）应对各学院的工作进行具体的指导，为工作的开展提供必要的理论支持。同时应进一步地创新现有的理论教学方法，为学校营造开展思想政治理论课的蓬勃氛围，引导学生主动参与、主动接受，将其效果发挥到最好。根据所取得的成效，对整体的实践教学效果及思想政治理论课的效果，给予客观、详尽的评价。

（二）实践教学考核的实施

思想政治理论课实践教学考核应采取分段和集中的办法实施。集中评价主要包括：首先，每学期期初、期中对假期思想政治理论课实践教学进行集中检查，掌握实践教学的组织安排与计划执行情况等；其次，实践教学考核机构应在期末组织对各学院的实践教学效果进行全面评价，包括学院自评和学校检查。采用这种实施考核方式，能够及时发现教学过程中的问题，并向相关部门反馈意见，并要求有关学院及时解决，以保证思想政治理论课实践教学的质量和运行秩序，为学校教学管理的决策提供主要依据。同时设立专项资金，将考核结果及各学院工作进行排名，对排名靠前的教学单位及先进个人予以奖励，充分调动学院的积极性。

（三）考核主体的确定

在考核工作中，被考核的对象应根据实际需要进行调整。传统教学考核的主体只有教师和学生，由教师对学生的学习成绩进行评定，同时学生对教师的教学效果、教学水平等方面的评定通过教师考核表的方式进行。但经过多年的思考和实践，普遍认为考核的主体除了教师和学生外，还应包括辅导员、班主任、思想政治理论课教学部和上级主管部门。教师作为专业教育者考核学生和教学组织管理；学生作为独立的生命个体和学习主体考核教师教学和教学组织管理；辅导员和班主任作为学生日常教育管理的重要参与者考核学生和教学组织管理；思想政治理论课教学部作为内部课程主管部门对教师、学生和教学组织管理进行评价；上级主管部门对思想政治理论课作专项评估和在学校人才培养水平评估中考核思想政治理论课的教学质量。

（四）考核客体的选择

在思想政治理论课实践教学的考核过程中，应充分考虑到考核客体的选择、充分尊重被考核对象的主体地位。考核客体由单一学生的学习扩展至教师的教学和教学组织管理。对学生学习的考查，除了考查学生对基本知识、基本理论的掌握外，更重要的是考察其情感、态度乃至世界观、人生观和价值观，以及其运用基本观点和方法分析和解决实际问题的能力；对教师教学的考查，着重考查教师的施教过程，考查其间师生互动是如何体现的，教师的教学理念是否先进，教学体系构建是否合理等，是对教师教学和育人能力的全面评估；对教学组织管理的考查，除了考查教学组织管理的科学性和规范性之外，还考查其教育功能的发挥状况，以促进教学管理部门作用的发挥，保障该教学模式的实施。

（五）考核方法的运用

探索科学、合理的考核方法，需要建立三个层面。

首先，学生的思想政治理论课成绩由平时成绩、期末考试成绩和实践环节成绩三个基本部分组成。学生的平时成绩，一般通过考勤、参与交流、课堂表现和作业构成。对学生品行的考核应当由辅导员根据学生的日常行为表现给出总体评价，而且应当扩大实践教学和品行考核所占比重。

其次，对教师教学工作的考核除了显性地通过教学工作量、学生评教等方式考核之外，应更重视隐性的考核，如对学生思想的引导和人格的熏陶等。因此，考核内容应涵盖教师主要的教学活动，更应注重课堂教学之外特别是实践教学过程的考核。通过建立教师教学档案，对教师的整体教学过程予以跟踪记录，为评价者与教师的沟通与交流提供良好的互动平台，通过不同形式的交流、汇报、学习，让教师了解自己工作中的优势和不足，促进教师今后工作的开展和个人教学水平的逐步提高。

最后，思想政治理论课教学部、教务处、学生处、团委等相关机构都应参与到思想政治理论课实践教学的考核中，有效的教学组织管理保障显得尤为重要。思想政治理论课教学部、学校教务处、督导组和学校上级主管部门都要定期或不定期地对思想政治理论课实践教学的组织管理进行考核，为全面提高思想政治理论课的实践教学水平创造完备的保障。

第三节　构建高校思想政治教育实践的长效机制

一、机制概述

词语"机制"出自古希腊文"Mechane"，原来的意思为机械和机器。最开始机制多出现在工学、医学、理学和经济学领域。后来，这一词被引申运用到了其他的学科领域，如社会学领域和思想政治教育学领域。第七版《现代汉语词典》把机制作为名词看待时，对此有四种解释，其中一种是泛指一个工作系统的组织或部分之间相互作用的过程和方式。基于此，可以把机制理解成为达成某种目的让多个要素更紧密地协调在一起，使其能更好地运行起来。

为了能更好地理解机制的含义，这里将机制与制度、体制和方法进行区分。制度可以是由人根据某些需求或一些规定俗成的习惯制定出来的要人去遵循的准则，如工作制度；也可以是经过历史沉淀形成的具有一定强制性的关于政治、经济、文化等的体系，如社会主义制度。体制多是适用于表述国家政府机关及事业单位机构的体系制度，如学校体制、教育体制等。方法是为得到某样东西或达成某种目的所用的一切行为、方式、手段和途径的总称。机制与制度、体制、方法既有联系也有区别。从广义上看，机制可由许多制度构成，也就是说机制的有效运行离不开制度的构建，但是面对特定的制度，机制也需要根据社会发展的需要来进行构建。体制与机制的最大区别在于强调的侧重点不一样。机制更注重于事物内部的关系，其作用是将不同要素接连起来，使其能更好地运行；体制则是强调事物与事物之间的上下级或隶属关系。机制与方法之间最大的区别是机制是相对恒定的，不轻易改变的；而方法的变动较大，不具备系统性。当然，机制也可以说是由多种经过实践检验的、可行的方法进行系统化作用后形成的。综上，可以把机制的概念理解成结合社会发展需求的情况下，为达成某一目的需多种制度或可行性方法将各种要素协调融合在一起，形成一个科学、系统的并具有可行性、整体性和长效性的体系。

二、高校思想政治教育实践的长效机制

实践教学作为思政课理论教学的延伸和重要组成部分，对提高思政课教学针对性和实效性关系重大。实践教学的有效开展不仅会调动学生参与社会实践的积极性，更会帮助青年学生重塑正确的世界观、人生观和价值观，为社会主义现代化强国伟业培养更多担当民族复兴大任的时代新人。

（一）构建高效运行的保障机制

学校需要全面落实《新时代高校思想政治理论课教学工作基本要求》精神，积极响应习近平总书记在学校思想政治理论课教师座谈会上的号召。需要建立校党委统一领导，党政齐抓共管，宣传、学工、研工、教务等相关部门各司其职、相互协同配合，各学院全面参与的思政工作良好格局。

党委书记、校长需要走进思政课堂、联系思政教师，教学名师、师德标兵结合专业及从教经历凝练一堂思政课，全面落实课程思政，全校形成良好的"大思政"氛围。另外，持续加强思政课内涵建设，积极为师生提供强有力的思政课实践教学平台，同时还需要依托历史及革命文化资源建设学生社会实践基地。

（二）构建内容丰富的创新机制

积极探索思政小课堂与社会大课堂共生互融的节点路径，形成以中央意识形态工作最新指示为根据、以思政课各学科理论为依托、以学生为主体、以中青年教师为创新主力、以各教研室为单位，结合时代需求定期充实和更新内容的实践教学创新机制。这些广受师生认可且内容丰富、形式多样的实践教学精品主要有以下几方面。

首先，革命遗址、文化场馆志愿服务的交流共建，将其发展为思政课实践教学环节学生的志愿活动点，学生通过日常维护、接待参观、介绍宣讲等工作，体验时代沧桑，体会中国共产党的革命精神和中华民族的生存智慧。

其次，组织学生进行经典诵读，养成在不同思政课有选择地读《共产党宣言》《青年在选择职业时的考虑》《路德维希·费尔巴哈和德国古典哲学的终结》《资本论》《哥达纲领批判》《实践论》《矛盾论》《新民主主义论》《论共产党员的修养》《习近平的七年知青岁月》及习近平总书记系列讲话读本等马克思主义经典著作的良好习惯。学生上课早到 10 分钟全员诵读经典，争取一门课程一学期读完 1~3 篇，让学生在诵读中感受经典作家的伟大人格和伟大思想。同时召集学有余力且对马克思主义理论有浓厚兴趣的学生组成经典文本学习小组，并配备专业导师定期开展导读和精讲，提高学生的阅读理解能力，提升学生理性认识和把握马克思主义的水平。为了让更多学生接触并感受到经典的魅力，小组还会面向全员学生分享影视、微课及最新国内外科学社会主义动态、高质量讲座及短视频回应学生关切的现实问题和理论热点，让更多学生真懂、真信、真用马克思主义理论。教师还可以依据西建大编写的《大学生国学经典读本》（上、下册）开展国学经典课外诵读，带领学生探讨中华民族的精神基因与马克思主义基本原理的相通和联系，体会中国共产党百年奋斗历程中对中华优秀传统文化的继承，理解马克思主义中国化的必然性和客观实在性。

再次，学生可以从老师提供的与本课程联系紧密的众多社会调查专题中任选其一自由组队，通过问卷、访谈、座谈、影像采集等方式开展调查，并向全员分享调查结果。这些专题包括人的存在问题（世界观、人生观、价值观、爱情观、财富观等）、人与人的关系问题（宿舍相处、网络购物、直播带货等）、人与自然的关系问题（生态文明、环境保护、秦岭保护、垃圾分类等）、人与动物的关系问题等。学生通过对许多问题的亲身感受，体悟时代之变、理论之真、青少年的使命等，印证马克思主义的理论价值和现实意义。

最后，教师还会针对学生思想现状和能力实际在每个教学班开展案例讨论、专题辩论、演讲及学生讲课师生同评等锻炼学生思维能力，加强学生的理论认知。

（三）构建以奖为主的激励机制

为调动教师实践教学积极性，可以根据《关于深化新时代学校思想政治理论课改革创新的若干意见》[1]精神积极建言推动学校最终落实思政课专职教师职称评审改革，增加思政课教育教学质量在马克思主义理论学科职称评审中的比重，打破职称评审利益固化和缓解教师焦虑，让思政课教师有时间、有精力以更阳光、更进取的心态聚焦课堂教学和实践教学。同时，推动学校提高思政课实践教学的课程系数，让教师在付出时间和精力的同时，得到实实在在的认可与肯定。在调动学生的积极性方面将所有的实践教学成果通过思政课堂展示出来，同时采取以教师评价为主导、学生群体、实践组员与学生个体共同参与效果评价的多元评价方法，争取公平、公正、合理地评价实践效果，尽量避免评价的主观随意性和主观交互性，并将最后的实践考核成绩按比例纳入思政课程总成绩中，让学生得到"跳一跳够得着"的获得感。

1. 目标引导，促进学生产生正确动机

实践教学激励机制的形成首先要确立明确的目标。目标的确立是激励机制建立的先决条件。心理学的许多实验表明，漫不经心的练习是没有什么用的。人的行为的特点是行为具有目的性，明确的目标是学生学习的主要动力，也是实践教学有效进行的前提条件。

实践教学开始之前，教师要根据学生的心理发展规律和需求规律，确立恰当的教学目标。同时，还要对目标内容作适当的讲解，使目标与学生的内在需求建立深度的联系，由此，目标才能引导学生产生正确的、积极的动机。有学校在学生学习了有关公民道德规范的理论课之后，开展了赴社会福利院做义工的实践教学活动，设计的目标是通过开展一系列人人参与社会公益的实践活动，引导学生

---

[1] 中共中央办公厅，国务院办公厅. 中共中央办公厅 国务院办公厅关于印发《关于深化新时代学校思想政治理论课改革创新的若干意见》[EB/OL]. （2019-08-14）[2021-07-30].http://www.gov.cn/zhengce/2019/08/14/content_5421252.htm.

践行社会主义核心价值观，时时处处对照自己的言行，从自己做起，从身边小事做起，从实践中知荣明耻，激发社会责任感。应该说，这一目标导向十分明确，是有利于从正面激发学生的行为动机的。但是，具体到赴社会福利院做义工，是需要对目标内容作更细致的讲解的。学生也许事先并不了解那个对象和环境的特殊性，贸然去了，定会让学生束手束脚，有的还会产生抵触情绪，不适当的言行举止可能会对那里的孩子和工作人员产生负面影响。因此，活动之前，应对社会福利院做一些介绍，让学生明确我们社会主义大家庭保护、抚养这样一个特殊群体的意义，对具体做好服务工作提出目标、要求，并做出方法指导。只有这样，才能做到组织目标与个人目标的统一，才能较大限度地以目标激发学生的行为动机，达到良好的预期效果。

2. 内容导向，满足学生的内在需求

让实践教学丰富多彩的资源和形式起到导向和满足需求的作用，是构建实践教学激励机制的主要内容。资源需要选择，形式需要设计。资源不是自然就能吸引学生的，形式也不是自然就受学生欢迎的。要让良好的实践资源满足学生的探究需求、审美需求，要使良好的实践主题满足学生的责任感、使命感，要让良好的实践分工满足学生的角色感、归属感，要让良好的实践流程满足学生的胜任感、自尊感，要使良好的实践成果满足学生的荣誉感、成就感。

3. 条件保障，为学生提供外在动力

激励因素是能调动人的工作状态、促进人进取、使人把工作状态发挥到最好的因素，如成就、赏识、增加工作责任、提供成长和发展的机会等。为了保证学生顺利投入实践教学活动，必须提供必要的保健因素，即保障条件。实践教学从准备、实施到总结、评价，都要形成一套规范化程序，建立一系列规章制度。作为管理系统，要充分考虑到学生在交通、用餐、制作材料、使用工具等方面的开支，给予必要的经费资助；要对学生进行实践方法的培训指导；要主动联系相关政府部门及所辖单位建立多种类型的实践教学基地；要给参加实践教学的学生评定学分，并给表现出色者授予荣誉称号。诸如此类的种种对策，是保障和激励学生积极参与实践的外在动力，因为规范、精细、专业、人性化的管理，既能确保实践教学的顺利进行，又能唤醒学生的内在需求和潜能。

4. 过程监控，排除干扰因素的影响

过程监控是指实践教学的管理者（包括指导教师）对实践教学各环节运行效果和质量的监控，是对学生可能发生偏离实践目标的行为进行纠正的过程。过程监控在实践教学激励机制建构过程中起到润滑剂的作用。实践教学是一个动态过程，其中关联到四个要素：教育者、受教育者、教育环境、教育媒介（包括教育手段和方法）。教育信息在教育者和受教育者之间传递、流动的过程中，会受到多种因素的干扰，这些干扰或多或少、或先或后来自于这四个要素，它们会影响到受教育者行为的发生。如果不对这些干扰因素及时加以控制，就会影响到学生参加实践的动机，导致其偏离实践的正确方向，产生消极减力的作用，最终影响到实践教学的成效。只有及时控制和排除干扰，才能保持学生参与实践的初衷，激发学生克服困难和惰性的勇气，与周围环境建立协调有序的关系，规范和优化实践进程，提高实践的质量和效率。监控的过程并非单纯地给学生监督和施压，其实同样可以起到保障激励的作用。排除干扰是为了保护和重建学生的需求和动机，让学生在规范、严谨的实践中保持信心和热情，能促进良好成效的达成。

5. 及时反馈，强化激励的正向效果

实践教学中的评价反馈是激励机制中不可或缺的一环，包括在实践教学过程中的评价反馈和实践结束后的总结性评价反馈。

抓住时机进行激励性评价反馈，就能使学生感受到重视、认可和导引，而滞后的、错过了关键时机的评价反馈，不仅激励作用大打折扣，甚至会抹杀激励的积极作用，助长消极情绪的滋生。激励性评价反馈要秉持公平公正的原则，在奖惩方面应保证一视同仁，公开、透明。实践结果的评价如果让学生感受到不公平，就会导致其逆反情绪的产生，不仅影响学生参加后续实践教学的积极性，还对和谐师生关系的建立产生十分不利的影响，也违背了思想政治教育的初心。而公平的评价，则会使学生感到心情舒畅，更加融洽同学间、师生间的情感，自觉加入激励过程的良性循环。

激励性评价还要采取合理的归因分析。归因理论告诉我们，通过由果推因的方式，可以从已成定局的成功或失败的结果中找到最佳的激励途径。归因一般分为两种模式：积极的归因模式和消极的归因模式。把成功的结果归因于能力高，就会使学生感到自豪，增强他们对成功的渴望；而把失败的结果归因于他们自己不够努力，会增强他们的内疚感，促使他们更加努力地去学习，由失败转为成功。这就是积极的归因模式。相反，如果将学生成功的结果归因于运气好、任务难度低，就会导致他们不在乎这一结果，削弱他们对成功的期望；而将失败归因于缺乏能力，会让他们感到羞愧、灰心丧气，从而降低学习动机，甚至产生不良的情绪反应，对将来的成功期望不高，也不愿意付出努力。这就是消极归因模式的后果。当然，合理的归因还应考虑到学生的个别差异及所处环境的不同。

6. 多样激励，保持学生长久动力

实践教学的激励机制，除了要建立满足学生需求、激发行为动机的相对固定化、规范化的程序、制度，提供必要的保障性条件，实行具有显著激励效果的评价反馈机制以外，还要采取灵活多样的激励方法，以保持学生长久的行为动力。

（四）构建及时纠偏的反馈机制

学院每学期会召集青年教师代表总结实践教学得失，及时纠偏、做强优势、弥补短板。教师在实践教学过程中也会经常自省、自查并与学生交流，及时纠正并解决新矛盾、新问题，并于本学期实践教学结束后加强反思、研讨和设计，调整优化实践内容、环节和实践方案。学院退休教师也会继续发挥余热，随机介入教师的教学实践环节，帮助师生发现问题并完善内容。

参考文献

[1] 冯刚. 深化新时代思想政治教育基础理论研究 [J]. 思想政治教育研究, 2020, 36（1）：1-5.

[2] 胡菊华. 思想政治教育文化生态研究的实践逻辑与现实向度 [J]. 马克思主义研究, 2020（2）：130-137.

[3] 陶志欢. 当前思想政治教育质量提升困境及其应对 [J]. 中国青年社会科学, 2020, 39（1）：70-77.

[4] 杨智勇. 全媒体时代大学生思想政治教育的审视与优化 [J]. 思想理论教育, 2019（12）：97-101.

[5] 杨昆呈, 杨静茹. 人文关怀视阈下高校思想政治教育研究 [M]. 石家庄：河北人民出版社, 2019.

[6] 刘占军. 新时代大学生思想政治教育着力点研究 [M]. 西安：陕西人民出版社, 2019.

[7] 冯梅. 大思政视野下高校思政教育实践育人模式及其价值研究 [J]. 智库时代, 2019（27）：69-70.

[8] 陈丽媛. 论高校思政教育实践育人模式及其价值 [J]. 才智, 2019（17）：47.

[9] 张瑾瑜. 思政视野下高校思政教育实践育人模式探讨 [J]. 法制与社会, 2019（11）：206-207.

[10] 王易, 茹奕蓓. 论思想政治教育获得感及其提升 [J]. 思想理论教育导刊, 2019（3）：107-112.

[11] 杨晓帆, 王习胜. 思想政治教育实践逻辑的概念提出和意涵阐释 [J]. 思想教育研究, 2019（1）：36-40.

[12] 都妍美, 刘峰, 贾春刚. 高职专业课程思政教育实践研究 [J]. 青岛职业技术学院学报, 2018, 31（5）：42-44.

[13] 狄远帆. 实践育人理念在大学思政教育中的应用 [J]. 西部素质教育, 2018, 4（12）：48；50.

[14] 冯刚. 思想政治教育工作质量评价的时代特征 [J]. 思想教育研究, 2018（5）：

67-71.

[15] 崔付荣. 新时代大学生思想政治教育创新发展研究 [M]. 北京：新华出版社，2018.

[16] 骆郁廷，项敬尧. 论新时代思想政治教育创新发展的基本遵循 [J]. 思想理论教育，2018（1）：4-9.

[17] 汪铮. 大学生思想政治教育研究 [M]. 成都：西南交通大学出版社，2017.

[18] 张瑞敏. 大数据时代的高校思想政治教育研究综述 [J]. 四川理工学院学报（社会科学版），2017，32（3）：68-84.

[19] 白显良. 提升思想政治教育亲和力需把握的几重关系 [J]. 思想理论教育，2017（4）：17-22.

[20] 陈莉. 论高校思政教育实践育人模式及其价值 [J]. 湖北经济学院学报（人文社会科学版），2016，13（9）：155-156.

[21] 靳玉军. 论思想政治教育的本质及其实践把握 [J]. 西南大学学报（社会科学版），2014，40（6）：39-43.

[22] 梁爱文. 多维视域下的高校思想政治教育探究 [M]. 北京：新华出版社，2014.

[23] 左玉河. 30年来的中国近代思想文化史研究 [J]. 安徽史学，2009（1）：112-124；59.

[24] 甘晓涌. 大思政视野下高校思想政治教育实践育人模式探究 [J]. 党史博采（理论），2016（4）：58-59.

[25] 孙鸿达. 高校思想政治教育理论与实践研究 [M]. 北京：新华出版社：2015.

[26] 陈晓东，吴晓明. 大学生思想政治教育创新研究 [M]. 北京：新华出版社，2015.

[27] 熊吕茂，建红英. 近代中西文化冲突与融合研究述评 [J]. 湖南城市学院学报，2006（2）：16-19.

[28] 梁爱文. 多维视域下的高校思想政治教育探究 [M]. 北京：新华出版社，2014.

[29] 左玉河. 30年来的中国近代思想文化史研究 [J]. 安徽史学，2009（1）：112-124；59.

[30] 熊吕茂，建红英. 近代中西文化冲突与融合研究述评 [J]. 湖南城市学院学报，2006（2）：16-19.